高等职业教育物流管理专业系列精品教材

物流信息技术与信息系统

刘文博　胡　洋　◎主　编

电子工业出版社
Publishing House of Electronics Industry
北京·BEIJING

未经许可，不得以任何方式复制或抄袭本书之部分或全部内容。
版权所有，侵权必究。

图书在版编目（CIP）数据

物流信息技术与信息系统 / 刘文博，胡洋主编．—北京：电子工业出版社，2021.7
ISBN 978-7-121-41336-0

Ⅰ. ①物… Ⅱ. ①刘… ②胡… Ⅲ. ①物流－信息技术－高等学校－教材②物流－管理信息系统－高等学校－教材 Ⅳ. ①F253.9②F252-39

中国版本图书馆 CIP 数据核字（2021）第 113217 号

责任编辑：刘淑敏　　　特约编辑：田学清
印　　刷：北京建宏印刷有限公司
装　　订：北京建宏印刷有限公司
出版发行：电子工业出版社
　　　　　北京市海淀区万寿路 173 信箱　　邮编：100036
开　　本：787×1092　1/16　印张：15.5　字数：397 千字
版　　次：2021 年 7 月第 1 版
印　　次：2025 年 2 月第 2 次印刷
定　　价：54.00 元

凡所购买电子工业出版社图书有缺损问题，请向购买书店调换。若书店售缺，请与本社发行部联系，联系及邮购电话：（010）88254888，88258888。
质量投诉请发邮件至 zlts@phei.com.cn，盗版侵权举报请发邮件至 dbqq@phei.com.cn。
本书咨询联系方式：（010）88254199，sjb@phei.com.cn。

前 言

日新月异的网络技术和移动互联网技术使现代人的生活变得非常便捷。现代物流理论和实践在我国的迅猛发展，促成了大量新技术在相关行业内的发展，在一定程度上改变了人们传统的生活方式和思维方式。我国"十三五"规划提出重点发展和研究的三十多个领域中，超过三分之二是与物流行业有关的，机遇与挑战并存——这极大地鞭策和鼓舞了奋斗在物流信息技术与管理信息系统专业领域教学一线的教师们！如何紧跟物流行业的发展趋势，如何把先进的科技转化成生产力，如何用快捷易懂的方式将知识和技能传递给未来的接班人和时代的生力军，需要一线教师发挥创造力与想象力，秉持坚持不懈、持之以恒的意志将课程教好。

本教材以理论与实践相结合的教学模式为主，根据物流信息技术与管理信息系统的内在逻辑编排而成，包括网络与数据库技术、条码技术、RFID 技术、物流 EDI 技术、GPS 技术和 GIS 技术、POS、EOS、物流管理信息系统以及物联网技术等内容。

本教材的编者都是教学一线的专业教师，有着丰富的物流信息管理的教学实践经验。本教材广泛吸收了当代物流信息技术与管理信息系统的理论研究成果，既能保证视野的宽度和内容的深度，又能培养学生的实践操作技能，从而提升学生的物流信息化水平。本教材具有以下特点。

1. 系统性和实用性

在编写本教材前，编者进行了充分的前期调研，形成了经专家审定的课程教学大纲。大纲按照知识结构编排，既考虑到了本教材与其他教材之间内容上的相互融合，又减少了知识点的重复和脱节。

2. 科学性和先进性

本教材吸收和采纳了同类教材的精华，增补了与物流信息技术相关的成果和方法，教材内容具有科学性和先进性。

3. 职业性和复合性

根据物流行业对高技能型人才的需求，本教材以培养物流信息管理人员的基本理论知识与实践能力为核心，目的是培养在生产物流或第三方物流方面有实践经验的复合型人才。

4. 适用性和创新性

本教材通过企业实际案例或通俗易懂的语言对一些晦涩难懂的技术原理进行了说明，便于学生理解。每章都有对应的同步测试，利于学生巩固知识点。每章还附有具体的实训任务，理论联系实际，将知识传授与能力训练结合起来，提升学生的职业素养和职业技能。

本教材由刘文博、胡洋主编。全书共10章，书中第1、3、4、5、7、8、10章由刘文博编写，第2、6、9章由胡洋编写，刘文博做了全书体系的构思、设计并进行了统编定稿。

在本教材的编写过程中，编者参阅了大量的文献资料以及网上可查的相关研究成果，均在书中已注明，在此向相关的专家学者以及后台工作人员表示衷心的感谢！

由于编者水平有限，书中难免有不妥之处，敬请批评指正。

编 者

2021年2月

目 录

第1章 现代物流信息技术概述 1
    1.1 信息与物流信息 2
    1.2 物流技术与信息系统 10
    1.3 物流标准化 14
    1.4 物流信息技术与现代物流组织变革 23

第2章 网络与数据库技术 34
    2.1 计算机网络技术 37
    2.2 数据库应用技术 45
    2.3 企业网站建设 49
    2.4 互联网与大数据 56

第3章 条码技术 63
    3.1 条码概述 64
    3.2 几种常见的条码 68
    3.3 物流条码 79
    3.4 条码印刷与条码识读 83
    3.5 条码技术在物流中的应用 86

第4章 RFID 技术 92
    4.1 RFID 技术概述 95
    4.2 RFID 技术标准 99
    4.3 RFID 技术的应用 104

第5章 物流 EDI 技术 110
    5.1 EDI 概述 116

5.2　EDI 系统结构 118
5.3　EDI 标准 121
5.4　物流 EDI 技术应用 123

第6章　GPS 技术和 GIS 技术 129
6.1　GPS 概述 130
6.2　GPS 构成与工作原理 132
6.3　GPS 技术在物流领域中的应用 134
6.4　GIS 概述 137
6.5　GIS 构成、功能与工作流程 138
6.6　GIS 技术在物流领域中的应用 145

第7章　POS 151
7.1　POS 概述 152
7.2　POS 的组成及特点 154
7.3　POS 的结构与运行 159
7.4　POS 的导入与开发 162
7.5　移动 POS 在物流管理中的应用 165

第8章　EOS 168
8.1　EOS 概述 171
8.2　EOS 的结构与流程 173
8.3　EOS 的实施 174
8.4　EOS 的效益和应用 176

第9章　物流管理信息系统 181
9.1　物流管理信息系统概述 183
9.2　物流管理信息系统的开发 188
9.3　物流管理信息系统的结构 205
9.4　物流管理信息系统的功能 208

第10章　物联网技术 216
10.1　物联网技术概述 219
10.2　物联网的关键技术与架构 221
10.3　物联网在物流领域的应用 231

参考文献 241

第1章 现代物流信息技术概述

知识目标

- 掌握信息的定义与特征；
- 掌握物流信息的含义与特点；
- 掌握物流技术的性质与分类；
- 了解物流信息的分类；
- 了解物流标准化与物流企业标准化的相关理论。

能力目标

- 掌握几种物流技术；
- 能对各种物流信息进行分类。

素养目标

- 培养学生的职业认同感，激发学生对物流信息、物流技术及物流标准化等专业知识和技能的学习兴趣；
- 通过物流技术的学习，激发学生对物流信息化事业的兴趣；
- 培养学生协调沟通与交流合作的意识和能力。

引导案例

北京八达物流集团有限公司信息化建设

北京八达物流集团有限公司成立于1998年，公司业务覆盖西南、华南、华中、华东等地区的大中城市，目前已经形成集长途运输、货运代理、物流配送、仓储理货、包装加工于一体的综合物流企业的雏形。随着信息化建设在企业内部的成功实施，公司已建

1 物流信息技术与信息系统

1.1 信息与物流信息

1.1.1 信息

1. 信息的基本含义

信息是用符号、信号或消息所包含的内容,来消除对客观事物认识的不确定性。由于信息
为了适应物流运作和加强物流管理的需要,并加以优化、整合,降低的信息服务回报率,得到了许多方面的应用。

北京人人快递信息技术有限公司推出的信息服务平台于北京首都国际机场正式启用,
这就意味着他们以自己的信息服务平台为纽带,与北京首都国际机场开展了其航机业务的合
作和密切,北京首都信息技术有限公司还将为一直以来一直占据中小型物流企业信息服务领
域的少数国有企业的垄断市场,在北京首都国际机场的服务行业的竞争中脱颖而出。"信息的
引入为物流行业服务的信息化提供了有效的渠道,可谓打开了物流行业信息化服务的新
时代与新局面。

在中小型物流企业信息服务业务,首都信息科技推出了一款新业务。在设计方案的物流服务信息
系统时,其制定的目标开始是,为中小型物流企业提供一个推进、易使用、易应用,成本低,
可靠的物流信息平台。

在物流信息服务系统的主要服务对象是为已经建立起来的主要的为中小型物流企业及该地
行业的互联网络主要提供合作服务以完成客户,其中为物流运输公司提供的服务基本水平、这是常
业的"报关业务了""为您分忧了""为您送货""的方便有效的运输方式关键环节的服务平台及其内部自己
开发编出全天候反应整合各业务使用,达到为物流企业的服务化的,"其他办公业务化",物流企业信息化
联合化,等多方样户的服务用客户,实现了物流企业利润的最大化,并且信息化上了下流行业的开销成
本。"采购、运输、销售、存货、客户"等都是物流信息服务中信息技术的最新研究关注点。

随着科技发展的更新完善,物流信息技术更加给广大中小型物流带来了生活中最重大
的难题。信息化建设应当已经进入大多数人的关注范围,信息化建设已经受到了越多人的关注,以往中
远以这类产业的信息化运作开始深入到日常生活中的各个方面,物业
信息化建设已经成为物流企业生存与发展的重要的组成部分。

由于各种各样的物流信息服务系统,是由于该结构各个物流信息应在社会生活中,并且应用于生活当中涉及
的物流信息的服务技术已经在不久以前物流企业就已经开始应用于大小社会上其服务商为主要的大大小小的事务,许多企业为让更多
的客户一目了然地见到实际的运输服务,就能得到一种不必要的工作麻烦。

尤其要提的工作,并且将顾客的建议纳入到一定的发展,那么程度并及其出来的各种的
设计,这种物流服务业有信息运作这样,可以减少员工的工作量与成本,这样,
他们用过去在中运营业务方案能该而这样,不能够信息化不知道这项,但会不会减少日的
回报。"不仅该物流信息化方案是了"规程",并且物流服务商是信息的基本表现,也减少了
这些以来因难,"据有专家",也只是一段空谈。

资料来源:http://www.56885.net/news/201242/317156.html

请问:你认为在信息化深入加入生产生活中,将会给生活出现哪些变化和影响?

是事物的运动状态和规律的表征,因此信息的存在是普遍的;信息具有知识的秉性,因此对人类的生存和发展是至关重要的。信息普遍存在于自然界、人类社会和人的思维之中。信息的概念是人类社会实践的深刻概括,并随着科学技术的发展而不断发展。1948 年,信息论的创始人香农在研究广义通信系统理论时把信息定义为信源的不定度。1950 年,控制论创始人维纳曾说过:"信息是人们在适应客观世界,并使这种适应被客观世界感受的过程中与客观世界进行交换的内容的名称。"1964 年,R.卡纳普提出了语义信息,他认为语义不仅与所用的语法和语句结构有关,而且与信宿对于所用符号的主观感知有关,所以语义信息是一种主观信息。20 世纪 80 年代,哲学家们提出了广义信息,认为信息是直接或间接描述客观世界的,把信息作为与物质并列的范畴纳入了哲学体系。

2. 信息的特征

① 可传输性。信息需要依附于某种载体进行传输。
② 可识别性。信息能够以一定的方式被识别。
③ 可处理性。信息可以通过一定的手段进行处理。
④ 可还原再现性。信息能够以不同的形式进行传递、还原再现。
⑤ 扩散性和可共享性。同一信源可以供给多个信宿,因此信息是可以扩散和共享的。
⑥ 时效性和时滞性。信息在一定的时间内是有效的信息,在此时间之外就是无效信息。而且任何信息从信源传播到信宿都需要经过一定的时间,都有其时滞性。
⑦ 可重复利用性。信源发送的信息不论传送给多少个信宿,都不会因信宿的多少而减少,并且一种信息是可以多次被反复利用的。
⑧ 存储性。信息可以用不同的方式存储在不同的介质上。
⑨ 可转换性。信息可以从一种形态转换为另一种形态。
⑩ 价值性。信息是一种资源,因而是有价值的。

3. 信息的形态

信息一般有四种形态:数据、文本、声音、图像。这四种形态可以相互转化,比如,照片被传送到计算机,就从图像转化成了数据。

4. 信息的类型

可以从不同角度对信息进行分类。
① 按照重要性程度划分,信息可分为战略信息、战术信息和作业信息等。
② 按照应用领域划分,信息可分为管理信息、社会信息、科技信息和军事信息等。
③ 按照信息的加工顺序划分,信息可分为一次信息、二次信息和三次信息等。
④ 按照信息的反映形式划分,信息可分为数字信息、图像信息和声音信息等。

❓ **思考与分析**

信息的特征有哪些?

1.1.2 物流信息

物流活动进行过程中所必需的信息即物流信息。物流信息和运输、仓储等环节有着密切的关系，它在物流活动中起着神经系统的作用。加强物流信息的管理能够更好地使物流成为一个有机的整体，而不是各个孤立环节的活动。一些物流产业发达的国家都把加强物流信息工作作为改善物流状况的关键而给予充分的关注。在物流活动中各物流主体不仅要对各项活动进行计划预测、动态分析，还要及时提供物流费用、生产状况、市场动态等有关信息。只有及时收集和传输有关信息，才能使物流通畅化、定量化。

1. 物流信息的含义

物流过程是一个多环节的复杂系统，系统中各环节的相互衔接是通过信息沟通的，基本资源的调度也是通过信息的传递来实现的。为了使物流系统高效率地运转，必须采用现代化的管理方法，合理地调度人、财、物，保证物流信息的畅通，以达到预期的目标。

物流信息是指与物流活动（运输、库存、包装、搬运、流通加工等）有关的必要信息。例如，在运输手段、路线的选择，运输单位的决策，库存期间的决策，接受订货和订货处理等过程中，都存在着大量必要的物流信息。

物流信息的基本功能是支持运输、库存管理、订货处理等物流活动。信息化的发展使物流信息不只停留在支持功能上，还包括更广泛的与流通有关的信息，如商品交易信息和市场信息。

因此，可以从狭义和广义两个角度对物流信息进行理解。

① 狭义上，物流信息是指与物流活动有关的信息。在物流活动的管理与决策中，如运输工具的选择、运输路线的确定、运输批量的确定、在途货物的跟踪、库容的有效利用、最佳库存数量的确定、订单管理、提高客户服务水平等，都需要详细和准确的物流信息，因为物流信息对运输管理、库存管理、订单管理、仓库作业管理、供应链管理等物流活动具有支持与保证的功能。

② 广义上，物流信息不仅包括与物流活动有关的信息，还包括与其他流通活动有关的信息，如商品交易信息和市场信息等。商品交易信息是指与买卖双方的交易过程有关的信息，如销售和购买信息、订货和接受订货信息、发出货款和收到货款信息等。市场信息是指与市场活动有关的信息，如消费者的需求信息、竞争者或竞争性商品信息、与促销活动有关的信息、交通通信基础设施的信息等。广义上的物流信息不仅能够起到连接整合生产厂家、批发商、零售商直到消费者的整个供应链的作用，在应用现代信息技术的基础上，它还能够实现整个供应链活动的效率化，具体来说，就是利用物流信息对供应链各个企业的计划、协调、客户服务和控制活动进行有效管理。考虑到这些广义的物流信息的作用，就不能将物流信息的功能限定在仅对物流活动的支持上。综合考虑物流信息和商品交易信息，还应该重视企业供应链的效率化。从这种观点出发，许多企业非常重视企业战略层级的物流管理信息系统。

2. 物流信息的特点

物流信息除了具备一般信息的基本属性——事实性、等级性、可压缩性、扩散性、可传输性、可共享性、增值性、可转换性，还具有以下特点。

1）自动化

使用自动化设施采集和处理信息。

2）网络化

互联网的应用和电子商务的产生使得虚拟企业得以实现。

3）智能化

物流管理过程中有大量运筹与决策工作，比如库存水平的确定、运输（搬运）路径的选择、自动导向车的运行轨迹、自动化仓库中出入库库位的选择等。在物流管理自动化过程中，物流管理的智能化是一个技术难题，为了提高物流管理的现代化水平，必须应用专家系统、机器人等相关技术，因此物流管理的智能化是物流信息发展的新趋势。

4）再生化

物流信息在物流管理过程中可以被不断地扩充和再生。整个物流过程中的数据经过整理、分析、加工后产生一次信息，这些信息经过联想、推理、演绎后得出一些有用的结论，从而产生二次信息。同时，通过分析物流信息，将历史信息与现状结合起来，可以预测未来的物流动向，产生三次信息。充分发挥物流信息的再生化特点，可以提高物流管理的效率与决策水平。

5）来源多样化

物流信息不仅包括企业内部的物流信息（如生产信息、库存信息等），还包括企业间的物流信息和与物流活动相关的基础设施的信息（如在国际物流过程中必须掌握的报关信息、港口作业信息等）。

3．物流信息的内容

物流信息的内容非常广泛，信息覆盖面广、信息量大是物流信息的一大特点。企业性质不同，物流信息的具体内容也不尽相同。物流信息的内容总是与企业物流的各个子系统对信息的需求相一致，也就是说，各个物流子系统有各自的信息内容，这些信息之间既有联系又有不同。

一般的工业企业物流包括的物流子系统大致可以分为原材料或零部件供应物流子系统、生产物流子系统、库存和运输物流子系统以及销售物流子系统。

在原材料或零部件供应物流子系统中，常见的物流信息包括：原材料或零部件的信息（名称、相关物理属性、数量、计量单位、价格、质量要求、存储要求等）、供应商的信息（名称、地址、邮政编码、电子邮箱、电话、传真、规模、信誉度等）、供应商交货信息（交货时间、交货数量、提货方式、支付方式、纠纷处理等）、供应商接收信息（接货人工号、质量检验、合格情况等）。

在生产物流子系统中，常见的物流信息包括：零部件的信息（名称、相关物理属性、数量、计量单位、价格、质量要求、存储要求等）、产品信息（名称、相关物理属性、数量、计量单位、价格、质量要求、存储要求、包装要求等）、生产信息（生产工人工号、车间号、机器号、运行时间、机器状态、机器维修记录、机器折旧等）、检验信息（检验员工号、质量要求、合格情况、合格率等）、废料或回收物信息（名称、相关物理属性、数量、处理要求、处理结果、处理费用、法规标准等）。

在库存和运输物流子系统中，常见的物流信息包括：库存物品信息（名称、相关物理属性、数量、入库时间、出库时间、存储要求、存储库位、状态等）、库存水平（库存容量、库位编号、库位状态、库存成本、安全库存、自然损耗等）、运输物品信息（名称、相关物理属性、数量、目的地、搬运要求等）、运输信息（发货时间、发货地点、收货时间、收货地点、运输工具、运输成本、运输人员、接收方、运输损耗等）。

在销售物流子系统中，常见的物流信息包括：客户信息（名称、地址、邮政编码、电子邮箱、电话、传真、规模、信誉度等）、货物信息（名称、相关物理属性、计量单位、价格等）、订货信息（订货方、所订货物编号、数量、交货时间、交货方式、支付方式、纠纷处理等）。

值得注意的是，在物流信息中，编码技术和条码技术得到了广泛的应用，它们为高效率的物流信息处理提供了保障。在物流信息中很多是物品信息，通过物品编码技术可以实现物品信息的信息化管理，比如产品编码等。物品编码是唯一标识每种物品的代码，应具有唯一性和同一性等特征，同时物品编码与该物品的其他属性应存在固定的对应关系。因此，应该以物品的特性为基础进行物品编码设计。编码的位数越多，包含的物品信息越大，但是其输入速度、更新效率和输入准确率就比较低。

4．物流信息的分类

在处理物流信息和建立物流管理信息系统时，对物流信息进行分类是一项基础工作，物流信息通常有以下若干种分类。

1）按信息领域分类

按信息产生的领域和作用的领域，物流信息可分为物流活动所产生的信息和提供物流使用的、其他信息源产生的信息两大类。一般而言，在物流信息工作中，前一类信息是发布物流信息的主要信息源，其不但可以指导下一个物流循环，也可提供于社会，成为经济领域的信息。后一类信息则是信息工作收集的对象，是其他经济领域、工业领域产生的对物流活动有作用的信息，主要用于指导物流活动。

2）按信息的作用不同分类

按信息作用的不同，物流信息可分为以下几类。

① 计划信息。计划信息指的是尚未实现的但已当作目标确认的一类信息，如物流量计划、仓库吞吐量计划、车皮计划、与物流活动有关的国民经济计划、工农业产品产量计划等。许多具体工作的预计、计划安排，甚至带有作业性质的协议、合同、投资等信息，只要尚未进入具体业务操作的，都可归为计划信息。这种信息的特点是相对稳定，信息更新速度较慢。

计划信息对物流活动有非常重要的战略性指导意义，掌握了计划信息之后，物流活动便可进行本身的战略思考：如何在这种计划前提下规划自己的战略的、长远的发展。计划信息往往是战略决策或重大业务决策不可缺少的依据。

② 控制及作业信息。控制及作业信息是物流活动过程中发生的信息，具有很强的动态性，是掌握物流现实活动状况不可缺少的信息，如库存种类、库存量、在运量、运输工具状况、物价、运费、投资在建情况、港口到货情况等。这种信息的特点是动态性非常强，更新速度很快，信息的时效性很强，往往是此时非常有价值的信息，很快就变得一文不值。

在物流活动过程中，不断的作业中产生的信息都是上一阶段作业的结果信息，并不是此项物流活动最终结束后的信息。这种信息的主要作用是控制和调整正在发生的物流活动和指导下一次即将发生的物流活动，以实现对过程的控制和对业务活动的微调。控制及作业信息是管理工作不可缺少的信息。

③ 统计信息。统计信息是物流活动结束后对整个物流活动进行统计的一种终结性、归纳性的信息。这种信息是一种恒定不变的信息，具有很强的资料性。虽然新的统计信息不断出现，

从总体上来看具有动态性，但是已产生的统计信息是一个历史性的结论，是恒定不变的。比如上一年度、上一月度发生的物流量、物流种类、运输方式、运输工具使用量、仓储量、装卸量以及与物流有关的工农业产品产量、内外贸量等都属于这类信息。

统计信息有很强的战略价值，它的作用是利用通过正确方法掌握的历史物流活动及规律来指导物流战略发展和制订计划。统计信息也是国民经济中非常重要的一类信息。

④ 支持信息。支持信息是指能对物流计划、业务、操作产生影响或与其有关的文化、科技、产品、法律、教育、民俗等方面的信息，比如物流技术的革新、物流人才需求等。支持信息能够对物流战略发展产生影响，也能够指导、启发物流控制、操作活动，是可以从整体上提高物流水平的一类信息。

3）按信息的加工程度分类

物流空间广、时间长，决定了信息源多、信息量大。因此，由于信息量太大而导致无法容纳、无法收集、无法从中洞察和区分有用信息、无法有效利用信息等"信息爆炸"的情况非常严重。因此，需要对信息进行加工。按信息的加工程度划分，物流信息可分为以下两类。

① 原始信息。原始信息是指未加工的信息，是信息工作的基础，也是最有权威性的凭证性的信息，人们一旦有需要，可以从原始信息中找到加工信息的真正依据。原始信息是加工信息可靠性的保证。人们有时候只重视加工信息而忽视原始信息，当加工信息有争议、有疑问时，人们就无法使用原始信息核证了，这种情况下的加工信息便毫无意义，所以，忽视原始信息是不明智的。

② 加工信息。加工信息是原始信息经过各种方式、各个层次处理之后的信息，加工信息是原始信息的提炼、简化和综合，可大大缩小信息量，并将信息梳理成规律性的东西，便于使用。加工信息需要通过各种加工手段制成，如分类、汇编、汇总、精选、制档、制表、制音像资料、制文献资料、制数据库等。加工信息还要制成各种指导使用的资料。

4）按活动领域分类

在物流的各个分系统、各个不同功能要素领域，由于物流活动性质有所区分，信息也有所不同。按活动领域划分，物流信息分为运输信息、仓储信息、装卸信息等，甚至可以细化为集装箱信息、托盘交换信息、库存量信息、汽车运输信息等。

按活动领域分类的物流信息具体指导物流各个领域的活动，是物流管理细化必不可少的信息。

❓ 思考与分析

物流管理是如何分类的？

5．物流信息的作用

物流信息的作用有多种，其中以中枢神经作用和支持保障作用两种最为典型。

1）中枢神经作用

物流信息能起到中枢神经作用的原因是信息流经收集、传递后会成为决策依据，对整个物流活动起指挥、协调的作用。如果物流信息失误，则物流活动的指挥便会失误；如果没有物流信息系统，整个物流系统便会瘫痪。以人为喻，如果人的手足活动是实物运动，大脑和神经活动就是信息流,没有这个流,人就无法运动。当然,信息还有一个传递问题,中枢神经的信号如果只是产生而不能传送到手足,同样也不可能指挥人的运动。这种传递就需要依靠有效的神经系统。所以,物流信息系统就像传递中枢神经信号的神经系统,高效的物流信息系统是物流系统正常运转的必要条件。

2)支持保障作用

物流信息起到支持保障作用的原因是物流信息对全部物流活动起支持作用,没有这种支持,物流设备、设施再好,也很难正常运转。当然,如果物流活动只有来自物流信息的支持,物流系统本身却没有正常的技术水平、管理水平,物流活动也不会达到一个高水平。只有支持体和本体都正常,物流系统才会得到整体的完善。

物流信息对物流活动而言还有决定效益的作用。物流系统的优化、各个物流环节的优化所采取的办法、措施,如选用合适的设备、设计最合理的路线、决定最佳库存储备等,都要切合系统实际,即都要依靠能准确反映该系统实际的物流信息,否则,任何行动都不免带有盲目性。所以,物流信息对提高物流活动的经济效益而言也很重要。

6. 物流信息的工作

物流信息的工作包括以下几个方面。

1)信息收集

开展物流信息工作,建立物流信息系统,信息收集是基础。只有广泛地通过各种渠道收集各种有用信息,才能充分反映物流全貌,并更进一步地从中筛选有价值的东西。信息收集是整个信息工作中工作量最大、最耗费时间、最占用人力的环节,因此,必须掌握有效的方法,提高信息收集的效率。

做好信息收集工作需要掌握以下几个要点。

① 明确目的。由于信息体量大,对于某个具体的物流系统而言,没必要也不可能兼收并蓄,必须有取有舍。为了有效地收集情报,必须培养信息收集方面的人才,并组织信息需求部门和信息使用部门认真研究信息收集的范围。具体而言,要通过以下几个事项明确信息收集的目的及范围。

a. 收集什么样的信息?是科技信息还是市场信息或经营信息?

b. 为哪些工作、为何种目的收集信息?是为了制定合理的物流路线,还是为了确定合理储备,或是为了进行物流成本核算?不同目的的情报范围和内容差异显然非常大。

c. 分析信息取舍可能对工作带来的影响,划定信息收集的范围。

② 确定深度和精度。不同系统对信息的深度和精度的要求不同,比如,是按小时还是按周、按分秒收集库存动态系统信息?是掌握某一具体时刻的信息还是掌握某一时间范围内的信息?应当提前对决定信息收集工作水平的人力、物力安排提出明确要求,确定信息收集的深度和精度,要求过高会造成时间、精力、费用的浪费,要求不足则会导致信息水平不高、质量不高。

③ 选择信息源,建立信息渠道。信息源的选择与信息的内容及收集目的有关,为实现既定目标,必须选择能提供所需信息的最有效信息源。信息源一般较多,应进行比较,选择信息量大、种类多、质量可靠的信息源,使信息工作实现持久化。因此,有必要建立固定信息源和渠道。

信息源所提供的信息主要有以下几种。

a. 文字记录形式信息。文字记录形式信息主要有以下三种。

Ⅰ. 账簿及报表信息。这种信息是财务、统计及其他部门经常性记录及汇总记录的信息，也是物流最原始、最基础的信息，这种信息的价值重大，可直接作为经营管理活动中计划、调度的依据。账簿及报表信息是经济活动分析的根据，也是企业管理、效益计算的依据，有选择性地向有关部门报告的事项也主要出自这些信息。

Ⅱ. 印刷型信息。印刷型信息是大量印刷、普遍传播的一种信息，主要是对原始信息进行加工后的二次信息，以年鉴、杂志、公报、书刊形式发布，反应速度慢于第一类信息。此类信息中除了一般信息、统计信息，是物流科技信息的主要形式。

Ⅲ. 缩微型文献。缩微型文献以缩微胶片、卡片为信息载体，可将物流统计资料、科技信息微缩后存于胶片、卡片中，用放大系统读取。

b. 视听型信息。视听型信息是主要依靠影片、录像带、录音磁带、照片、图片、幻灯片、光盘、视盘形式提供的信息，主要作为物流科技信息的信息源。这种信息源所提供的信息具有直观性强、形象生动的特点。

c. 电子数据。电子数据是依靠光电及电子技术并与电子计算机联机工作的技术实现的信息，如条码、穿孔卡片、计算机磁盘和其他磁记录方式、计算机数据库、计算机信息网络等。电子数据是现代物流领域中非常重要的信息源。

2）信息处理

信息处理工作是对收集到的信息进行筛选、分类、加工及储存等的工作。对信息进行处理后，才能方便地使用收集到的信息。在信息量比较大、信息源比较多且复杂的情况下，信息处理是不可缺少的环节。

信息处理大致有四个步骤：信息分类及汇总、信息编目（或编码）、信息储存（或输入计算机）和信息更新。

① 信息分类及汇总。为了高效地分类储存和分类使用物流信息，必须先建立完善的分类标准。一般来说，各个系统在特殊信息方面有统一的分类规定，在通用科技及管理信息文献方面则可参照全国图书资料标准分类方法。

信息的分类可按信息载体划分，也可按知识单元划分。

② 信息编目（或编码）。信息编目（或编码）指的是用一定的代号来代表不同的信息项目。通过普通方式（如资料室、档案室、图书室）保存信息需要进行编目，运用电子计算机保存信息则需要确定编码。在信息项目、信息数量很大的情况下，编目及编码是将信息系统化、条理化的重要手段。

③ 信息储存（或输入计算机）。一般的信息储存方式有图书馆、资料室储存方式，建立卡片、档案的储存方式，汇总报表储存方式等。现代的信息储存方式是利用电子计算机及外部设备的储存功能，建立有关数据库进行大量存储。

④ 信息更新。信息的连续性、广泛性固然非常重要，但信息也具有时效性。失效的信息需要及时地淘汰更新，以容纳更多新信息，促进信息的使用。

3）信息研究

专职的信息部门或有关的业务部门对原始信息进行分析、归纳、判断，将信息进行一定加工，目的是向决策机构提供高级信息，这项工作称为信息研究。对信息使用者而言，利用这种高级信息可简化决策的准备工作，提高决策速度及效率。对某些部门领导而言，信息研究是必须进行的工作。

4）信息服务

服务性是物流信息资料的重要特性，信息服务工作的目的是将信息提供给有关方面使用。信息服务工作的主要内容如下。

① 发布及报道。按一定要求将一些重要信息通过会议、文件、报告、年鉴等形式予以发表或公布，便于使用者收集、使用。发布及报道工作是科学性极强的工作，一定要保证信息发布及报道的准确性，同时还应正确区分信息的保密级别。

② 借阅。应当针对文献形式的信息资料建立借阅制度及交换制度，以促进信息资料的交流、宣传、使用。

③ 代查代办。根据用户或项目的要求代为收集信息或查找所需信息，可以解决某些人不习惯使用信息载体的问题，也可帮助需要信息但又缺乏信息查办能力的单位解决信息来源问题。

④ 复制。按规定向信息使用者提供信息的直接复印、复制品。

⑤ 信息咨询。有些物流环节和有关部门并不需要了解全面信息或收集连续信息，而是仅在某一决策方面需要了解有关信息，或者使用部门需要了解其他方面的信息，但是超出了自己的固定信息渠道，则可以展开信息咨询，享受专业的信息咨询服务。信息咨询工作主要回答用户的问题，接受用户某方面的信息研究委托，提供信息研究成果等。

1.2 物流技术与信息系统

信息技术的产生和发展及其在商务活动中的应用促成了电子商务这一新颖商业交易模式的诞生和演进。另外，物流的发展始终离不开两个重要因素：一个是基础设施建设；另一个是基于各种信息技术而搭建的物流信息系统。在现代物流中，一旦离开了计算机、网络通信、数据库等信息技术的强有力支撑，物流活动就将丧失活力。

1.2.1 物流科学

物流科学是进入大量生产、大量销售时期后，为了解决流通成本上升的问题而形成的一种学科。在现代企业环境中，由于企业在管理上已经逐步地走上了科学管理的轨道，企业的核心竞争力差别日见缩小，因此供应链的竞争作用将逐渐强化，在某些方面甚至可以决定企业在同行业竞争中的地位，而物流作为供应链管理的重要组成部分，其作用也越来越受到各个企业的重视。大型企业由于各种规划以及管理模式已经基本定型，如何在现有基础上进行现代化改革，将是大型企业面临的一道难题。

物流科学是一门新兴的综合性学科，它对国民经济的发展和生产经营水平的提高起着极为重要的作用，随着社会经济与科学技术水平的提高，物流已被认为是继降低原材料消耗和提高劳动生产率之后的"第三利润源"，如何有效地优化和配置物流运作、降低物流成本，对于增强企业的国际竞争能力和促进整个国民经济的快速发展，都具有十分重要的意义。

1. 经济界物流

众所周知，国民经济是由生产、流通、消费三大领域组成的。一般认为，国民经济具有三种形态：一是实物形态，二是价值形态，三是综合形态，包括实物形态和价值形态。所以，生产、流通、消费也有三种形态。而着重从实物形态来研究整个国民经济的生产、流通和消费过程，应该是我们这个时代的重要任务。

从实物形态来看，整个国民经济是由物的生产、物的流动和物的消费三大领域组成的，也可以说，整个国民经济是由生产、物流和消费三大支柱产业群组成的。这里我们不仅仅把物流看作一个支柱产业，还把它看作一个支柱产业群，因为它涉及运输、仓储、包装、流通加工、物流信息、物流设施建设、物流设备制造、物流科技开发、物流教育、物流服务、物流管理等产业。历史事实证明，各国国民经济的发展除了依靠生产和消费两大支柱产业群，还依靠物流这个第三大支柱产业群。物流是各国国民经济发展的网络保证，它既是生产和消费之间的外部桥梁，也是生产和消费内部的物质保障。物流网络渗透整个国民经济的方方面面、里里外外、微观宏观。国民经济要发展，首先必须发展物流。物流好比人体里的血液网络，为生产者输送各种各样的"营养物"，为消费者输送各种各样的"营养物"。在一定条件下，物流支柱产业群的发展决定着生产和消费两大支柱产业群的发展，同样，生产和消费两大支柱产业群的发展也决定着物流支柱产业群的发展。

大力加强物流科学技术的研究和发展是 21 世纪经济增长的需要，是获得"第三利润源"的需要。

2. 社会界物流

自古以来，物流就是人类社会赖以生存的重要物质基础。人类离开物流就无法生存。社会居民的生活物流及其废弃物物流是人类自身生存发展的保障，它们通常没有经济目的，它们在任何社会都是最基本的不可缺少的社会界物流。社会界物流是衡量社会发达与落后、可持续发展与不可持续发展最明显的标志。一个社会和地区的物流发展如果非常落后，比如不通水、不通路、不通航、不通电、不通邮、不通煤气、不通电话、不通广播、不通电视等，那么这个地区肯定是落后的地区，是一个不可持续发展的地区。

社会界物流还包括防御外敌的国防物流、军事战斗中为了保证军事任务的完成所需要的军需品实时供应的军事物流、受灾地区的救灾物流等。随着人类社会的发展，社会界物流问题也越来越突出，越来越受到各个国家的关注，因为社会界物流问题解决不好，就会影响社会的安定和国家的安全。

综上所述，社会界物流是人类社会可持续发展不可缺少的物质保障。社会界物流科学技术是物流科学技术的重要组成部分，为了人类社会的可持续发展，为了社会的安定和国家的安全，必须深入研究和大力发展社会界物流科学技术。

3. 自然界物流

自然物质的流动不仅是自然界存在和发展的物质基础，也是人类社会与国民经济存在和发展的物质基础。自然界如果没有阳光、空气和水这些自然物质的流动，包括人类自身在内的任何生物都会因为得不到补给而不能生存，自然界就会变成无生命的世界，人类社会和国民经济也都不能存在。但是，自然界物流在为人类造福的同时，也会给人类带来灾难，如水灾、风灾、沙尘暴、泥石流等。

当今，自然界物流问题以及由社会界物流和经济界物流引起的生态环境问题越来越严重，如物流造成的大气中和水中的有害物质危害问题、泥石流问题、沙尘暴问题、酸雨问题等，都是人类需要共同加强研究的重大科学技术问题。保护好自然生态环境，积极利用自然为人类造福，是现代世界人类关注的焦点。

自然界物流是自然、社会和国民经济发展的重要物质基础。自然界物流科学技术发展较早，但是为了更好地利用自然界物流为人类造福，同时更好地控制自然灾害，人类仍需要深入研究和大力发展自然界物流科学技术。

1.2.2　物流技术

1. 物流技术在国内的应用现状

在国内，各种物流技术已经广泛应用于物流活动的各个环节，条码技术、射频识别（Radio Frequency Identification，RFID）技术、地理信息系统（Geographic Information System，GIS）、全球定位系统（Global Positioning System，GPS）和电子数据交换（Electronic Data Interchange，EDI）系统等，对企业的物流活动产生了深远的影响。

1）物流自动化技术的应用

物流自动化技术的集成和应用之一是配送中心，配送中心的特点是每天需要拣选的物品品种多、批次多、数量大。国内超市、医药、邮包等行业的配送中心部分地引入了物流自动化拣选设备。一种是拣选设备的自动化应用，其拣选货架（盘）上配有可视的分拣提示设备，这种分拣提示设备与物流管理信息系统相连，动态地提示被拣选的物品和数量，指导着工作人员的拣选操作，提高了货物拣选的准确性和速度。另一种是物品拣选后的自动分拣设备。使用条码或电子标签附在需要被识别的物品上（一般为组包后的运输单元），由传送带送入分拣口，然后由装有识读设备的分拣机分拣物品，使物品进入各自的组货通道，完成物品的自动分拣。自动分拣设备已广泛应用于国内大型配送中心。

2）物流设备跟踪和控制技术的应用

目前，物流设备跟踪和控制技术主要用于对物流的运输载体及物流活动中涉及的物品所在地进行跟踪和控制。物流设备跟踪的手段有多种，可以使用传统的通信手段如电话等进行被动跟踪，也可以使用RFID技术手段进行阶段性的跟踪，但目前国内使用最多的还是GPS技术跟踪。GPS技术跟踪主要利用GPS物流监控管理系统跟踪货运车辆与货物的运输情况，使货主及车主随时了解货物与货运车辆的位置和状态，保障整个物流过程的有效监控与快速运转。GPS物流监控管理系统的构成主要包括运输工具上的GPS定位设备、跟踪服务平台（含GIS和相应的软件）、信息通信机制和其他设备（如货物上的电子标签或条码、报警装置等）。

3）物流动态信息采集技术的应用

企业竞争的全球化发展、产品生命周期的缩短和用户交货期的缩短等都对物流服务的可得性与可控性提出了更高要求，实时物流理念也由此诞生。如何保证对物流过程的完全掌控，物流动态信息采集技术是必需的要素。动态货物或移动载体本身具有很多有用的信息，比如货物的名称、数量、重量、质量、出产地，或者移动载体（如车辆、轮船等）的名称、牌号、位置、状态等一系列信息。这些信息可能在物流过程中被反复地使用，因此，正确、快速地读取动态货物或移动载体的信息并加以利用可以明显地提高物流的效率。在目前流行的物流动态信息采集技术中，一、二维条码技术应用范围最广，另外还有磁条（卡）、语音识别、便携式数据终端、RFID等技术。

2. 物流技术的发展趋势

趋势之一：RFID技术将成为未来物流领域的关键技术。专家分析认为，RFID技术应用于物流行业，可大幅提高物流管理与运作效率，降低物流成本。另外，从全球发展趋势来看，随着RFID相关技术的不断完善和成熟，RFID产业将成为一个新兴的高技术产业群，成为国民经济新的增长点。因此，RFID技术有望成为推动现代物流加速发展的润滑剂。

趋势之二：物流动态信息采集技术将成为物流发展的突破点。在全球供应链管理趋势下，及时掌握货物的动态信息和品质信息已成为企业盈利的关键因素。但是由于受到自然、通信、技术、法规等方面的影响，物流动态信息采集技术的发展一直受到很大制约，远远不能满足现代物流发展的需求。借助新的科技手段完善物流动态信息采集技术，将成为物流领域的下一个技术突破点。

趋势之三：物流信息安全技术将日益被重视。借助网络技术发展起来的物流信息技术，在享受网络技术飞速发展带来的巨大好处的同时，也时刻饱受着可能遭受的安全危机，比如网络黑客无孔不入的恶意攻击、网络病毒的肆虐、信息的泄密等。应用安全防范技术，保障企业的物流信息系统或平台安全、稳定地运行，是企业长期面临的一项重大挑战。

3. 物流技术的性质与分类

1）物流技术的性质

物流是一个综合系统，物流活动不仅涉及生产和流通领域，而且物流活动的运输、仓储、包装和信息处理等作业环节也涉及多个行业。因此，严格来讲，物流技术不是一种独立的技术，它是物流活动所涉及的不同行业、不同领域的技术的综合。但物流技术不是物流活动所涉及的各种技术的简单相加和直接搬用，而是针对物流的实际需要和特点进行改造、开发所形成的各种技术的综合。

2）物流技术的分类

① 按照物流技术的形态分类。按照此类标准，物流技术可以分为以下两类。

a. 物流硬技术。物流硬技术是指构成物流系统的基础设施设备以及实现物流功能所运用的各种机械设备、工具及材料。

物流硬技术的构成包括以下几个方面。

Ⅰ. 基础设施：铁路、公路、航道、管道和航线等线路、通道设施，以及仓库、场站、港口、机场、物流中心和物流园区等节点设施。

Ⅱ. 载运工具：汽车、铁路机车、船舶、飞机、集装箱及其他集装器具。

Ⅲ. 机械设备：运输机械、装卸搬运机械、包装机械、仓储机械、流通加工机械和计量设备等。

Ⅳ. 信息设备：信息采集、传输和跟踪处理等使用的设备，如计算机。

Ⅴ．材料：包装材料、集装材料和加固材料等。

b．物流软技术。物流软技术是指物流活动中运用的各种作业方法、操作程序和管理方法等。

物流软技术的构成包括以下几个方面。

Ⅰ．物流系统规划技术：包括物流设施布置规划技术、物流系统仿真技术和物流系统优化技术等。其目的是对流通形态与物流硬技术进行规划研究与改进。

Ⅱ．运用：对运输工具的选择使用、运输路线的确定、车辆的配载配装方法和库存的管理方法等。

Ⅲ．评价：效率、效益的确定以及成本计算等。

② 按照物流技术的门类分类。按照此类标准，物流技术大体上分为以下三类。

a．物流机械技术。如装卸搬运技术、自动分拣技术等。

b．物流电子信息技术。如物流信息管理的订货系统、库存管理系统等。

c．物流管理中的数学方法。如最佳经济订货批量的确定方法、ABC 分类方法和订购点的确定方法等。

③ 按照物流系统的功能要素分类。按照此类标准，物流技术可分为运输技术、仓储技术、装卸搬运技术、包装技术、配送技术、流通加工技术、信息技术及管理技术等，而每一项物流技术中又包括相应的物流硬技术和物流软技术。

从不同的方面（按不同的标准）对物流技术进行研究分析，可形成不同类型的物流技术。

思考与分析

物流技术可以分为哪几大类？

1.3 物流标准化

1.3.1 物流标准化概述

1．物流标准化定义

标准化是对产品、工作、工程、服务等普遍活动制定、发布和实施统一标准的过程。它是使系统保持统一性和一致性、对系统进行管理、提高系统运行效率的有效手段。

物流标准化是以物流系统为对象，围绕运输、储存、装卸、包装以及物流信息处理等物流活动制定、发布和实施有关技术标准和工作标准，并按照技术标准与工作标准的配合性要求，统一整个物流系统标准的过程。

2．物流标准体系分类

按照范围来划分，物流标准体系可分为国际物流标准体系、国家标准体系、行业标准体系和物流企业标准体系。其形成过程一般为自下而上，作用过程一般为自上而下。

按照类型来划分，物流标准体系主要有物流基础标准、物流信息标准、物流设施与技术装备标准、物流作业流程标准、物流管理标准、物流服务标准等。多项标准有机结合、相互补充，形成较为完善的物流标准体系。

1.3.2 物流企业标准化

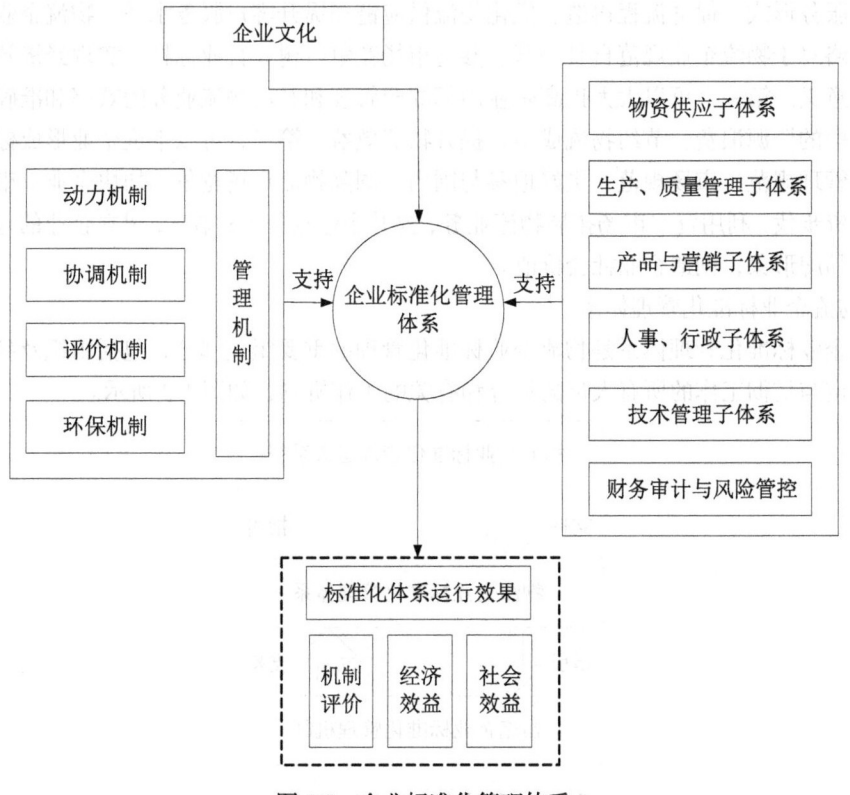

1. 企业标准化管理理论

企业标准化管理主要是指通过建立一系列的规则、规范来约束企业的日常生产和经营，从而使企业的经营有序进行，在较低的生产或经营成本下获得良好的社会经济效应，同时反过来促使企业的生产经营活动变得更加规范、更加合理、更加科学。企业标准化管理以管理为核心内容，强调在国家法律法规、行业准则等的约束下，科学规范地运用计划、组织、领导、控制等职能优化企业资源配置，完成企业目标。

企业标准化管理主张通过标准科学、系统科学、价值链理论、供应链管理等管理理论将企业各部门、各环节串联起来，实现职权匹配、职责统一；主张利用科学的技术、方法和流程指导企业的生产经营活动，从而实现产品质量的提升和市场竞争力的提高。科学管理的鼻祖泰勒在其早期著作《科学管理原理》中就提到了很多标准化管理的理念，包括工人操作的标准化、工具使用的标准化、创造标准化的工作环境、工时标准化等。

企业标准化管理的内容主要包括企业标准化管理体系和标准化管理运行机制两部分。企业标准化管理体系是企业标准化管理的内在体现和重要组成部分，具体包括企业内部组织、参与企业标准系统制定的人员、企业标准系统贯彻人员和有关的工作规范、工作制度、必要的工作条件，等等。企业标准化管理体系如图 1-1 所示。也有学者认为，遵循企业绩效体系建设的规则，才能制定更加合理、有效的企业物流管理绩效评价体系。

图 1-1 企业标准化管理体系

2. 物流企业标准化管理理论

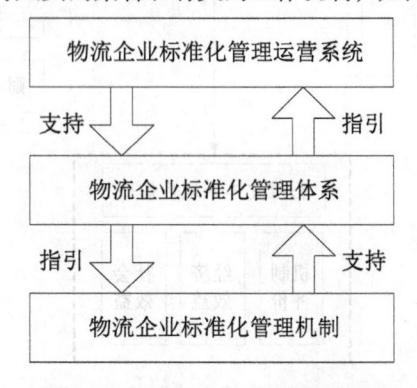

1）物流企业标准化管理内涵

企业标准化管理理论是实施标准化管理的理论支撑。物流企业标准化管理是指在利用企业标准化管理理念、方法的基础上，充分分析物流企业自身特点，制定科学有效的物流企业发展战略、生产服务规范、综合管理机制等企业功能模块，是提高企业生产和管理效率、培育企业核心竞争力的战略过程。

2）物流企业标准化管理特征

物流企业标准化管理主要具有以下特征。

① 物流企业管理的规范化。物流企业管理的混乱一直是业界普遍头疼的问题，尤其是中小物流企业和部分企业物流。物流企业标准化管理要求物流企业内部管理、物流组织业务流程、客户服务等要具有规范化水准，要求企业能够充分利用行业标准创新发展企业管理标准。

② 物流企业管理的科学化。物流企业在实施物流活动时，应当充分利用互联网、物联网、人工智能、大数据等一系列新技术，并逐步构建企业技术体系和管理体系，提升管理和作业效率，增强企业竞争力。

③ 企业标准化管理的体系化。物流管理是与供应链管理最为接近的一个行业，物流管理的连贯性和物流功能模块的协调性可以保证物流活动高效运转，实现管理上"1+1>2"的效果。

3）物流企业标准化管理的意义

当前，我国物流企业管理水平和创新管理等基础比较薄弱，实施物流企业标准化管理可以改善物流服务形式、促进流程再造、优化物流供应链和提升客户服务水平。物流企业实施标准化管理战略对于物流企业规范自身经营、参与市场竞争、树立行业标杆、实现经济效益具有重要的现实意义。第一，可以大大提高企业内部综合管理和开展物流业务的效率和准确性，减少物流过程中的资源浪费，节约物流成本，提升物流效益；第二，可以推进企业形成标准化的业务规范、管理规范、市场规范，更好地参与国内、国际物流市场竞争，加快企业上市或一、二级市场融资步伐，利用资本市场拓展物流业务，提升企业竞争力；第三，树立企业的行业标杆，打造企业品牌形象，创造企业社会价值。

4）物流企业标准化管理体系

物流企业标准化管理体系是物流企业标准化管理的重要组成部分，包括组织及参与企业标准系统制定与贯彻工作的所有人员的集合和有关的工作机制，如图1-2所示。

图1-2 物流企业标准化管理机制

现代物流企业标准化管理的内容主要包括连锁网点标准化建设、信息标准化建设、物流设备标准化建设等多个方面。从系统的角度来看，物流企业标准化管理体系主要有综合管理系统、物流业务管理系统、内部信息管理系统等多个一级子系统；从供应链"四流"的分析角度来看，物流企业标准化管理体系又分为资金管理系统、信息管理系统、商业管理系统和物流业务管理子系统等。

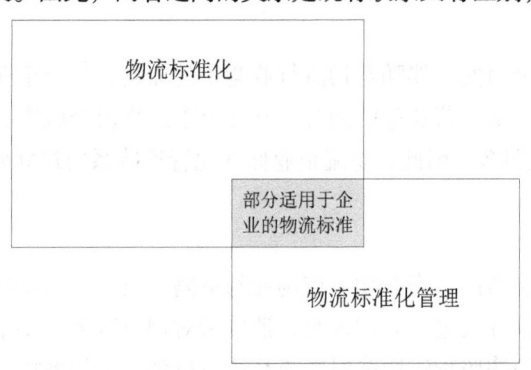

3. 物流标准化与物流标准化管理的区别与联系

物流标准化与物流标准化管理既有本质区别，也有着一定的联系性，如图 1-3 所示。物流标准化是指对物流业务、物流企业、物流行业等对象的标准化过程，强调规范性、技术性，目的是制定和推广相关标准；物流标准化管理是指针对物流企业实施规范化的管理方针和政策，使得物流企业在一定准则框架内更好地实施计划、组织、领导和控制等职能，从而完成组织目标。物流标准化管理强调系统性、科学性，因此两者是不同的理论概念。

同时，物流标准化管理和物流标准化又有着较强的联系。物流标准化管理过程中形成的物流标准单元可为物流标准化提供事实支撑和经验借鉴，而物流标准化作为一种已被验证的标准可以作为物流企业的物流标准单元，从而间接地促进物流企业的物流标准化管理。不同的是，物流标准化管理过程中不仅涉及物流标准化的内容，同时还包括像组织设计、股权结构等其他方面的标准化管理。但物流标准化的理念同时又可以运用到非物流业务标准的企业的标准化管理过程中，起到借鉴意义。因此，两者之间的关系是既有联系又有区别，同时又相互促进的。

图 1-3 物流标准化与物流标准化管理的关系

1.3.3 物流企业标准化管理体系构建

1. 物流企业标准化管理体系的目标和特点

1）物流企业标准化管理体系的目标

物流标准化管理体系和物流标准体系有着本质的区别，前者强调物流企业的整体管理体系的标准化，而后者主要为已制定的物流业务的标准，前者强调管理，是战略性的，后者强调标准口径或规范，是技术性的。以往物流标准化管理体系的建立多依据常规物流职能来划分，其路线一般为：包装标准化、运输标准化、仓储标准化、配送标准化以及订单管理标准化等。但物流企业之间的业务差别性和战略方向有着很大的差别，常规职能标准化的制定作为技术口径尚可，但以此作为物流企业标准化管理体系制定的依据则缺乏科学性。尤其是在当下创新环境深厚、人工智能等新兴技术应用不断扩展的环境中，常规的技术性标准化模式已不完全适用。

物流信息技术与信息系统

因此，物流企业要根据自身特点和战略安排量身制定物流企业标准化管理体系。

构建物流企业标准化管理体系旨在通过物流各职能的系统性分析，建立一个系统间逻辑严密、系统层次结构科学合理，能够随着企业经营战略的改变而不断调整的符合企业自身综合管理和行业竞争力提升需求的标准化管理体系。

2）物流企业标准化管理体系的特点

① 系统性。无论是物流企业，还是其他行业的企业，管理体系的设计必须在遵循行业经营规律的基础上具备系统性。良好的系统性可以保证企业各部门间的高效配合，使企业的各种资源得到优化配置、各类事务有序进行，有助于企业目标的实现。

② 规范性。物流业务过程中涉及传统的日常管理、生产、加工、流通管理等，同时涉及信息化、大数据、人工智能等技术的运用。构建可协同各生产要素的物流企业标准化管理体系，让物流管理在规范的系统中高效地运行是当今物流企业应当执行的战略抉择。

③ 主动性和民主性的统一。企业标准化管理受企业发展的影响，很容易陷入被动管理的局面，从而增加企业运行风险。物流企业尤为如此，重资产、低产品附加值、低进入门槛的特点使得其很容易陷入恶性竞争、被动经营的状况，因此在物流企业标准化管理体系的设计中，通过科学的管理体系实现主动性管理、坚持经验管理和民主管理的统一非常重要，可以有效提升企业的市场竞争力。

2. 物流企业标准化管理体系的建立原则

1）全面性原则

体系的建立要体现全面性。伴随着物流行业竞争的加剧，物流企业混业多元化经营态势明显，比如，物流企业在从事主营业务的同时，开展上下游物流金融服务，或借助物流终端配送服务网点展开 O2O 混业服务。因此，物流企业标准化管理体系的建立要坚持全面性原则，进行全方位的考虑。

2）前瞻性原则

体系的建立要富有前瞻性。当今物流市场变幻莫测，新一代信息技术、人工智能技术、机器人仓储等新的生产服务方式进入人们视野，消费者对物流服务的要求不仅越来越高，而且个性化越来越明显。传统的按照物流职能对物流系统进行划分和体系构建的方式，势必对物流企业未来的可持续发展造成影响。因此，物流企业标准化管理体系的建立要立足长远，坚持前瞻性原则。

3）科学性原则

体系的建立要体现科学性。随着物流行业竞争的加剧以及物流企业经营规模的扩大，我国的物流行业成本也在稳步下降。依据经济学上的规模报酬递减规律，未来大型物流企业的业务的优化和效率的提高必将遭遇瓶颈，届时物流企业内部管理的科学化设置将成为企业重要的竞争性资源。因此，在企业发展壮大的过程中，物流企业在设计标准化管理体系的过程中，应当充分考虑体系间的逻辑结构和关系严密性等科学性指标，使物流企业标准化管理体系在物流标准化管理进程中发挥战略性作用，也为企业标准上升为行业标准乃至国家标准奠定良好的基础。

4）协同性原则

体系的建立要具有协同性。物流企业是社会化大生产中的有机组成部分，一方面物流企业标准化管理体系的执行要体现企业业务的发展需要，为企业做战略支撑；另一方面物流企业标准化管理体系的各项规范要在行业标准、国家标准的要求范围内。纵向上要与行业和国家标准保持协同，充分利用行业和国家已有的管理标准和法律法规等进行自我标准体系的建设，横向上要发挥企业自身的能动性、创新性，建立起适应企业自身的物流企业标准化管理体系。

3．物流企业标准化管理体系设计思路

1）遍历物流企业业务与职能

从事物流的企业，彼此之间在经营业务和经营方式等各方面有着不同的差距，因此物流企业标准化管理体系的设计必须既体现个体性又体现标准性。根据物流企业自身特点，遍历物流企业整体业务和职能，对企业进行全面的认识和分析是物流企业标准化管理体系设计的第一步。遍历的方法主要有实地深入企业调研、专家走访、对企业公开资料或上市企业披露的公告的研读、对企业经营年报和财务年报的分析、对咨询机构出具的相关报告的研读等。遍历的目的在于对目标企业进行全方位、多角度的认识和分析，最好能根据资料形成自己的理解和看法。

2）物流企业标准化管理体系的模块化处理

对物流企业标准化管理体系进行合理的模块化处理是实现其科学化的重要保障。模块化处理方法主要有以下几种。

① 按照供应链中的"四流"进行划分。供应链中的"四流"指"资金流、商流、信息流、物流"，如图1-4所示。物流企业标准化管理体系的模块化可以按供应链中的"四流"进行划分，形成不同的模块。物流企业的资金流主要来自物流业务带来的经营性资金流，包括物流金融相关类业务资金流动（如代收货款、物流保险）、日常经营活动的经营性支出等；同时，资金流还包括投资活动产生的现金流和筹资活动产生的现金流。

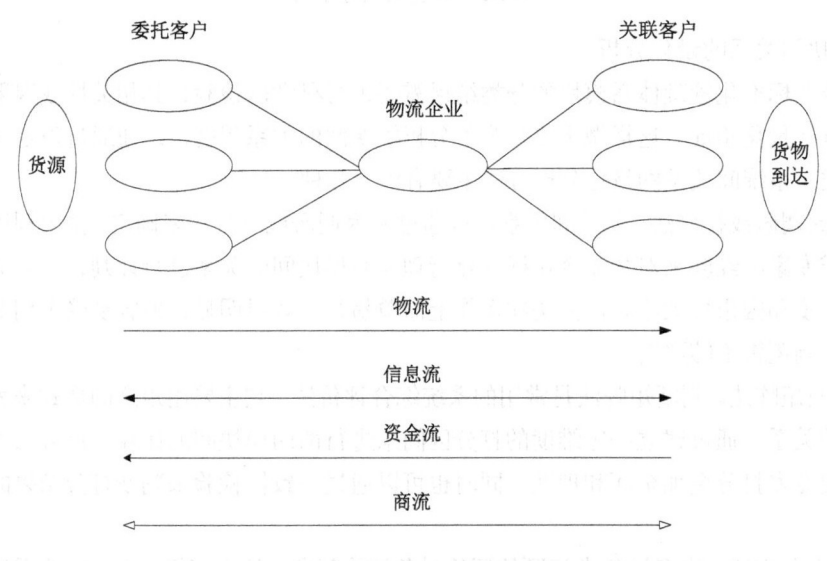

图1-4　供应链中的"四流"

② 按照价值链的方法进行分类。价值链的概念由迈克尔·波特在《竞争优势》一书中首次提出。他认为，企业的价值创造是通过一系列活动构成的，这些活动可分为基本活动（采购、生产、营销、客户服务等活动）和辅助活动（人力资源、财务、公关等活动）两类。这些互不相同但又相互关联的生产经营活动，构成了一个创造价值的动态过程，即价值链。利用价值链来进行物流企业标准化管理体系的模块化归类是非常好的一种方法。

③ 根据业务或职能的相似度和差异性大小进行分类。根据业务或职能的相似度和差异性大小进行归类是一种以经验及调研为主要分类方法的模块化归类方式，其依据是业务或职能的专业性。例如，职能型组织结构的设计便采用这种方式。

④ 按照应用层次分类。由于管理职能的不同及管理者所处层次的不同，管理者对提供服务的物流企业标准化管理体系的需求也不同。按照标准化管理体系层次来划分，主要有战略层、管理层、知识层和作业层等；按照被服务群体来划分，主要有高层管理者、中层管理者、专业人员、行政管理人员和基层执行人员等。管理层次金字塔如图 1-5 所示。

标准化管理体系层次	被服务群体
战略层	高层管理者
管理层	中层管理者
知识层	专业人员、行政管理人员
作业层	基层执行人员

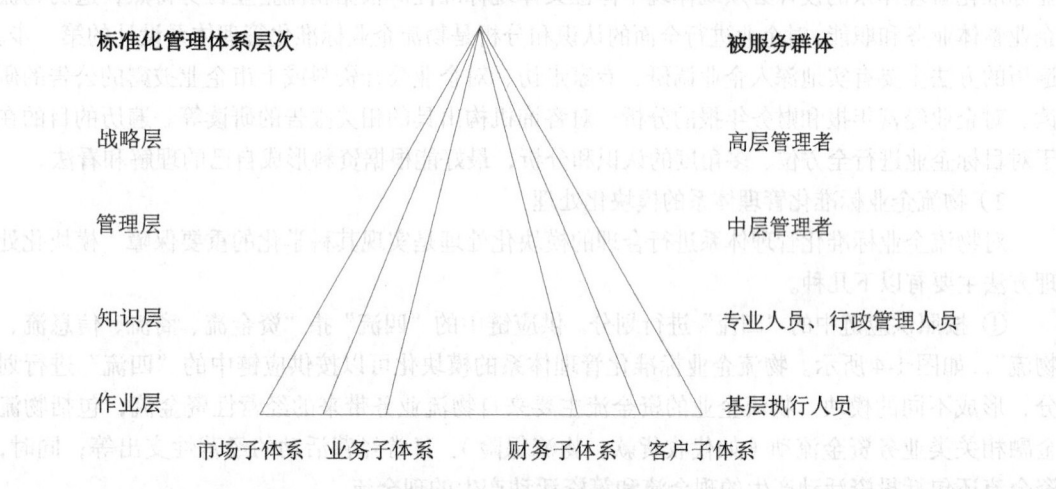

市场子体系　业务子体系　　财务子体系　客户子体系

图 1-5　管理层次金字塔

3）模块间关系的量化分析

物流企业标准化管理体系模块的分类结果需要进行科学的检验，其相关性或因果关系的大小都需要进行量化验证。这样做主要是为了分析模块间的关系程度，以便通过设定阈值来进行模块的归类。系统间关系的量化分析方法主要有以下几种。

① 专家调研或打分法。系统间关系可以通过专家调研或打分法来确定，主要利用物流行业业内人士或专家的经验来对物流企业标准化管理体系模块间的关系进行评判，然后综合考虑决定其关联程度和因果性大小。该方法在操作上简单易行、效果明显，但容易受个别专家的意见性误导，评判逻辑不够严密。

② 判断矩阵法。判断矩阵法是常用的系统综合评价法，它主要用矩阵的形式来表示各标准模块之间的关系，通过建立一定维度的打分区间来进行两两模块间的比较。该方法简单科学，不仅可以使专家打分更加全面和理性，同时也可以通过一致性检验来判断打分结果的逻辑是否正确。

③ 层次分析法。许多评价类问题的评价对象结构复杂、特点多样，无法完全采用简单经验分析或定量方法将其归结为一般性问题进行分析与评价。层次分析法把复杂的主干问题分解成多个组成因素，然后将这些因素按属性相似度进行归类，从而形成递阶层次结构。通过计算机将不同要素进行两两比较，最终确定层次中各因素的相对重要程度。

④ 模糊综合评价法。模糊综合评价法主要利用模糊数学来对系统进行综合评价。该综合评价法根据制定因素的模糊备选集把定性评价转化成定量评价，即用模糊数学对受到多种因素制

约的事物或对象做出一个总体的评价。它具有系统性强、结果形象且清晰的特点，能较好地解决难以量化、判断度难以把握的问题，适合解决各种非确定性问题。

1.3.4 物流企业标准化管理体系

1. 物流企业管理职能体系

通过对目前主流的物流类企业进行业务或职能的遍历性分析，找出物流企业所有的业务模块或职能模块。物流企业管理职能的常规组成部分，如表1-1所示。

表1-1 物流企业管理职能的常规组成部分

序号	业务或职能名称	含义
1	战略研究部门	公司层面的行业研究、战略制定与战略评价
2	人力资源部门	公司层面的人力资源规划与开发，人事事务日常管理
3	财务本部和分部	账务计划的编制，税务设计，季报、年报的编制，日常财务事务管理
4	市场营销部门	市场调研和企业营销策略制定，产品的定价，市场的宣传与推广，企业形象维护以及品牌提升等
5	客户服务部门	关键客户服务与关系维护，客服服务的管理，客户需求的接收与回馈等
6	风险管控部门	公司层面的经营性风险识别，年终内部审计与风险评估
7	采购与供应链部门	物流设备的采购与供应商评价，电脑等办公用品的采购，其他企业类物资的采购与报废处理，上下游供应商关系维护
8	行政部门	日常行政事务处理
9	公共事务管理	负责对经营运行中的法律事务进行处理及对相关合同进行管理；对外部媒介和网络信息进行管理，做好危机公关；公司安全保卫机制建设，主导刑事案件或疑似案件的调查；对外公益活动的参与及管理
10	董事会办公室	公司治理结构的完善及规范运作；公司股权事务管理；实施公司IPO战略，股权投资、融资管理、财务公关等市场利益相关者关系管理
11	总经理办公室	负责公司经营管理层的日程安排，会议安排等；建立业务管理沟通机制，督查业务问题，协调资源并督导问题改善；总经理资源整合及分享，提供业务资源支持；以客户需求角度暴露公司产品问题并推动改善
12	IT与技术研发部门	负责公司整体日常经营的管理系统研发；根据IT战略规划负责业务系统的研发与调试
13	物流运输功能	编制货物运输规划，负责货物运输管理
14	分拨中心运营	全面负责物流货物的加工、理货、送货等多种任务
15	物流配送功能	接受并处理末端用户的订货信息；根据用户订货要求进行拣选、加工、组配等作业
16	质量监督部门	制定物流质量管理体系；监督物流全过程质量水平，提出质量改进建议
17	仓储与包装功能	负责物流过程中仓储与包装功能的实现
18	物流网络规划与布局	全国运输线路的规划、调整及优化；公司运输规划及管理体系建设，统筹公司运输模式研究及车辆、司机管理，提升运输效率、降低运输成本
19	大数据分析部门	用户数据的分析和报告出具；为公司提供数据化的决策支持

2. 基于管理层次的物流企业标准化管理体系

根据管理层次理论设计物流企业标准化管理体系是一种自上而下或自下而上的管理体系设计思路。以自上而下的物流企业标准化管理体系为例，首先，战略的制定是其战略规划与管理的前提，通过调研和行业研究制定符合企业未来发展的战略，为企业经营与发展提供指引。战略可分为公司层战略、竞争战略和业务战略。其次，在战略指引下，制订基于中高管理层的物流企业标准化管理体系，该体系主要满足承上启下的管理功能，控制是其管理的主体。因此，标准化的管理制度和管理方法是中高管理层重要的管理方式。最后，制订基层操作层的物流企业标准化管理体系，尤其是面向客户的服务标准体系。

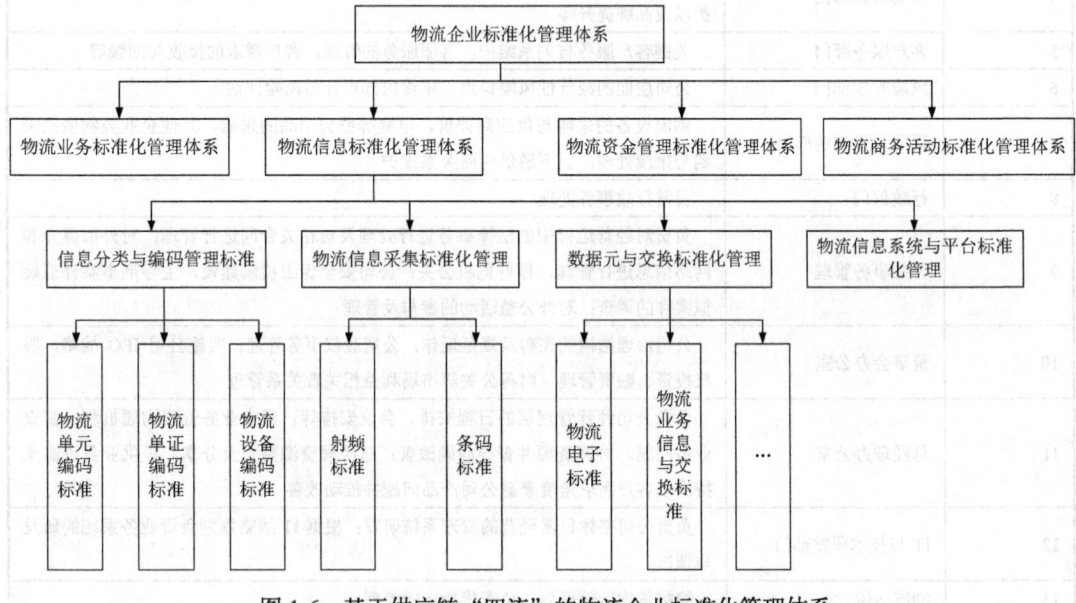

3. 基于供应链"四流"的物流企业标准化管理体系

利用先进的信息和管理技术从供应链的角度来控制企业的经营，能够增强供应链企业的核心竞争力。根据供应链中商流、资金流、物流和信息流的分类，对于物流功能的遍历分析，物流企业标准化管理体系可分为物流业务标准化管理体系、物流信息标准化管理体系、物流资金管理标准化管理体系、物流商务活动标准化管理体系等子体系。以物流信息标准化管理体系为例，该子体系下又可分为信息分类与编码管理标准、物流信息采集标准化管理、数据元与交换标准化管理、物流信息系统与平台标准化管理等子标准单元，如图1-6所示。

图1-6 基于供应链"四流"的物流企业标准化管理体系

4. 基于价值链管理的物流企业标准化管理体系

基于价值链管理的物流企业标准化管理体系利用价值链分析法对物流企业功能模块进行系统性分类，首先需要了解物流企业管理中各功能模块的具体管理内容。根据物流业务特点，物流企业的基础活动主要有物流设备标准化管理（如车辆、仓储架、叉车的标准化管理等）、物流信息标准化管理、物流金融标准化管理、物流作业标准化管理（包括运输、包装、仓储、配送等）等；物流企业的辅助活动主要有企业的内部综合管理、财务审计管理、公共事务及危机公关等。物流企业的基础活动和辅助活动只有相互配合，才能实现"1+1>2"的效果，为企业经营创造利润，为客户带来价值，如图1-7所示。

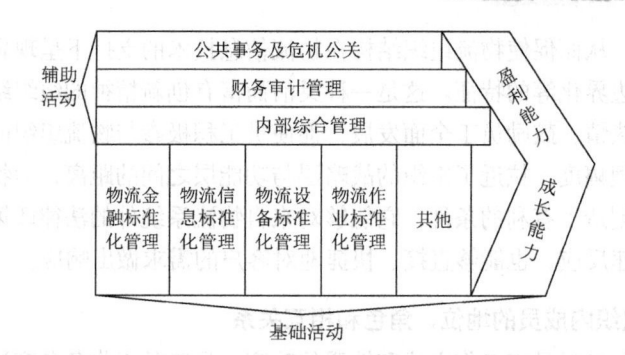

图 1-7　基于价值链管理的物流企业标准化管理体系

1.4 物流信息技术与现代物流组织变革

借助现代物流信息技术的力量，从根本上重新思考和重新设计现有的流程组织，建立以"客户为中心"的业务流程，构造和提高物流组织的核心竞争力，帮助物流组织在成本、质量、顾客满意度和反应速度等方面有所突破，取得在财务绩效指标与业绩成长等方面的优异表现。这是物流组织为了适应不断变化的内外部环境、取得组织竞争优势所必须实现的变革。通过物流信息技术的使用，可以提高物流系统的运行效率和效益。

1.4.1 物流信息技术对现代物流组织变革的作用

在信息化的社会中，物流信息技术对现代物流组织的影响是无所不在的。它既能作用于物流组织宏观层面的组织结构，又能作用于其微观层面的组织要素，它还通过对物流组织结构和物流组织要素的作用而影响物流组织与环境的联系方式和作用效果。通过物流信息技术的应用，可以使物流组织的工作流程得到加速，服务质量得到提高，还能改变物流组织的边界，转移物流组织的决策权，改善物流组织内部各部门之间以及外部各组织系统的相互协调关系等，从而提高物流组织系统的效率，增强物流组织的核心竞争力。

物流信息技术不只是工具，它不仅会改变一个物流组织的信息管理工作，而且它的应用和发展还会使物流组织脱胎换骨，物流信息技术已经成为现代物流组织全方位管理理念、组织结构、决策方式、业务及人力资源等模式形态转换的催化剂和助推器。物流信息技术的成功运用将促进物流组织产生渐进式或根本性变革。物流信息技术对推动一个现代物流组织变革所起的作用主要表现为如下几个方面。

1. 促使物流组织结构扁平化、网络化、柔性化

亚当·斯密的劳动分工理论是传统企业组织结构的核心原理，它通过划分职位与部门、设置等级层次、对横向联系进行协调和分配职责权限等手段来实现对企业的管理。在信息技术相对不发达的状态下，通过严格的等级体系、明确的权责统一与完备的规章制度保证了人工方法进行信息采集、加工及传输的有效性和效率，在缓解决策过程中的信息不完备性和决策者的"有限理性"方面发挥了良好的作用。

物流信息技术的应用与发展，促使物流组织内部管理职能进行相应的调整，中间层次减少，权力结构发生转移，学习、创造型团体得到鼓励，物流组织内的沟通得到加强，新的业绩评估系统得到重新设计，从而促使物流组织结构在物流信息技术的支持下呈现扁平化、网络化、柔性化、虚拟化和无边界化等的特征。这是一种灵活而富有创新精神的组织结构，它能最大限度地激发员工的创新热情，鼓励员工全面发展，促使员工积极参与物流组织的管理活动；它拓宽了高层管理者的管理幅度，拉近了组织的战略层与功能层之间的距离，为物流系统内信息反馈的准确性、及时性创造了有利的条件；它能够对来自物流系统外的法律政策信息、技术信息、市场信息等做出快速反应，也能够直接、快捷地对客户的需求做出响应。

2. 改善物流组织内成员的地位、角色和相互关系

物流信息技术通过对员工工作方式和性质的改变、员工的工作角色变迁、员工知识结构的调整和观念的转变等途径来推动物流组织的变革。

自动化的信息处理，能够把物流组织员工从单调、重复、乏味的工作中解放出来，员工能够将更多的精力投入更加富有创造性的工作中去。物流信息技术可以使物流组织员工将传统企业中的"决策制订者"和"决策执行者"两种角色集于一身，使他们的决策权限和组织地位都得到提高，全体员工都可以在"发现问题、研究问题、解决问题"的过程中体现自身的价值，使自我实现的需求得到满足。如此一来，可以在物流组织中形成一种"全员创新、知识共享、全面发展自身技能"的新型工作氛围和组织文化。

在信息社会中，"以人为本"的管理思想已经为现代企业普通接受。随着计算机信息系统在物流组织中的全面应用，许多程序化的"熟练工作"将逐渐被信息系统的软件、硬件取代，因此，物流组织更需要的是善于利用物流信息技术的创造型、知识型人才。物流组织的管理思想也将逐渐转移到提高组织的学习能力和创新能力上，使物流系统能不断地接受新技术、消化新技术。

随着物流组织内员工地位的不断提高，将员工视为"组织人""社会人""目的人"，提倡信任员工、尊重员工、消除等级观念、平等研究问题、尊重个性、鼓励创新的管理思想应运而生。信息技术使物流组织与全体员工构成了一个整体价值链，谁拥有众多为物流组织做出贡献的员工，谁就能具备物流竞争优势。

3. 促进学习型物流组织的产生和发展

在物流信息技术支持下的物流组织可以拥有更强的组织学习能力、更强的自治能力和组织参与者的集体性观念。物流信息技术能够促进物流组织学习，具体体现在信息获取、信息传播、信息解释和组织记忆等过程中。

1）信息获取

传统物流组织获取信息的原始手段是观察、测量和计算等。现代物流组织则主要依靠物流信息技术进行信息获取。信息的来源分为物流系统内部和外部。物流信息技术以两种形式影响着物流系统的信息获取：消化吸收外部的信息和重新解释与应用已经存在的内部信息。例如，基于计算机、网络、多媒体、EDI、Internet 和 Intranet 等信息技术的电子商务、供应链信息系统、搜索引擎、远程教育、数字图书馆等应用，可以促进物流组织从外界获得大量信息和扩大信息交换；而电子数据处理(Electronic Data Processing, EDP)、管理信息系统(Management Information System, MIS)、决策支持系统（Decision Support System, DSS）、数据仓库和数据挖掘（Data Warehouse & Data Mining, DW&DM）技术等可以提高物流组织内部的事务处理效率，优化和重组物流组织内部资源，成为物流组织获取信息的有效手段。物流信息技术在物流组织的信息获取过程中充当一个环境扫描器和智能化的过滤器的角色，使我们能获取有效、有价值的信息。

2）信息传播

传统的信息传播方式有电话、传真、面对面式会议、布告、广播和通知等。现代信息技术支持下的信息传播方式有很多，比如电子邮件、远程视频会议系统、新闻组、群件系统等。基于现代信息技术的传播系统能增强物流组织成员的参与性，由于它支持交流和协作，因此能提高决策质量。群件系统能促进物流组织的各个层次平等地参与学习，也能支持成员、部门、团队之间同时相互学习，从而可以提高物流组织学习的效率。

3）信息解释

在物流信息技术的支持下，物流组织可以及时获取大量信息，能够降低信息解释的不确定性和模糊性。

4）组织记忆

通过不同类型的信息系统，可以使物流组织具有很好的记忆功能，记忆的内容包括组织成员、既成事实、统计数字和行为规则、组织内相互默契的配合、专门技术、经验、组织的成长历程、决定性的事件、组织的战略规划和战略决策等。通过强化组织的记忆功能，能够使物流组织通过不断学习、创新和积累，获得可持续发展能力和竞争优势。

4．有效地提高物流组织系统的决策水平

物流信息技术能有效地提高物流组织系统的决策水平，提升决策者的信息处理能力和计算能力。在物流信息技术的支持下，决策者可以快速地从物流系统的内、外部环境中取得大量第一手数据，同时借助决策支持系统，在计算机上模拟各个备选方案的运行情况，并通过对每一个方案进行情景分析，对方案的结果进行多方面的评价和预测。决策者定性和定量分析相结合的能力将得到增强。物流信息技术还能够促使决策者将其管理经验和决策规则进行规范化、形式化、定量化，最大限度地消除决策过程中，特别是在高层战略决策过程中存在的不确定性和随意性，在相当程度上改善决策者在决策过程中的"有限理性"，这对于提高物流组织的整体决策质量是十分有利的。

5．促进物流组织战略目标的调整

物流信息技术不断地改变着物流组织的外部环境和内部环境，相应地，也促进物流组织的战略目标做出相应的调整。决策者的信息处理能力的提高，使物流组织获得了对市场机遇和客户需求变化的灵活、快速的反应能力，从而能够更好地落实面向客户、面向市场的经营理念，捕捉在市场中稍纵即逝的机会。由于物流信息技术的应用深深地渗透到物流组织的决策过程和业务处理过程之中，而且与物流组织的文化环境、人员素质、工作氛围紧密相关，因此，物流组织的物流信息技术优势一旦形成，竞争对手是很难模仿的。

总之，物流信息技术通过改进物流组织对环境的适应能力和应变能力、改变物流组织的输入和输出方式、缩减物流组织的中间管理结构、推动物流组织不断进行产品创新和服务创新、塑造新型组织文化等途径，不断推动着物流组织的变革。

1.4.2 现代物流组织业务流程重组

1．企业业务流程重组概述

1）企业业务流程重组的含义

企业"业务流程重组"（Business Process Reengineering，BPR），最早是由美国的迈克尔·哈

默和詹姆斯·钱皮于 20 世纪 90 年代提出来的。他们认为 BPR 的核心就是面对激烈的市场竞争，企业要加强过程控制，不断地对原有的业务流程进行根本性的再思考和彻底性的再设计，从而使成本、质量、服务和速度等反映企业竞争能力的要素得到显著的改善和提高，从而适应市场竞争的需求。随后，BPR 概念得到了进一步的阐述，比如融入了规范化、系统化等内容，像一股巨大的浪潮席卷了美国等西方工业化国家，广大企业认可和接受了 BPR 概念，并且取得了明显的经济效益。

BPR 概念引入中国后，出现了很多种不同的译法。"企业、业务、经营""过程、流程""重组、重构、再造、再工程"等几组词的任意搭配几乎都曾出现过，甚至还有一些其他的全新造词。这里，我们称其为"业务流程重组"。

业务流程重组理论的特点在于：强调整体观、以客户为中心、流程导向，强调建立在信息技术平台上的管理运行系统和人的作用。

BPR 是一种改进的哲理。BPR 的目标是将业务流程描述成一个价值链，通过重新设计组织经营的流程，对价值链中各个环节进行有效管理，贯彻经济学价值最大化原理和集成概念中流程优化的内涵；在分析企业业务流程的基础上，确保过程增值，消除或调整非增值活动，使这些流程的增值内容最大化，其他方面的内容最小化，从而获得绩效改善的跃进。BPR 是企业提升核心竞争力的有效途径。

现代物流组织的业务流程是指为完成物流系统某一目标或任务而进行的一系列逻辑相关的物流环节、作业和动作的有序集合。它既是一种面向时间的序列，也是一种反映空间变化的过程。

物流活动是由诸多环节构成的过程，通常会跨越一定的时间、空间，涉及的对象也往往是除供求之外的多方介入。因此，应用系统论的方法对其进行管理，从整体性和战略性的角度对其业务流程进行分析、设计和优化，提高物流系统的效率，降低物流费用，进而降低企业产品的总费用，才能充分体现"物流是企业第三利润源"这一理论。通过构建融入客户服务理念的经过优化的业务流程，能够满足各种客户的个性化要求，为客户提供不同水平的物流服务，从而提高客户满意度、增强客户的忠诚度。因此，顺畅、合理的物流组织业务流程是提供优质物流服务的基础，是提高物流系统核心竞争力、使企业在竞争中获胜的重要途径。

对物流组织进行流程管理，就是一种以规范化地构造端到端的卓越业务流程为核心，以持续地提高组织业务绩效为目的的系统化方法。流程管理包含三个层面：规范流程、优化流程和再造流程。如果物流组织的流程没有完全规范化，就可以通过规范流程进行相关的规范化工作；如果物流组织现有流程中存在一些冗余或资源消耗的环节，就可以对之采用优化流程的方法；对于一些积重难返、完全无法适应目前物流系统需要的流程，就必须对其进行完全的流程再造了。

对于现代物流组织，市场和客户的需求是物流组织一切活动的目标与中心，物流组织的使命就是了解市场和客户的需求，并有针对性地提供物流服务。一切为了客户，是面向客户满意的物流组织业务流程重组的出发点和归宿，是企业文化和人、流程、组织系统及信息技术等现代物流组织业务流程重组的核心内容。其基本原则是建立在信息技术的创新应用基础之上的，通过使用信息技术和网络技术，使以前为适应手工或机械工作而制定的复杂、繁缛的工作流程变得简洁，满足客户在产品或服务的质量、速度、新颖、标准化等方面的需要，并快速准确地做出反应，以适应当前变化迅速的市场环境。

根据流程的范围和重组特征，BPR 主要有以下三种形式。

① 功能内的 BPR。这一般是指对职能内部的流程进行重组。例如，在传统的物流系统中，一些中间管理层只执行非创造性的统计、汇总、填表等工作，通过基于计算机的物流信息系统的应用，则可以取代这些业务，将这些中间层次取消，使每项职能从头到尾只需要由一个职能机构管理，做到机构不重叠、业务不重复、职能机构扁平化，实现集中决策、统一经营，增强物流系统的应变能力。

② 功能间的 BPR。这是指在企业范围内，进行跨越多个职能部门边界的业务流程重组。例如，某制造企业为进行新产品开发进行机构重组，以开发某一新产品为目标，构建包含了销售、设计、工艺、生产、供应、检验人员等在内的产品项目组。这种组织机构灵活机动，适应性强，将各部门人员组织在一起，可以平行处理许多工作，可以大幅度缩短新产品的开发周期，更好地满足市场需要。

③ 组织间的 BPR。这是指在两个以上企业之间发生的业务流程重组。例如，通用汽车公司（GM）采用 EDI、共享数据库等信息技术，将公司的经营活动与 SATURN 轿车配件供应商的经营活动连接起来。SATURN 轿车配件供应商通过 EDI 获取 GM 的数据库信息，了解 GM 的生产进度，然后拟订自己的生产计划、采购计划和发货计划，同时通过 EDI 将发货信息传给 GM。GM 的收货员在扫描条码确认收到货物的同时，通过 EDI 自动向供应商付款。这样，GM 与其零部件供应商之间构建了稳定的购销协作关系，实现了对整个供应链的有效管理，缩短了生产周期、销售周期和订货周期，减少了非生产性成本，简化了双方的工作流程。这类 BPR 是目前业务流程重组的最高层次，也是业务流程重组的最终目标。

2）物流组织实行 BPR 的方法

物流组织实行 BPR 时应遵循以下基本原则：以物流系统目标为导向调整组织结构；让执行工作者有决策的权力；获得高层领导的参与和支持；选择适当的流程进行重组；建立通畅的交流渠道。

这里将 BPR 在物流系统内的实施结构设想成由观念重建、流程重建和组织重建三个层次构成的立体形式，其中以流程重建为主导，而每个层次内部又有各自相应的步骤过程，各层次之间也具有相互作用的关联关系。

① 观念重建。这是指要在整个物流组织内部树立实施 BPR 的正确观念，使员工理解 BPR 对于物流系统管理的重要性。它主要涉及三个方面的工作：组建 BPR 小组、进行 BPR 前期的宣传准备工作、为 BPR 设置合理的目标。常见的 BPR 目标有降低成本、缩短时间、增加产量、提高质量、提高顾客满意度等。

② 流程重建。这是指对物流系统的现有流程进行调研分析、诊断、再设计，然后重新构建新的业务流程的过程。它主要包括三个环节：业务流程分析与诊断、业务流程的再设计、业务流程重组的实施。业务流程的再设计可以表现为：合并多道工序，由一人完成；将完成多道工序的人员组合成小组或团队共同工作；将串行式流程改为同步工程等。

③ 组织重建。组织重建的目的是给业务流程重组提供制度上的维护和保证，并追求不断改

进。例如，评估 BPR 实施的效果；建立长期有效的组织保障，确保业务流程的持续改善；文化与人才的建设。

为了顺利实施 BPR，物流组织需要进行一系列的改革。

第一，按照"所有工作/活动必须以满足顾客需求为核心"的原则，打破原有组织中的职能与部门界限，使从订单到交货或提供服务的一连串作业活动重新构建在跨越职能部门与分工界限的"顾客需求导向"的基础上。相应地，构成物流系统活动的要素应该是一项能够直接满足顾客、服务顾客的任务或作业，而不是一个个部门。在经过流程再造的物流组织中，客户能够直接找到为他直接提供服务的"管事的人"，而不需要先找"管事的人"，再由"管事的人"去找能为客户解决问题的人。

第二，重新检查每项作业或活动，识别物流组织的核心业务流程和不具有价值增值的作业活动，简化或合并非增值的部分，避免或减少重复出现和不需要的流程所造成的浪费，并将所有具有价值增值的作业活动重新组合，优化物流系统的整体业务流程，缩短交货周期，提高物流系统的运营效率。一般需要对物流组织的业务流程进行重新构建，而不是改良、增强或调整。通过转变管理模式，实现从职能管理向业务流程管理的转变，实现以流程为导向的组织模式，追求企业组织的简单化和高效率。物流系统管理的重点转变为以服务外部顾客的观点取代内部作业方便的观点来设计任务和流程。

2. 常见的物流业务流程描述方法

物流业务流程重组作为物流系统发展过程中的项目，通常要经过总体规划、立项、项目启动、流程描述、诊断分析、流程设计、信息系统配套方案设计、流程切换与评估等一系列过程。物流业务流程描述方法既是描述现有系统流程的工具，也是理解、优化和维护系统流程所用的必需手段。

对物流系统的业务流程进行描述的方法有很多，比如文本、表格、图形等。但是，物流组织的不同层面对业务流程的描述方法往往存在着个性化的需求。例如，高层领导可能更需要宏观层面的核心流程，而基层员工则需要较详细的流程描述。因此，描述一个物流系统的业务流程时，往往结合使用多种业务流程描述方法。下面是目前最常见的几种物流业务流程描述方法。

1）流程图法

流程图法（Flow Charts）遵循 ANSI 标准。它的主要特点是易于理解，但存在不确定性强、无法对流程界限进行清楚界定等缺点，流程图中的输入、输出不能模型化，往往失去关于流程的细节信息。图 1-8 是一个关于物料检查入库的流程图法样例。

2）跨功能流程图法

跨功能流程图法是为了满足企业中跨部门职能描述的需求而对流程图法进行的进一步拓展。它的组成要素包括：企业业务流程、执行相应流程的功能单元或组织单元。在形式上有横向功能描述和纵向功能描述两种。跨功能流程图法主要用于表达企业业务流程与执行该流程的功能单元或组织单元之间的关系。图 1-9 是跨功能流程图法示例。

图 1-8　流程图法样例

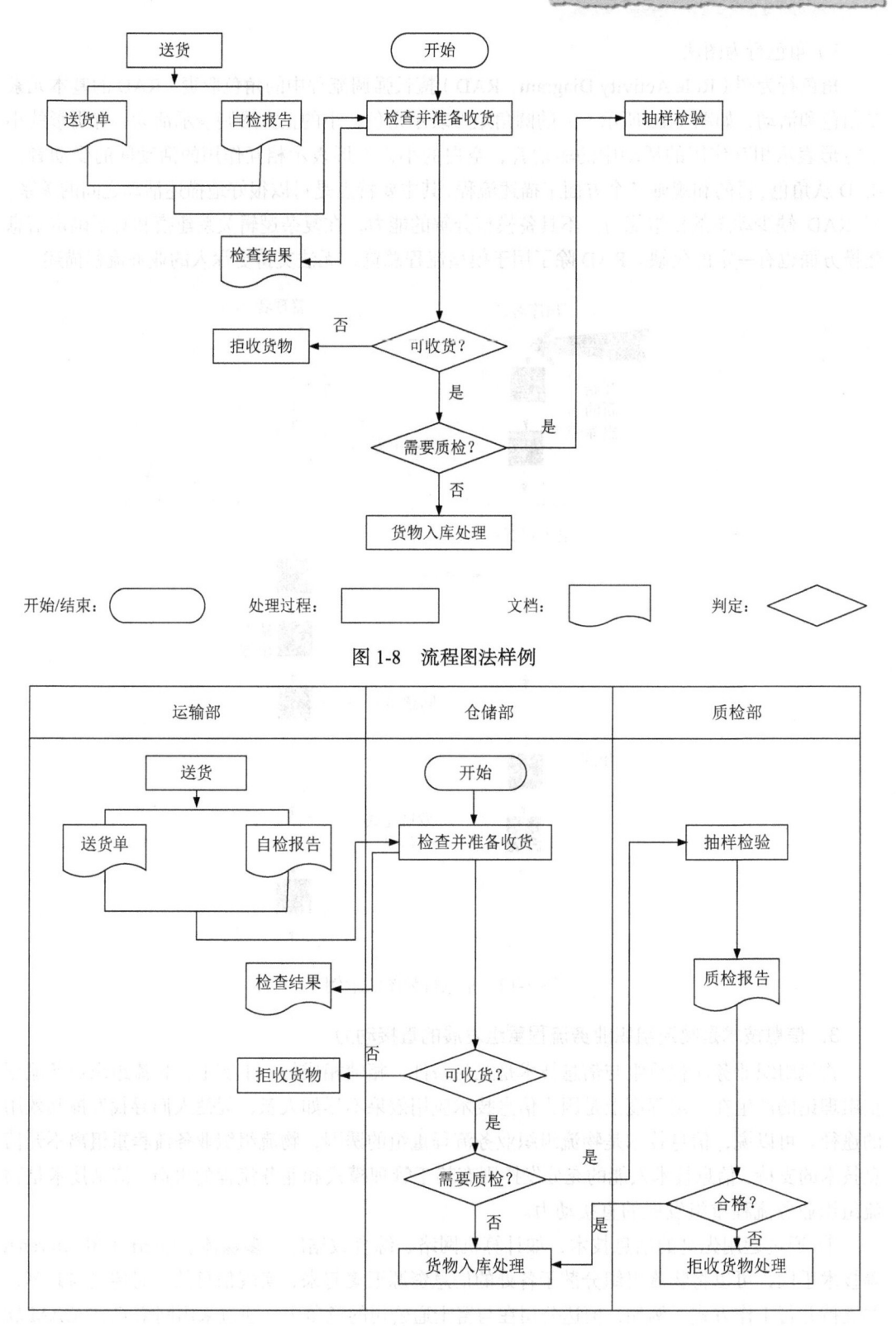

图 1-9　跨功能流程图法示例

3)角色行为图法

角色行为图(Role Activity Diagram,RAD)擅长强调流程中的角色职责。RAD 的基本元素是角色和活动,如图 1-10 所示,大的圆角矩形表示角色,小的正方形则表示活动,有阴影的小正方形表示相互作用的活动中的驱动者,空白的小正方形表示相互作用的活动间的受动者。RAD 从角色、目的和规则各个方面来描述流程,其主要特点是可以很好地描述活动之间的关系,但 RAD 缺少动态的模拟能力,不具备模型分解的能力,在复杂逻辑关系建模和对不确定信息建模方面也有一定的欠缺。RAD 除了用于模型流程总览,无法支持更深入的业务流程描述。

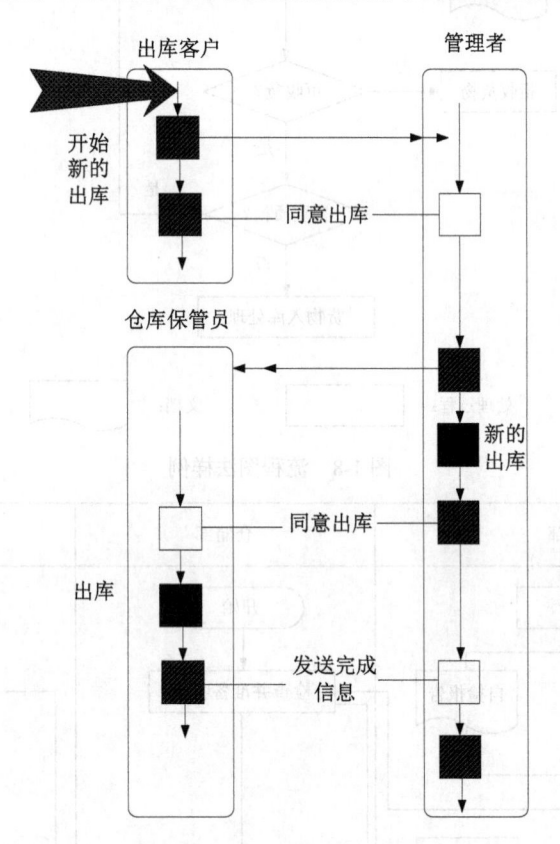

图 1-10 角色行为图法示例

3. 信息技术是物流组织业务流程重组发展的直接动力

物流组织业务流程重组与信息技术是互为条件、相辅相成的。事实上,物流组织业务流程重组理论的产生在一定程度上是因为信息技术应用效果不尽如人意,促使人们寻找发挥其效用的途径。可以说,信息技术是物流组织业务流程重组的诱因,物流组织业务流程重组离不开信息技术的支持,信息技术效能的充分发挥则有赖于管理模式和业务流程的再造。信息技术是物流组织业务流程重组发展的直接动力。

① 通过运用先进的信息技术,如计算机网络、综合数据库、多媒体、Internet 和 Intranet 等技术手段,可以将物流组织分散于各处的信息资源汇集起来,实现信息的及时传递与共享,并支持并行工作方式。例如,柯达公司在与富士通公司的竞争中,通过采用网络 CAD/CAM 软件将原有的照相机设计并行化,使得产品设计周期减半并成功地保住了其市场份额。

② 信息系统解决了物流组织结构扁平化带来的信息沟通和员工自我管理、决策的问题。信息技术使最高层管理者可与低层员工直接进行信息传递，避免传统垂直式沟通带来的信息失真、过滤问题；同时，信息技术也能大大提高员工获取和处理信息的能力。

③ 建模、仿真工具可以方便物流组织重新设计业务流程过程，使业务流程的重新组合成为可能；信息网络能使物流组织同时连续地对各部门串行、并行的各项业务活动进行协调，及时对各项业务活动进行评价和修改，从而避免传统组织要到最后阶段才对各项活动成果进行综合、评价的弊端，节省了成本和时间。

④ 管理信息系统可以为物流组织提供辅助决策。通过管理信息系统提供的各种辅助决策工具，可以帮助业务流程重组后的物流组织有效地开展市场研究和进行市场预测，更好地满足客户的需求。

⑤ 信息技术的应用使物流组织流程再造的范围不再局限于组织内部，而是扩展到物流组织与其顾客、供应商及合作伙伴之间，建立起以利益共享为目标的动态组织联盟。

4．物流组织业务流程的优化

物流组织业务流程的优化方法必须根据各企业的实际情况来确定。优化物流组织业务流程的工作步骤一般有以下几步。

1）分析诊断现有流程，找出流程中存在的问题

如何从错综复杂的流程中挑选出目标流程呢？这里可以有许多分析方法。例如，从价值链的角度挖掘出关键类流程，企业一般只有一条价值链，由最核心的业务组成；从组织结构的角度挖掘出组织交接类流程，包括同级部门之间、部门与上级部门之间以及部门与下级部门之间有业务联系的流程；通过访谈挖掘出焦点类流程，焦点类流程是指那些本身重要度并不高但由于种种原因而产生缺陷的流程，其中的缺陷大多属于短期内突出的问题，甚至可能成为瓶颈问题，但一经梳理优化后就能重新成为普通流程。通过以上各种操作，可以大大缩小要描述和优化的流程数量和范围。

2）确定业务流程的优化目标

在综合考虑了企业资源、市场需求状况、客户需求以及竞争对手等各种因素之后，确定降低物流成本、提高客户满意度、提高物流信息化和自动化程度等各种业务流程优化目标。

3）按照优化目标，展开与实施业务流程优化的方法和策略

首先要从整体、宏观角度采用相应的技术和方法对整个物流过程进行优化，主要完成各物流环节之间的整合与协调，比如仓储设施和搬运机械的规格配套等；然后再对微观、局部、具体的物流作业、物流动作进行优化，主要完成各个物流作业和物流动作的合理化，比如优化装卸与搬运的动作操作等。在原有的物流系统的运营过程中，一定有多余、复杂和重复的工作，还可能缺少一些关键性的工作。

4）新流程的试用与反馈，并在试用阶段收集相关数据

在试用阶段应用适当的方法对采购周期、仓库存储率、车辆满载率和客户满意度等各种数据进行技术分析，对新流程进行评估，若达到预期目标则新流程可以投入使用，否则需要对新流程进行进一步的优化处理。

5．物流组织业务流程重组中的关键因素

由于经营业务、经营模式、所在区域以及规模大小等的不同，每家企业的合理物流组织业

务流程都不尽相同，但各个企业在重组物流组织业务流程时还是有一些共性的关键因素需要格外重视。

要树立现代物流的管理理念，包含系统化、一体化的物流管理理念，以客户为中心的物流管理和动态的物流管理理念；要做好物流活动宏观、微观两个层面的规划和计划；要建立供应链组织经营模式；要因地制宜地制定解决方案；创造合适的外部环境，比如，加强物流行业政策法规及各种技术标准规范的制定和完善，改进物流设施、设备市场的管理，打破区域分割，建立全国统一规划的物流组织网络等；BPR 的观念重建以及组织重建，比如，要给物流组织业务流程重组提供制度上的维护和保证，并追求不断改进，建立绩效考核与标杆，组成能力最强的变革团队，建立能鼓励创新和强化沟通的气氛与环境等。

需要指出的是，人员是物流组织业务流程生存的基础，要使流程有效、高效地运行和适应变化，人员必须不断学习，必须在整个组织范围中支持学习，把学习作为组织运作的一部分。

6. 物流组织在 BPR 实施过程中应注意的几个问题

1）BPR 与 ERP 系统相结合

企业资源计划（Enterprise Resource Planning，ERP）系统将经营过程的有关各方，如供应商、制造商、分销网络、客户等纳入一个紧密的供应链中，同时将分布在各地的所属企业的内部划分成几个相互协同作业的支持子系统，如财务、市场营销、生产制造、质量控制、服务维护、工程技术等，从而能够有效地安排企业的产、供、销活动，满足企业利用全社会市场资源快速高效地进行生产经营的需求，提高生产经营的效率和取得竞争优势。由于 ERP 系统与企业业务流程紧密关联，并且实现了对企业全部资源的一体化管理，因此，要想成功实施物流组织的业务流程重组，必须将 ERP 系统作为技术手段和管理工具，使 ERP 系统与 BPR 完美结合，以实现物流组织管理业绩的彻底改善。

2）BPR 与 Intranet 的结合

Intranet 技术是把 Internet 技术应用于企业内部网络，它能使物流组织的内部信息系统很容易地与 Internet 互联。Intranet 技术的应用为现代网络环境下的 BPR 顺利实施奠定了基础。物流组织必须做好 BPR 与 Intranet 的结合工作。

3）业务流程重组与全面质量管理相结合

全面质量管理（Total Quality Control，TQC）是为了在最经济的水平上进行生产、提供服务，并使顾客完全满意。相应地，企业各部门在质量开发、质量保持及质量改善上努力形成卓有成效的体系。它包括了关注顾客的满意度、员工的参与度和持续的质量改进。由于物流组织业务流程重组的核心、思想与全面质量管理不谋而合，都提倡使顾客满意并注重流程管理，因此，两者应该相互结合、相互促进。

4）BPR 与作业管理等先进技术相结合

在 BPR 的过程中，通过对物流组织业务流程的分析，确定各类作业及其成本动因，找出不增值的作业，与物流组织的作业管理相结合，决定是否进行相应的流程再造，以达到消除不合理、不增值作业的目的。例如，以实时生产系统取代传统的生产系统，将原来分散的生产产品的不同工艺流程归集到同一个制造单元中，以减少生产中的等待、搬运时间，这种方法是通过引入全新的思维方式，取代设计环节中的小修小补，破旧立新，以企业整体的巨变来达成目标的实现。由此可见，BPR 与作业管理等先进技术是相辅相成的。

5) BPR 与物流组织的文化建设相结合

决定新流程的规划设计、实践甚至再创新能否成功的关键因素是人。因此，应该为物流组织的 BPR 构建良好的组织文化及价值观念，提高新流程的设计品质、员工的接受程度以及后续的执行成效与再创新能力。若不改造组织文化，则重组工作可能失败，即使成功，重组工作的成果也会因为不受组织成员的认同而无法维持。因此，BPR 必须与物流组织的文化建设相结合。

6) BPR 与关键流程突破的结合

虽然 BPR 强调重组不是对业务流程的修修补补，但并不排斥选择关键流程（能够满足顾客的关键需求，满足经营目标，满足竞争需求）作为改造的突破口，以点带面，最后取得全面突破的效果。

思考与分析

物流信息技术与现代物流组织业务流程重组有什么关系？

第2章

网络与数据库技术

知识目标

- 熟悉计算机网络的定义与特征及分类；
- 熟悉数据库的概念及特点；
- 了解Web网站的架构；
- 了解Web网站的建设结构；
- 了解大数据的概念及相关技术。

能力目标

- 会使用企业网站的搭建技巧设计网站结构；
- 能对网络及数据库相关的应用软件进行操作。

素质目标

- 培养学生的职业认同感，激发学生对网络及数据库技术在专业应用的学习兴趣；
- 通过对网络的建设和知识的学习，激发学生对网络和大数据搜索重业的兴趣；
- 培养学生的协调沟通与合作意识和能力。

引导案例

爱淘宝——大数据带来小商家生存新的一种方式

一提起淘宝，相信是什么东西应该是每个人都看过或者都一样的东西，可在大家逛淘宝一下，这么多广告图的支撑是怎么广告广出其投入的广告费是不小的广告费，在搜索商家最多人最多的关键词的广告上，当然搜索人最多的广告，也就是不想被在广告人发现的，现在大广告上，那么精准投放广告在各种搜索他们想知道的，对搜索广告的要求就这么简单。

产品的市场受欢迎程度至关重要。对于受众而言，花了时间和金钱就是为了从思想和精神上享受娱乐产品带来的全新体验。一个娱乐产品被市场拒绝导致投资失败，主要原因就在于需求和供给之间的巨大反差，即娱乐产品制作和宣传方没有准确把握其目标受众的期望值，推向市场的娱乐产品无论是从内容上还是广告效果上都不能打动受众。如何在一款娱乐产品尚未推向市场前，甚至一个剧本尚未成为一款娱乐产品前，就知道它可能的受欢迎程度，一直是影视界、娱乐界、广告圈关注的问题。

1. 网络视频大数据创新

在美国，运用大数据技术来了解、预测受众行为并据此投资研发娱乐产品的先驱企业是 Netflix，而中国网络视频行业的领军企业就是爱奇艺。作为一家有强大媒体基因的科技公司，爱奇艺一直致力于通过技术做创新和内容创意，让人们平等便捷地获得更多、更好的视频。目前，爱奇艺已经构建起涵盖电影、电视剧、综艺节目、动漫、纪录片等十余种类型的正版视频内容库，并积极推动中国视频行业产品、技术、内容、营销等全方位创新，构建起全球首个视频大脑，为用户提供丰富、高清、流畅的优质视频，并且在版权运营、影视制作等领域建立起领跑优势。

2. 左手艺术、右手技术的弯道超车之路

2010 年成立的爱奇艺通过其技术与艺术融合的双螺旋基因，在激烈的市场竞争中快速赶超一众老牌视频网站，成为中国最大的综合视频服务平台，并在用户覆盖和观看时长等多项核心指标上领跑行业。爱奇艺得以快速实现核心数据和用户口碑领跑业界的一个重要原因在于，自成立伊始，它就一直将自己定位为一家有强大媒体基因的科技公司。科技公司的定位使得爱奇艺在技术研发上大力投入，并获得了远高于同业的价值回报。如今，在内容制作、版权采买、营销推广等众多核心业务环节，大数据都已经成为爱奇艺重要的决策参考。

要获得实时的受众娱乐数据，互联网是一个捷径。通过与百度数据的无缝对接，爱奇艺获得了视频同业难以比拟的独特大数据资源，即在了解用户视频娱乐需求的同时，还能够充分了解用户其他方面的需求。海量数据产生、存储、挖掘、整合应用，爱奇艺通过对大数据资源的高效利用，使之展现出巨大的用户服务价值和商业价值，个性化推荐、绿镜、一搜百映、流量预估等众多专利技术每天都在为用户、制片方、广告主提供与之相关的大数据服务，并为爱奇艺内容制作和运营提供重要决策参考。

当前，爱奇艺数据库中包含数十万条明星关系数据、千万级视频数据，以及每月 5 亿用户的数十亿条行为数据。这些数据中包含着"人与人""人与视频""视频与视频"间错综复杂的关系。爱奇艺目前正着力挖掘这些关系中的有效数据，构建全球最大数据量的视频知识图谱，向用户提供定制化的、更精准的搜索、推荐结果。

与此同时，爱奇艺还是世界上最大的云计算应用平台之一，其与 Akamai、网宿等全球和中国最大的云计算服务及内容分发网络（CDN）供应商深度合作，服务全球视频用户，带宽储备超 10TB。而其由 CDN 与全球最大 P2P 网络融合研发的全球独家高效 HCDN 架构，则在保证用户高清流畅在线播放视频的同时，支撑起爱奇艺各端大数据运算及技术研发高效运转。

3. 打造智能视频大数据平台

对爱奇艺而言，有效应用用户和运营数据，并推动视频智能化、个性化创新，既是爱奇艺发展的重要支撑，也是为用户、广告主、内容制作方提供优质服务的使命所在。因此，爱奇艺建立起全球首个视频大脑——"爱奇艺大脑计划"，通过机器深度学习技术充分理解百度和爱奇艺的海量数据，并将之连接，有效挖掘用户喜好和视频间错综复杂的关系，构建5亿视频用户知识图谱。

爱奇艺正通过对大数据的有效开发获得更多商机，而广告主也借此找到了真正的目标人群。2013年，爱奇艺推出基于百度搜索行为的精准广告产品"一搜百映"，获得众多品牌认可；2014年，通过综合分析百度地理信息数据、爱奇艺移动终端数据等，"群英荟""追星族""众里寻TA"等多款人群定向广告产品为广告主在5亿爱奇艺用户中找到对的人。

4. 高价值的数据积累和大数据技术演进

爱奇艺与其他同业的一个非常大的不同在于，其员工构成中，科学家、工程师、数学家占比超过50%。在爱奇艺高层管理者看来，一家公司技术团队的工作主要包含三部分，即提高用户体验、降低运营成本、提高运营效率。未来，随着对大数据的掌握，IT部门会产生更多的变现的能力。爱奇艺的工程师团队，特别是数据研发团队正将这项职能统筹实现。

每天1.5亿用户在爱奇艺上收看视频，每个普通工作日的夜晚，爱奇艺都会成为中国骨干网带宽的流量消耗主力。支撑如此庞大的用户播放需求，同时还要支撑大数据分析系统的高效运转，无疑需要极强的带宽等基础架构支撑。为此，爱奇艺搭建了强大的视频云系统，能够通过HCDN分发网络实现用户高清流畅观看视频的同时，运用大数据分析系统快速有效地服务于各运营环节。

5. 深度学习布局智能视频未来

当前，大数据的挖掘应用已经贯穿爱奇艺的众多核心业务环节，并在影视制作上游吸引了很多极具互联网基因的导演来进行深度合作。

爱奇艺与一些知名国际公司及学术机构达成战略合作，建立了深度学习实验室，意在加速产学研之间的成果转换，进一步加快大数据挖掘应用技术的快速迭代，全面打造面向未来的智能视频平台，更好地满足用户高品质、智能化、多元化的需求。

资料来源：蒋学勤，曾羽，龙奋.大数据创造商业价值案例分析[M].成都：电子科技大学出版社，2017.

请问：基于爱奇艺今日的大数据挖掘实力，请大胆设想未来该行业的发展趋势是什么？

社会信息化、数据的分布处理以及各种计算机资源的共享等，推动着计算机技术朝着群体化的方向发展，促使当代计算机技术与现代通信技术密切结合，形成了一个崭新的技术领域——计算机网络技术。

计算机网络是当代计算机技术与现代通信技术相结合的产物，它代表着当代计算机体系结构发展的一个极其重要的方向，它的出现引起了人们的高度重视和极大兴趣。而21世纪的特征就是数字化、网络化和信息化，它是一个以计算机网络为核心的信息时代。

2.1 计算机网络技术

2.1.1 计算机网络的定义与特征

1. 定义

计算机网络是指通过通信链路、交互设备以及相关的网络协议，将分布在不同地域的若干台彼此相互独立的计算机互连，使其能够完成特定功能的复杂网络系统。在这个网络当中，任何一台计算机都无法对其他计算机进行完全的控制，每台计算机都具有自己的独立性。但是这些计算机之间并非毫无联系，它们可以通过计算机网络自由地访问其中的信息资源。通信子网和用户资源子网共同构成了计算机网络，前者负责计算机之间的信息传递，后者负责处理资源信息，并提供给计算机网络。形象地说，计算机网络就是在相互独立的计算机中间架起一座座的桥梁，使它们能够自由地进行信息的交流。

具体来说，计算机网络涉及以下三个方面的问题。

① 两台或两台以上的计算机相互连接起来才能构成网络，达到资源共享的目的。这就为网络提出了一个服务的问题，即肯定有一方请求服务和另一方提供服务。

② 两台或两台以上的计算机连接，相互通信交换信息，需要有一条通道。这条通道的连接是物理的，由硬件实现，这就是连接介质（有时称为信息传输介质）。连接介质可以是双绞线、同轴电缆或光纤等"有线"物质，也可以是激光、微波等"无线"物质。

③ 计算机之间要相互通信交换信息，彼此就需要有某些约定和规则，这就是协议。每一个厂商生产的计算机网络产品都有自己的许多协议，构成协议集。

因此，这里可以把计算机网络定义为：把分布在不同地点且具有独立功能的多个计算机系统，通过通信设备和线路连接起来，在功能完善的网络软件运行下以实现网络中资源共享为目标的系统。

2. 特征

计算机网络的固有结构和特定功能，使其具有一些独有特征。

第一，计算机网络中存在大量的计算机，这些计算机往往分布在很远的地方，存在较大的地域差距。第二，在计算机网络当中，虽然可以相互共享资源，但是实际上各个计算机具有较大的独立性，尤其是各个计算机在功能上是相互独立的。第三，计算机网络中的计算机要实现互连，离不开由传输交换设备和通信链路组成的通信设施，所以说计算机网络不是独立存在的。第四，计算机网络中不同种类的计算机系统进程通信互操作，对计算机网络提出了更高层次的要求，需要计算机网络能够通过通信设施实现协作处理和资源共享互操作。

2.1.2 计算机网络的分类

对计算机网络进行分类的标准有很多，比如，按拓扑结构分类、按网络协议分类、按信道访问方式分类、按数据传输方式分类，等等。但是，这些标准都只能给出网络某一方面的特征。

普遍的做法是按照一种能反映网络技术本质特征的分类标准进行分类，即按照计算机网络的分布距离来分类。

按照计算机网络的分布距离的长短，可以将计算机网络分为局域网（Local Area Network，LAN）、城域网（Metropolitan Area Network，MAN）、广域网（Wide Area Network，WAN）和互联网（InterNetwork，Internet）。

局域网距离最短，传输速率最高。一般来说，传输速率是关键因素，它极大地影响着计算机网络硬件技术的各个方面。例如，广域网一般采用点对点的通信技术，而局域网一般采用广播式通信技术。在距离、传输速率和技术细节的相互关系中，距离影响传输速率，传输速率影响技术细节，这便是我们按计算机网络的分布距离划分计算机网络的原因之一。

1. 局域网

局域网的分布范围一般在几千米以内，最大距离不超过 10 千米，它属于一个部门或一个单位组建的网络，它是在小型计算机和微型计算机大量推广使用之后才逐渐发展起来的。一方面，它容易管理与配置；另一方面，它容易构成简洁整齐的拓扑结构。局域网传输速率高、延迟小，因此，网络站点往往能对等地参与整个网络的使用与监控。再加上局域网具有成本低、应用广、组网方便、使用灵活等特点，因而深受用户欢迎，是目前计算机网络技术发展最活跃的一个分支。

局域网往往采用广播通信方式，不存在寻径问题。所以，它的通信子网不包括网络层。局域网的物理网络通常只包含物理层和数据链路层。

2. 广域网

广域网也称远程网（Long Haul Network，LHN），一般跨城市、地区甚至国家，此类网络出于国防军事和科学研究的需要，发展较早。例如，美国国防部的阿帕网（ARPAnet）于 1971 年在全美推广使用并已延伸到世界各地。由于广域网分布距离太远，其传输速率要比局域网低得多，一般为 64Kb/s 左右。另外，在广域网中，大多租用专线作为网络之间连接用的通信线路，当然也有专门铺设的线路。

物理网络本身往往包含了一组复杂的分组交换设备，如接口信息处理机（Interface Message Processor，IMP），通过通信线路连接起来，构成网状结构。由于广域网一般采用点对点的通信技术，所以必须解决寻径问题，这便是广域网的物理网络中必须包含网络层的原因，IMP 的主要功能之一便是寻径。

目前，许多全国性的计算机网络就属于这类网络，比如中国的 Chinanet、Chinapac 和 ChinaDDN 等。

3. 城域网

城域网是介于局域网与广域网之间的一种大范围的高速网络。

考虑到局域网使用带来的巨大好处，人们逐渐要求扩大局域网的范围，或者要求将已经使用的局域网互联，使其成为一个规模较大的城市范围内的网络。因此，城域网设计的目标是满足几十千米范围内的大量企业、机关、公司与社会服务部门的计算机联网需求，建立可以实现大量用户、多种信息传输的综合信息网络。它采用了 IEEE 802.6 标准，我国一些城市正在建设城域网。

4．互联网

互联网其实并不是一种具体的物理网络技术，它是一种将不同的物理网络技术按某种协议统一起来的高层技术。

广域网与广域网、广域网与局域网、局域网与局域网的互联，形成局部处理与远程处理、有限地域范围资源共享与广大地域范围资源共享相结合的互联网。

思考与分析

计算机网络是如何分类的？

2.1.3 计算机网络的组成

大型的计算机网络是一个复杂的系统。例如，现在所使用的互联网是一个集计算机软件系统、通信设备、计算机硬件设备以及数据处理能力为一体的，能够实现资源共享的现代化综合服务系统。一般的计算机网络的组成为：硬件系统、软件系统和网络信息。

1．硬件系统

硬件系统是计算机网络的基础，硬件系统由计算机、通信设备、连接设备及辅助设备组成，通过这些设备的组合形成了计算机网络的类型。下面是几种常用的设备。

1）服务器

在计算机网络中，核心组成部分是服务器。服务器是计算机网络中向其他计算机或网络设备提供服务的计算机。按照提供的服务的不同，服务器被冠以不同的名称，如数据库服务器、邮件服务器等。

常用的服务器有文件服务器、打印服务器、通信服务器、数据库服务器、邮件服务器、信息浏览服务器和文件下载服务器等。

文件服务器用于存放网络中的各种文件，运行的是网络操作系统，并且配有大容量磁盘存储器。文件服务器的基本任务是协调处理各工作站提出的网络服务请求。影响服务器性能的主要因素包括处理器的类型和速度、内存容量的大小和内存通道的访问速度、缓存能力、磁盘存储容量等，在同等条件下，网络操作系统的性能起决定作用。

打印服务器接收来自用户的打印任务，并将用户的打印内容存放到打印队列中，当队列中轮到该任务时，送打印机打印。

通信服务器负责网络中各用户对主计算机的通信联系以及网与网之间的通信。

2）客户机

客户机是与服务器相对的一个概念。在计算机网络中享受其他计算机提供的服务的计算机称为客户机。

3）网卡

网卡是安装在计算机主机板上的电路板插卡，又称网络适配器或网络接口卡（Network Interface Board，NIB）。网卡的作用是将计算机与通信设备连接起来，负责传输或者接收数字信息。

4）调制解调器

调制解调器（俗称Modem）是一种信号转换装置，它可以将计算机中传输的数字信号转换成通信线路中传输的模拟信号，或者将通信线路中传输的模拟信号转换成计算机中传输的数字信号。

将数字信号转换成模拟信号,称为"调制"过程;将模拟信号转换成数字信号,称为"解调"过程。

调制解调器的作用是将计算机与公用电话线相连,使得现有网络系统以外的计算机用户能够通过拨号的方式利用公用事业电话网访问远程计算机网络系统。

5)集线器

集线器(Hub)是局域网中常用的连接设备,它有多个端口,可以连接多台本地计算机。

6)网桥

网桥(Bridge)也是局域网中常用的连接设备。网桥又称桥接器,是一种在链路层实现局域网互联的存储转发设备。

7)路由器

路由器是互联网中常用的连接设备,它可以将两个网络连接在一起,组成更大的网络。路由器可以将局域网与互联网互联。

8)中继器

中继器可用来扩展网络长度。中继器的作用是在信号传输较长距离后,对信号进行整形和放大,但不对信号进行校验处理等工作。

2. 软件系统

软件系统包括网络操作系统和网络协议等。网络操作系统是指能够控制和管理网络资源的软件,它是由多个系统软件组成的,在基本系统上有多种配置和选项可供选择,使得用户可根据不同的需要和设备构成最佳组合的互联网络操作系统。网络协议可以保证网络中两台设备之间正确传送数据。

3. 网络信息

计算机网络上存储、传输的信息称为网络信息。网络信息是计算机网络中最重要的资源,它存储于服务器上,由软件系统对其进行管理和维护。

2.1.4 计算机网络的功能

计算机网络以资源共享为主要目标,它具备以下几个方面的功能。

1. 数据通信

该功能用于实现计算机与终端、计算机与计算机间的数据传输,这是计算机网络的基本功能。

2. 资源共享

网络上的计算机与计算机之间可以实现资源共享,包括硬件、软件和数据的共享。信息时代的到来使得资源共享具有重大的意义。首先,从投资方面考虑,网络上的用户可以共享网络中的打印机、扫描仪等,这样就节省了资金。其次,现代社会的信息量越来越大,单一的计算机已经不能将其全部储存,信息资源分布在不同的计算机上,网络用户可以通过网络共享这些信息资源。再次,现在的计算机软件层出不穷,这些浩如烟海的软件中有不少是免费共享的,它们是网络上的宝贵财富。任何连入网络的人,都有权利使用它们。资源共享为用户使用网络提供了便利。

3. 远程传输

计算机应用已经实现了从科学计算到数据处理、从单机到网络的发展。分布在很远位置的用户可以相互传输数据信息，相互交流，协同工作。

4. 集中管理

计算机网络技术的发展和应用已使得现代的办公手段、经营管理发生了变化。目前，已经有了许多管理信息系统、办公自动化系统等，通过这些系统可以实现日常工作的集中管理，提高工作效率，提升经济效益。

5. 实现分布式计算

计算机网络技术的发展使得分布式计算成为可能。大型的课题可以分为许许多多的小题目，由不同的计算机分别完成，然后集中起来，解决问题。

6. 负荷均衡

负荷均衡是指工作被均匀地分配给网络上的各个计算机系统。网络控制中心负责分配和检测，当某个计算机系统负荷过重时，系统会自动将负荷转移到负荷较轻的计算机系统继续处理。

由此可见，计算机网络可以大大扩展计算机系统的功能，扩大其应用范围，提高其可靠性，为用户提供便利，同时也降低了费用，提高了性能价格比。

综上所述，计算机网络首先是一个计算机群体，它是由多台计算机组成的，每台计算机的工作是独立的，任何一台计算机都不能干预其他计算机的工作，比如启动、关机和控制其运行等；其次，这些计算机通过一定的通信设备互相连接在一起，计算机间的互相连接是指它们彼此间能够交换信息。网络上的设备包括微机、小型机、大型机、终端、打印机以及绘图仪、光驱等。用户可以通过网络共享设备资源和信息资源。网络处理的电子信息除了一般文字信息，还可以包括声音和视频信息等。

2.1.5 计算机网络的拓扑结构

计算机网络的拓扑结构（又称网络拓扑结构）抛开网络电缆的物理连接来讨论网络系统的连接形式，是指网络电缆构成的几何形状，它能表示出网络服务器、工作站的网络配置和互相之间的连接。

网络拓扑结构按形状可分为六种类型，分别是：星型、环型、总线型、树型、总线/星型及网状拓扑结构。

1. 星型拓扑结构

星型拓扑结构以交换机为中心，其他的节点都是通过中心节点进行通信的，只要中心节点不出现故障，任意节点出现故障都不会对其他节点的通信造成影响，有利于通过中心节点对整个局域网的通信进行控制，结构简单，管理十分方便。虽然星型拓扑结构的可靠性要远远高于总线型拓扑结构，但是星型拓扑结构也有一个致命的缺点，那就是一旦中心节点出现问题，会导致整个计算机网络瘫痪。鉴于此，星型拓扑结构不适合用于十分重要的计算机网络。

目前流行的专用小交换机（PBX）就是星型拓扑结构的典型实例。

以星型拓扑结构组网，其中任何两个站点要进行通信都必须经过中心节点控制。中心节点的主要功能有：

物流信息技术与信息系统

① 为需要通信的设备建立物理连接；

② 为两台设备通信过程中维持这一通路；

③ 在完成通信或通信不成功时，拆除通道。

在文件服务器/工作站（File Servers/Workstation）局域网模式中，中心节点为文件服务器，存放共享资源。星型拓扑结构的中心节点与多台工作站相连，为便于集中连线，目前多采用集线器作为中心节点。

星型拓扑结构的特点是：网络结构简单，便于管理、集中控制，组网容易；网络延迟时间短，误码率低；网络共享能力较差，通信线路利用率不高，中心节点负担过重；可同时连接双绞线、同轴电缆及光纤等多种媒介。星型拓扑结构如图 2-1 所示。

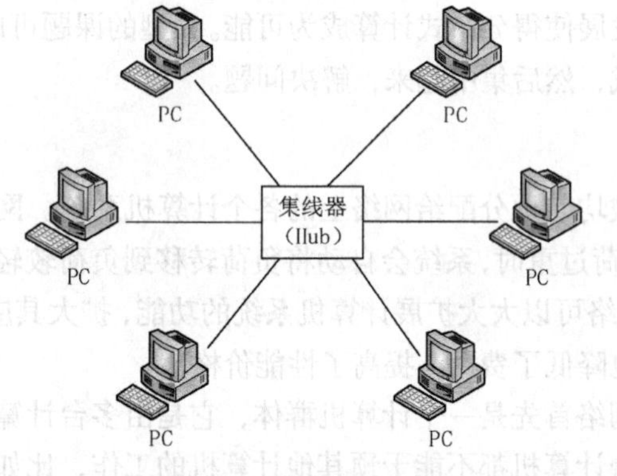

图 2-1　星型拓扑结构

2．环型拓扑结构

环型拓扑结构中的各节点通过环路接口连在一条首尾相连的闭合环形通信线路中，环路上的任何节点均可以请求发送信息。请求一旦被批准，便可以向环路发送信息。环型拓扑结构中的数据可以是单向传输也可以是双向传输。由于环路公用，一个节点发出的信息必须穿越环中所有的环路接口，信息流中的目的地址与环上某节点地址相符时，信息被该节点的环路接口所接收，而后信息继续流向下一环路接口，一直流回到发送该信息的环路接口节点为止。环型拓扑结构如图 2-2 所示。

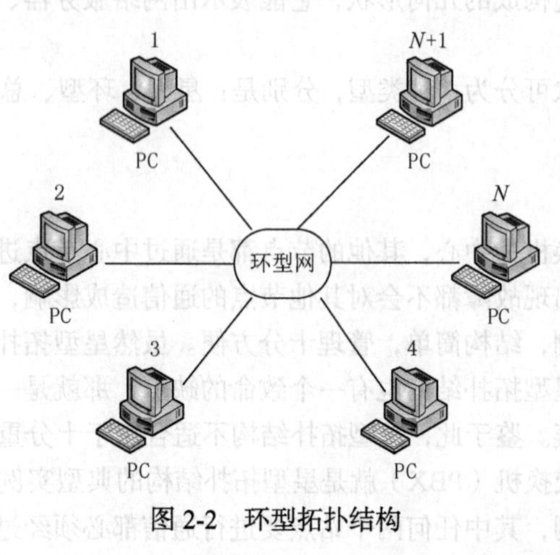

图 2-2　环型拓扑结构

环型拓扑结构的特点是：信息在网络中沿固定方向流动，两个节点间仅有唯一的通路，大大简化了路径选择的控制；某个节点发生故障时，可以自动旁路，可靠性较高；由于信息是串行穿过多个节点的环路接口，当节点过多时，影响传输效率，使网络响应时间变长，但当网络确定时，其延时固定，实时性强；由于环路封闭，因此扩充不方便。

环型拓扑结构也是微机局域网常用的拓扑结构之一，适合用于信息处理系统和工厂自动化系统。1985年IBM公司推出的令牌环形网（IBM Token Ring）是其中的典范。在光纤分布式数据接口（FDDI）得以应用推广后，环型拓扑结构会得到进一步的运用。

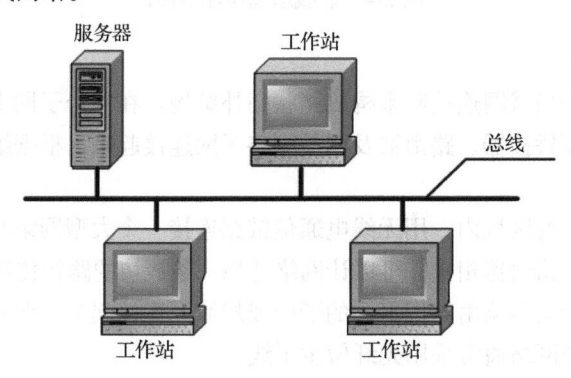

3．总线型拓扑结构

总线型拓扑结构大多用于局域网或者"点对点"的网络，在这种结构的局域网当中，只有一条链路，所有的节点都接入这条公共的传输总线上。这种结构方式十分简单，扩展性也非常好。它的缺点是只有一条传输总线，所有节点的信息传输都需要经过这条总线，这样就导致在同一时间有可能有多个节点接收或者发送消息，从而导致传输冲突。除此之外，在这种结构当中，由于所有的节点都与总线相连，其中任何一个节点出现故障，都会导致整个局域网全面故障。因此，总线型拓扑结构虽然结构简单、成本较低，但是可靠性程度不是很高，一些重要的计算机网络不建议采用这种结构。

使用一条称为总线的中央主电缆，将相互之间以线性方式连接的工作站连接起来的布局方式，称为总线型拓扑结构，如图2-3所示。由于其信息向四周传播，类似于广播电台，故总线型网络也被称为广播式网络。

图2-3 总线型拓扑结构

4．树型拓扑结构

树型拓扑结构是总线型拓扑结构的扩展，它是在总线型网络上加上分支形成的，其传输介质可以有多条分支，但不形成闭合回路。树型拓扑结构（树形网络）是一种分层网络，其结构可以对称，联系固定，具有一定的容错能力，一般一个分支和节点的故障不影响另一个分支和节点的工作，任何一个节点送出的信息都可以传遍整个传输介质。树形网络也是一种广播式网络。一般树形网络上的链路相对具有一定的专用性，无须对原网络做任何改动就可以扩充工作站。不同的传输介质所适应的拓扑结构的性能比较，如表2-1所示。

表2-1 不同的传输介质所适应的拓扑结构的性能比较

传 输 介 质	速率（Mb·s^{-1}）	距离（m）	标　　准	拓扑结构	安装难度
无屏蔽双绞线（UTP）	4～16	100～200	Ethernet Token Ring	星型	易
	100	50	FDDI		

续表

传输介质	速率（Mb·s^{-1}）	距离（m）	标　　准	拓扑结构	安装难度
屏蔽双绞线（STP）	4~16	200~400	Token Ring	环型	中
	100	100	FDDI	星型	
同轴电缆	10	200（细） 500（粗）	Ethernet	总线型	中
光　纤	4~16	2000	Ethernet Token Ring	星型	较易
	100	2000	FDDI		

5．总线/星型拓扑结构

用一条或多条总线把多组设备连接起来，相连的每组设备呈星型分布，这种拓扑结构称为总线/星型拓扑结构。采用这种拓扑结构，用户很容易配置和重新配置网络设备。总线配置采用同轴电缆，星型配置可采用双绞线，如图2-4所示。

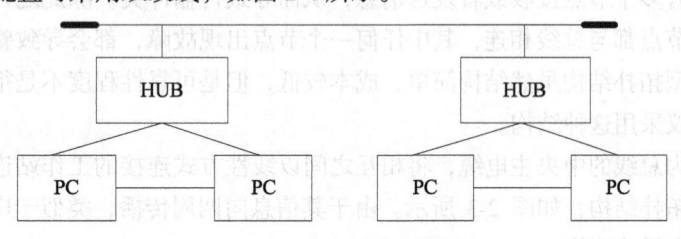

图2-4　总线/星型拓扑结构

6．网状拓扑结构

将多个子网或多个局域网连接起来构成网状拓扑结构。在一个子网中，集线器、中继器将多个设备连接起来，而桥接器、路由器及网关则将子网连接起来。根据组网硬件的不同，主要有三种网状拓扑结构。

网状网：在一个大的区域内，用无线电通信链路连接一个大型网络时，网状网是最好的拓扑结构。通过路由器与路由器相连，可以让网络选择一条最快的路径传送数据。

主干网：通过桥接器与路由器把不同的子网或局域网连接起来，形成单个总线型拓扑结构或环型拓扑结构，这种网络通常采用光纤做主干线。

星状相连网：利用一些叫作超级集线器的设备将网络连接起来，由于星型结构的特点，网络中任意一处的故障都容易查找并被修复。

应该指出，在实际组网中，拓扑结构不一定是单一的，通常是几种结构的混用。

> **课堂阅读**
>
> ## 网络术语
>
> 沙发——网络论坛用语，意思是第一个回帖的人。
> 板凳——网络论坛用语，意思是第二个回帖的人。
> 灌水——发无关紧要的帖子，在论坛里聊天等。
> 粉丝——英文fans的音译，某人或某物的爱好者。
> 标题党——利用各种颇具创意的标题吸引网民眼球，以达到各种目的的一些网站管理者和网民的总称。

> PS 党——指能熟练运用 Photoshop 软件修改图片的人。
> 火星——指没见过世面，从火星来的人。
> 潜水员——指那些喜欢看别人灌水而自己不灌水的人。
> 汗、寒——表示惭愧或无可奈何。
> 潜水——表示在论坛里只看帖不回复。
> 顶——支持。
> 楼主——指发起该主题的人。
> 斑竹——版主，论坛版块的管理人员。
> 顶楼——指第一个帖子。
> 555——表示痛苦不堪，泪流满面。（打几个5都行，通常是三个。）
> MM——美眉。
> 虾米——什么。
> 表——不要。
> 稀饭——喜欢。
> 酱紫——这样子。
> 百度一下——用搜索引擎找东西。
> 驴友——旅游的谐音，指喜欢旅游的人，一般指背包一族。
> 抓狂——受不了刺激而行为失常。
> 菜鸟、小虾、初哥——指初级水平的新人。
> 老虾、大虾——高手。
> 马甲——已经注册的论坛成员以不同的ID（身份）重新注册并同时使用时，常用的或知名度较高的那个ID一般称为主ID，其他ID称为马甲ID，简称马甲。
> 886、88——再见了、再见。

2.2 数据库应用技术

2.2.1 数据管理技术的发展历程

数据管理技术是指对数据进行分类、组织、存储、查询和维护的技术。数据库是数据管理的工具。数据管理技术的发展经历了三个阶段，分别是人工管理阶段、文件管理系统阶段和数据库系统阶段。

1. 人工管理阶段

计算机未出现时，一般通过纸张记录或使用计算工具（尺子、算盘等）进行数据运算，这个时期主要通过人类大脑来管理这些数据。在 20 世纪中期前，计算机主要用于数据运算，其硬件存储只有纸带、磁带，软件方面的操作系统和管理数据软件并不实用；没有系统的数据管理，数据不够独立。人工管理阶段的主要特点是数据冗余大，数据和程序间的独立性很差。

2. 文件管理系统阶段

从 20 世纪 50 年代到 60 年代中期，磁盘、磁带等存储设备相继问世，而文件管理系统也开始上市。该系统能够将计算机中的数据分离为独立的文件，同时还可以对数据文件进行访问，实现对文件的修改、删除等操作。此外，文件能够长期地保存在计算机存储设备中，保证了数据的长久性。这一阶段的特点是程序和数据间具有一定的独立性，数据具有一定的逻辑和物理结构，在存储时也相当方便。

3. 数据库系统阶段

继文件管理系统后，数据库系统的产生垄断了数据管理技术。数据库技术是计算机处理数据与信息管理系统的核心。数据库中的数据都是同类数据的集合，不但包含了数据本身，还包含了数据间的关联。数据库中一般涵盖了数据库应用系统中的所有数据。数据库的建立和使用由专门的数据库管理信息系统统一完成，所以数据库中的数据结构与应用程序是相互独立的。

2.2.2 数据库概述

1. 数据、信息和数据处理

在信息化的社会，不论是经济、政治、文化还是科学研究，数据和信息是人们学习及工作不可或缺的资源。在不同的领域，对数据和信息的理解有所不同。

1）数据描述

所谓数据，是对事物描述的一种符号记录。数据的形式多种多样，有数字、图形、声音、文字等。数据还具有多种储存形式，比如可以存储在文档中，还可以存储在光盘等介质中。

2）信息描述

单一的数据并不具备任何意义，我们将经过处理和加工后的数据称为信息。所以信息就是指有实际价值的数据。信息同样具有多种形式和存储方式。

3）数据处理

通过计算机对采集到的数据进行加工和处理，得到新内容的过程就是数据处理。数据处理的目的是从数据入手，依据一定的规律和原则，经过分析推导等方法，总结出有价值的信息，作为人们决议的重要内容。数据处理遍布整个社会生产和社会活动。数据处理技术的产生极大地促进了人类社会的发展。

2. 数据库的特点

相比于文件管理系统，数据库系统具有以下几个优点。

1）实现数据共享

数据共享是指多个用户可以在同一时间存取数据，或者用户通过一些数据源使用数据，并将其共享。

2）减少数据冗余

因为在数据库系统中可以实现数据共享，所以能够防止用户重新建立已经存在的数据文件，避免了数据重复，从而减少数据冗余，使数据结构性保持一致。

3）数据独立性

数据独立性指的是应用程序和数据间的相互独立，数据不会因为程序的改变而改变，应用程序也不会因为数据结构发生更改而发生变化。数据独立性分为物理结构独立性和逻辑结构独立性。

4）数据的集中控制

在文件管理系统中，数据是一种杂乱的状态，用户在处理不同文件时，数据间没有丝毫关系。通过数据库系统能够对数据进行集中管理控制，同时可以通过数据库建模来明确各个数据间的关系。

5）加强对数据的维护

对数据的维护包括安全性控制、完整性控制、并发控制以及故障恢复。安全性控制的主要目的是防止数据丢失、修改异常等非法使用；完整性控制是指保证数据的一致性、有效性和正确性；并发控制是指在同一时间内可以对数据进行多路存取，并保证数据的正确性；当数据库中的数据被破坏时，数据库系统能够自动发现故障并修复，这就是故障修复。

2.2.3 关系数据库概述

1. 关系数据库的发展

关系数据库的起源可以追溯到 20 世纪 50 年代，自 1951 年雷明顿·兰德公司提出一种能够通过 Univac I 计算机输入数据的磁带驱动器后，引发了数据管理革命。1956 年 IBM 公司生产的 the Model 305 RAMAC 是世界上第一个磁盘驱动器，它能够存储 5M 数据，具有随机存取数据的功能。

从严格意义上说，IBM 员工埃德加·考特于 1970 年发表的一系列论文中，指引了关系数据库理论和方法的研究方向，标志着关系数据库模型的提出，也为关系数据库的发展奠定了基础。

受计算机软、硬件和相关技术的约束，关系数据库理论和方法的研究直到 20 世纪 70 年代才有了巨大的突破。其中最著名的是 IBM 公司 San Jose 实验室研制出的 System R 关系数据库实验系统。20 世纪 80 年代，SQL/DS 最终问世。与此同时，美国加州大学伯克利分校研究的关系数据库实验系统 Ingress 也成功上市，直至其发展成为 Ingress 关系数据库产品。

如今，出现了许多功能完善、性能良好的数据库管理系统（Database Management System, DBMS），比如普遍使用的 Oracle、SQL Server、DB2 等，关系数据库系统的应用越来越广泛。

2. 关系数据库的概念

在一个特定的应用领域中，关系数据库是指所有实体和实体间关联的集合。其中一个实体就是一个二维表，表中的每一列是实体的属性，关系模式就是指这些属性间的关系。关系数据模型包括关系模型、实体—关系模型、面向对象数据模型等。其中关系模型是数据库设计的基础。关系模型由关系数据结构、关系操作集合和关系的完整性约束三部分组成。

1）关系数据结构

关系数据结构很简单，在实际生活中可以用关系来描述，而其抽象后得到的逻辑结构可以用二维表来表示。

2）关系操作集合

关系操作集合有插入、删除、修改、查询等操作。其中查询操作还能分为交、差、并、笛卡儿积、选择、连接、投影等操作。

3）关系的完整性约束

关系的完整性约束包括实体完整性、参照完整性、用户自定义完整性。关系的完整性约束能够保证数据库使用中的数据的一致性和正确性。

3. 关系数据库设计

1）关系数据库设计概念

关系数据库设计是指对于一个给定的应用环境，构造最优的关系模式，建立数据库及其应用系统，使之能够有效地存储数据，满足各种用户的应用需求（包括信息要求和处理要求）。数据库应用系统就是使用数据库的各种应用系统。

2）关系数据库设计步骤

在与实际项目相结合的开发过程中，关系数据库的设计步骤如下。

① 需求分析。收集与分析信息，制定详细的需求分析说明书，其中包括数据字典描述的数据需求和各项业务的数据流图。这个阶段的目的在于获取设计人员需要的信息并处理这些信息，保证这些信息满足安全性和各种完整性的要求，之后将整理好的信息返还给用户，委托用户查看并调整。

② 概念结构设计。全面总结和抽象用户需求，通过分析归纳首先得到一个概念性的模型，该模型不依靠 DBMS，能够独立成一体，使用 E-R 图来描述。这个阶段是总体阶段最为重要的部分，更是设计关系数据库时最消耗时间的一个阶段。

③ 逻辑结构设计。在这一阶段，先使用一个给定的 DBMS 将上一步中的数据结构转化，这个结构必须能够在 DBMS 上使用和运行。之后对转换过后的结构进行进一步的调整和优化。这个阶段的目的是消除各种数据冗余，保持数据的一致性，提高对数据的操作速度。

④ 物理设计。要选择一个最适合应用环境的物理结构的数据库文件，让不同类型的数据库获得最佳性能。这是一个物理设计过程。由于每种 DBMS 提供的软存储环境和存储设备不同，因此设计者必须了解 DBMS 的功能，尤其是它的存取方法和存储结构。

⑤ 数据库实施。当关系数据库设计处在这个阶段的时候，要使用 DBMS 给定的编制语言，依据以上步骤的最终结果，在微型机上面创建一个结构，该结构是实际的数据库结构，可以通过编写和调制代码，将数据写入里面，再运行这些数据。

⑥ 运行和维护。最后对创建的关系数据库应用系统进行测试运行，在确认没有什么问题后就可以正式地将其投入使用了。系统使用过后应当不定期地进行更改、调整及更新。

思考与分析

数据库是如何设计的？设计步骤有哪些？

随着全球信息化网络的高速发展，Internet 已经从一种技术转变为一种全新的经营方式与思维模式，从 4C（Connection、Communication、Commerce、Co-Operation）角度上深刻影响和改变着人类工作、学习、生活、娱乐的方式，全面地渗透到社会经济与生活的各个领域，甚至成为国家经济和区域经济增长的主要动力之一。网络应用呈现商业化、全球化和全民化的显著特点。企业可以通过应用电子商务技术获得企业在传统商业模式下无法获得的巨量商业信息，使之在越来越激烈的市场竞争环境中生存下来，甚至超越对手。目前，社会生活中所有的领域、所有的公司几乎都在无可避免地利用网络传递商业信息，进行各类商务活动，从企业宣传、广告发布、雇员招聘、信息传递乃至市场拓展、业务洽谈、网上销售，等等，近乎无所不能。可以说，网络化竞争已经成为现代企业非常重要的战略性竞争方式。在这种以信息技术为支撑的新经济条件下，越来越多的现代企业为了适应时代竞争的要求，越来越重视网络这个有效的工具并加以利用。与此同时，网络化竞争也对企业的管理水平、业务扩展能力、企业品牌形象等提出了更高的要求。

简单地说，现代企业都可以通过网络建立自己的商业平台，开展全天候24小时的商务服务；借助网络更加有效地推广企业形象、更加精准地宣传企业产品；重视公关工作，通过网络实时发布公司相关的重大新闻；强调互动沟通的作用，通过及时收集的信息反馈使公司更加了解和深入掌握顾客的心理和需求。在经济实践中，越来越多的企业将网站平台与其实体经营进行了有机结合，不但积极拓展了公司产品和服务的销售渠道，还大幅度地节省了企业的广告宣传与运营的成本，使企业能够更好、更快地把握稍纵即逝的商机。

在网络平台逐渐成为各行业、各企业进行竞争的一种战略平台时，企业网站的建设和运营也成了由现代科技进步催生的新型生产力，企业网站不仅在拉动内需、扩大经营、促进经济发展、加速传统产业升级、提高企业竞争力等方面发挥着重要作用，也在深刻地改变着企业的商务活动模式，因而越来越受到各级政府和各类企业的重视。

根据中国互联网络信息中心（CNNIC）发布的数据显示，截至2015年6月，我国拥有的网民数量已经超过了6.68亿人次，也就是说当时我国互联网所实现的普及率已经高达48.8%。越来越多的普通人通过网络搜索来获取他们需要的信息，如果一个客户想先了解某个公司的情况，首先就会通过网络来搜索这家公司的相关信息，如果这家公司没有官方网站或者其网站页面简单粗糙，那么在第一印象中，客户就会认为这家公司不够正规、缺乏实力。由此可见，对于企业来讲，一个精美、实用的官方网站不仅仅是一张名片，更是某种实力的象征。

2.3 企业网站建设

2.3.1 国内外企业网站设计现状

在一些发达国家，只要有网络服务的地方，当人们想知道某某公司有什么新产品发布，有什么新服务推出，或是原来的产品和服务有什么变化或优惠活动，甚至仅仅是想知道该公司最近有什么新闻、动态时，他们都会习惯性地上网查看该公司的官网。因为绝大多数的现代公司都已经适应了信息化时代的要求，已经习惯于把公司内的产品信息和服务信息有选择性地发布于互联网上，并且安排专职人员定时、定期在网上发布或更新公司的有关消息。随着全球商务合作的深入开展以及B2B、B2C的大规模应用，为了最大限度地降低费用、节约成本、提高效率，在世界范围内的大采购商们越来越多地利用互联网来挑选新的产品和新的供应商。从技术支撑来说，全世界任何地方的人，只要有网络服务，只要知道了公司的网址，就可以在任何时间了解公司的产品、服务和信息，并且得到需要的联系方式。

近些年来，中国的企业也越来越重视企业网站的建设与运用。在应用方面，企业网站从最初的信息发布平台逐步变成交流互动平台。但仍然有很多企业网站的表现方式局限在Web 1.0时代的简单"告知"式的信息传播模式，没有及时跟上信息化时代的步伐。国内的企业网站普遍存在缺乏识别度与亲近度、栏目内容过于单薄、网站形式很少有互动化的设计、网站内容更新较慢等问题。

2008年以后，特别是近几年，随着人们重视程度的提高和应用的深化，不同行业的网站体

物流信息技术与信息系统

现出不同行业的特殊性质和实用性需求。例如，政府类网站，除了政务信息公开，还出现了公众参与、在线办事的需求等；制造型企业网站开始注重为上下游供应商合作伙伴、不同类型的客户和内部员工提供各种服务，更加注重数据的管理、共享、整合与应用；教育类网站则加强了学校与家长的互动与交流等。现在的企业网站不再只是一个简单的内容管理系统，更是一个强大的资源整合器，它对内部、外部各种资源和应用系统进行整合与应用，更加强调用户互动，成为一个真正的功能强大的网上名片，在虚拟世界中充分展现着企业的能力与价值。

随着市场成熟度的提升和信息化技术的迅猛发展，企业的内部环境和条件也加快变革；随着外部市场条件的日益复杂和多变，企业对企业网站价值的认可度也越来越高，也越来越重视企业网站运营，企业网站将成为企业品牌资产的重要组成部分。

2.3.2　企业网站类型

企业网站的分类方法有多种，根据行业特性的差异、主要的目标群体以及企业建站目的的不同，一般可以把企业网站分为以下四种类型。

1. 基本信息型

这类网站主要面向普通浏览者，以介绍企业的基本信息、树立企业形象为主，有时也会提供一些行业内的新闻、活动、相关知识信息。

2. 电子商务型

这类网站主要面向供应商、客户或者特定、具体的消费群体，基本上以提供企业个性化的产品或服务的交易为主，常常侧重于会员系统、支付系统和订单系统的管理与应用。

3. 多媒体广告型

绝大多数的这类网站面向的是不特定的客户和不特定的消费群体，主要以各类多媒体广告来展示、宣传企业的主打产品、特殊服务甚至企业营造的某种核心价值体现。

4. 产品展示型

这类网站主要面向相对特定的需求客户，更多展示和说明自己产品的详细情况，甚至会对产品的款式、型号、价格、生产过程等做最全面的详细介绍。

企业网站的主要作用就是展示企业形象、展示企业风采、展示企业实力，让人们通过企业网站就可以对企业的发展及实力有所了解。

2.3.3　网站建设总体架构

网站建设采用的是 MVC 三层结构，这三层结构分别是展现层、业务逻辑层、持久化层。展现层主要负责用户浏览页面的显示，此层基本不处理业务，业务的处理由业务逻辑层负责。此外，业务逻辑层还负责数据合法性验证和业务规则的处理。所有的数据资源都存储在持久化层中，通过业务逻辑层可以实现展现层和持久化层的交互。

展现层采用的是 Struts 2 框架技术。Struts 2 作为一款开源软件，便于开发者深入挖掘内部实现机制并按照自己的需求去改编。Struts 2 的优势主要体现在以下几个方面：对框架 API 和 Servlet API 的依赖性小；可扩展性高；可测试程度高；使用 Struts 2 开发的插件可以随意插拔；

Struts 2 可以将一个个小的拦截器合并成一个拦截器，体现了面向切面编程的思想。

2.3.4 企业网站的定位

企业网站的定位与企业和产品的定位有一定相似性，首先要确定网站的特征及其特征所带来的利益，包括网站在网络上的特殊位置，网站的核心概念、目标用户群、核心作用等；其次要确定特定的使用场合；然后要确定特殊的使用群体。网站营销定位的实质是在对用户、市场、产品、价格以及广告诉求的重新细分与定位的基础上，预设网站在用户心目中的形象地位，其核心在于发掘并放大网站的核心差异点，然后在这个核心差异点的基础上树立消费者心目中的区别于其他网站的品牌形象。

网站设计也是同样的道理。网站的内容决定网站的风格。风格、内容、形式完美统一才能达到完美的效果。根据行业的不同，网站的风格在视觉上应各有体现，比如高雅大方的文化性企业网站、活泼俏皮的娱乐性企业网站、成熟稳重的商业性企业网站，等等。

1. 网络识别在网站形象设计中的运用

传统的视觉识别系统包含 MI（理念识别）、BI（行为识别）、VI（视觉识别），网络兴起后，人们更多的是在网络上获取信息，不再局限于传统媒体，所以在原有的基础上又增加了 AI（声音识别）和 DCI（网络识别）。统一完整的网站视觉形象能够给人带来非常和谐的视觉体验，对于企业营销宣传有事半功倍的效果。因此，善用 DCI 系统对企业网站形象设计而言是十分必要的。

1）DCI 的表现手段和设计方法

DCI 与企业形象的树立息息相关，是网络媒体的新产物。企业网站其实就是企业在网络上的经营场所，动态导航是近些年许多知名企业在做宣传和推广时都会使用的一个非常有效的手段。以百度网站为例，它的导航栏是根据消费者的使用习惯设置的，并且突出了消费者使用的便捷性，将设计融入生活，给消费者贴心的提示，如图 2-5 所示。

图 2-5 百度网站主页

2）DCI 基于感性体验的人性化设计

以 DCI 中的网站设计为例，网站设计师首先要根据产品的潜在消费群体的心理特征选择他们喜好的色彩搭配及图像处理方式。找到符合消费群体阅读习惯的文字编排、格式布局、网站导航设计，等等。

无论是从技术还是艺术方面，网站设计的整体风格都要考虑该品牌消费者的可接受范围。通过网站页面情境、气氛的烘托，将浓郁的企业文化气息与通俗易懂的广告形式融入其中，让观众在情感体验中感受企业理念，引起观众情感上的共鸣。例如，在可口可乐品牌网站历史上的一个主页面内，能够看到这样一个画面：在等待加载的过程中，可以看到可乐气泡上下升腾的画面，这是利用动画技术制作的一个特效，随着瓶身内的可乐由空变满，网页最终加载成功，如图 2-6 所示。这不但是动感化设计的体现，还让访问者在访问网站时体味出可乐的清凉滋味，又是情感化设计的体现。DCI 通过应用新技术，创造出了全新的视觉效果，其基于感性体验的人性化设计是企业形象的基本视觉元素在网络空间中的拓展运用，是新的树立企业形象的表现形式。

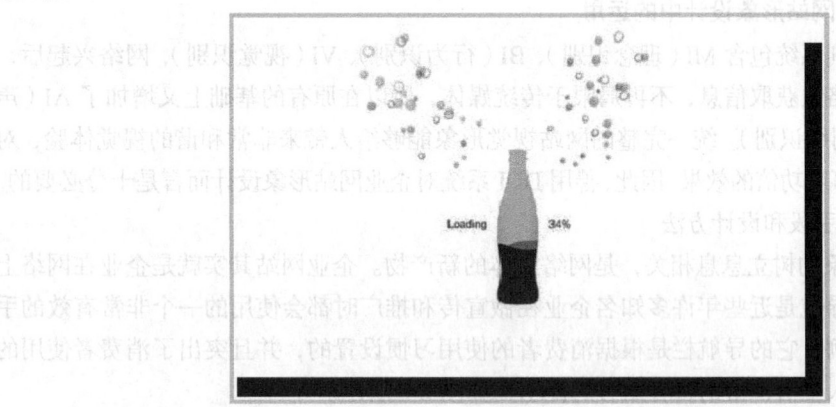

图 2-6　可口可乐品牌官网加载页面

3）DCI 的重要性

DCI 是 VI 的延伸，但它以自身独特的技术和艺术优势，给感官识别系统的整合传播提供了新方法和新途径。无论是企业形象设计还是其他设计领域，可以预见的是技术和艺术的融合已经是历史发展的必然趋势，越来越多的设计公司和设计师、艺术家意识到了解并且掌握先进的技术是他们应当具备的基础素养和专业技能。技术和艺术相结合催生的 DCI 系统，以其多种形式的表现手段和设计方法、突出的互动性与广泛传播性、基于感性体验的人性化设计，冲击着人们的视线，震撼着人们的心理，必然成为企业网站设计必不可少的内容之一，必然成为企业表达真正的充满时代精神的企业文化和企业形象的重要途径。

2. 网站设计

网站设计属于视觉传达设计领域，因而它也遵循视觉传达设计的一般规律，即以科技与艺术结合为基础，以外观表现形式为主要手段，谋求产品的功能美与形式美，并体现产品的时代感，以高品质的设计满足使用者的精神需求。

1）网站的构成要素

在浏览网站时，风格各异的网站会给浏览者带来不同的感受，有的优雅柔和，有的简洁明快,有的动感活力,有的含蓄稳重。但无论是哪种风格的网站,从网站界面的构成要素上来讲,都是一致的。网站作为一种新兴的媒体,其以电子形式结合了杂志和报纸的特点。网站中除了有文字和图形,还有声音、视频、动画等多媒体元素以及由 Java、Active 等控件制作的特殊效果及交互功能。

2)版式设计在网站设计中的作用

网站的版式设计是将网站中的多样元素进行合理美观的搭配,其设计原理是:根据特定的内容和主题,依据一定的设计美学原则在有限的视觉屏幕空间内将各造型元素进行组合,用最舒适的表达方式展现。

现在,越来越多的设计人员意识到版式设计在网站设计中的作用,在进行网站设计时也不再是简单的信息堆砌,而是更多地运用美学原理(如变化、统一、对称、节奏、韵律等)来设计更富有审美价值的网站界面。版式设计是功能美与形式美的统一,其在网站设计中的作用自然也体现在实用性和审美性方面。

① 实用性。版式设计的实用性主要在于人机交互的顺利进行。人们上网的目的无非就是查阅信息、购物、娱乐、聊天等,具有很强的自主选择性,为了能使人们迅速实现自己的目的,在做版式设计时应注意做到以下几点。

a. 主次分明,突出重点。版式设计应该能让浏览者迅速抓住网站的重点,对网站呈现的内容一目了然,使浏览者迅速做出决策,这有利于提高信息的传达效率,不至于使浏览者在一些分不清重点、主次不分明的网站中耗费大量的时间和精力却没有得到想要的信息。

b. 导航清晰,浏览便利。最让浏览者头疼的事情莫过于迷失方向或进入死胡同,要想使网站的结构易于被理解,每个网页都应该链接至"站点导航"页面,使浏览者可以随时了解自己的位置。通过版式设计的规划,让导航信息清楚、明朗地呈现于网站界面中,为浏览者提供便利。

c. 布局合理,逻辑性强。设计出布局合理的版式,不仅能够吸引人的视线,并且可以左右人的选择。设计师在展开版式设计的时候,要让视觉信息内容在网站中合理、有序地排布,既能体现设计师设计的整个构思过程,又符合一般的视觉原理和思维习惯,从而能够有效地引导浏览者的视线顺着合理的布局最快速地捕获他们想得到的信息。

② 审美性。人们在浏览网站的时候,会因为版式设计产生美的遐想、激情,并获得快乐,得到艺术性的熏陶,同时加深对网站信息的好感及认知度,这是一种发自内心的审美体验。相对于实用性,版式设计的审美性则是为了满足人们的心理需求。这种心理需求具有一定的规律或者设计法则可以遵循。版式设计利用心理攻势撞击着人们的心灵与情感,在设计师和浏览者之间架起了一座桥梁,实现了二者近距离的沟通。版式设计的审美性体现在以下两个方面。

a. 增强整体感。一个版面不能体现出两种风格,这就是整体感。设计师不能将不搭调的元素强行整合在一起。网站各元素是一个有机的整体,在统一的风格下各元素之间协调统一、互相联系。各元素之间不是简单的拼凑,局部的美并不能体现整体美,整体感强的网站设计才能传达出美感,这需要设计师有驾驭各元素的综合能力。

b. 增强表现性。成功的版式设计是经过精心编排和设计的,与图形设计一样,都需要创新,最终构成优异的富有表现性的视觉形态,所形成的风格和效果可以瞬间打动浏览者的心。

3)版式设计的原理

① 比例与页面。网站的版式设计是存在一定的比例关系的。一个页面有其限定的长宽比,

页面被实际内容和留白按比例分割。页面上的图文、各造型元素都按比例有一定的数量关系。良好的比例关系使浏览者在浏览页面时更加流畅、舒适。

② 节奏与韵律。视觉艺术中的节奏与韵律来自音乐的概念。节奏是一种律动的形式，每一个单体按照一定的规律、顺序排列。在版式设计中，各种形态、各种色彩能使浏览者从中体会网站的节奏。韵律是宇宙间普遍存在的一种美感形式，视觉艺术的韵律则由造型元素的有规律的节奏变化形成。如果说节奏感不强，是指变化缺乏条理规则。

③ 重复与渐变。重复的特点是以单纯的手法实现整体形象的有序和统一，具有节奏美，使人产生清晰、连续、和平、安定、无限之感。在网站中，单纯重复多用于具有同一基本形状的图案、底纹中。

④ 对比与调和。对比是指将性质相反的要素配置在一起，通过相异点的反差表达更加鲜明、更加强烈的紧张感。通过形、色、质等的对比，产生更加生动、强烈、富有激情的视觉效果。对比关系越清晰，视觉效果越强烈。网站设计之中，各元素之间都存在对比关系，多重对比关系并存，碰撞出了更丰富多彩的视觉表现效果。

如果对比是将矛盾强化，强调"异"的概念，那么调和就趋向于"同"的概念。为了优化版面的整体效果，我们常常在版面的不同位置运用相同的字体、相同的色调，通过合理布局这些相同特征使版面各处协调一致。对比与调和既互相矛盾，又相辅相成，当它们达到"平衡"状态时，人们会在精神上产生一种高层次的审美快感，这就是美学中"多样的统一"。

2.3.5 和谐的色彩搭配

针对网站的目标用户，网站设计采用的色彩要与所表达的内容和气氛相适应，并与网站的精神内涵相关联。色彩设计有一定的模式，但往往不按照固定的模式进行设计。网站设计中颜色的使用首先应根据企业文化来定制，将企业文化、网站内容、受众客户三者有机结合起来，灵活、机动地进行色彩搭配，能使网站更加和谐。

1. 网站色彩搭配原理和象征意义

网站色彩都是以十六进制或者英文单词表示的，不同颜色的网站给浏览者带来的心理感受也是不同的。如何加深浏览者的视觉印象，成为网站设计中色彩搭配的主要核心问题。设计时无论是选择温和的还是艳丽的色彩搭配，也无论是体现柔美的还是与众不同的网页效果，最终目的都是让浏览者记住该网站并激发他们多次浏览该网站的需求。

网站设计中的色彩搭配要符合色彩原理，不同颜色的结合可以对浏览者产生不同的心理暗示，加深浏览者的印象。例如，红色代表热情、奔放、喜悦；黄色代表高贵、富有、灿烂；白色代表纯洁、干净、朴素；黑色代表深沉、严肃、庄重；紫色代表浪漫、梦幻、忧郁；绿色代表新鲜、平静、柔和；蓝色代表沉静、理性、永恒等。

2. 网站颜色的使用

各类网站由于风格各不相同，所使用的主题色也不尽相同。网站颜色大致上分为以下几种类型。

1）公司色

每一家企业的企业形象设计都要有公司标准色。比如 360 网站的主色调就是绿色，360 网站线上线下的宣传采用统一的公司色。格力地产则会根据项目定制标准色，不同项目会根据定位、产品性质、受众客户群体等因素的不同而采用不同的标准色,如格力广场的定位是改善型家庭住房项目,其采用了绿色和蓝色的组合,更能体现其绿色住区的特色;格力海岸的定位是海边度假、投资型大盘项目,它以金色为主,更能体现其奢华、尊贵的特色。

2)风格色

企业文化决定企业性质,企业性质决定企业风格。不同风格的企业网站在建站时采用的颜色都是根据其企业风格定位的。绿色代表健康、天然、没有污染,所以从空调、洗衣机起家的海尔品牌使用的宣传颜色就是健康的绿色,让人看起来既充满朝气又富有创新精神。大部分医疗卫生网站偏爱绿色,女性网站偏爱粉色,科技公司偏爱蓝色,等等。

3)习惯色

习惯色就是设计者日常使用率较高的颜色。根据设计者偏好、性格的不同,其所习惯使用的主色也不尽相同。习惯色多用于个人网站,设计者凭借自己的喜好进行色彩搭配。

网站的主题色可以是一种甚至两种,但三种以上的主题色会让浏览者眼花缭乱,不利于网站主题的表达,过少的主题色又会使网站略显单一,选择适量的主题色是网站设计的重要部分。

例如,设计联盟网站以红色为主色调,红色热情、奔放,将导航栏设置成红色,网站显得异常醒目。而其背景采用低饱和度的灰色,衬托出红色的品格,同时提高灰色的明度,颜色柔和。该网站内容、颜色、形式三者高度统一,极其符合艺术网站的形象。

📂 拓展阅读

世界购物网站十大品牌

一、Amazon(亚马逊)

上榜理由:亚马逊公司是美国一家网络电子商务公司,位于华盛顿州西雅图市,是互联网上较早开始经营电子商务的公司之一。亚马逊成立于1995年,一开始只经营网络的书籍销售业务,现在则扩大到了范围相当广的其他产品,已成为全球商品品种较多的网上零售商和全球第二大互联网企业,公司名下也包括 AlexaInternet、a9、lab126 和互联网电影数据库(Internet Movie Database,IMDB)等子公司。

二、天猫(Tmall)

上榜理由:阿里巴巴集团旗下的天猫是中国线上购物的地标网站,是 B2C 购物行为影响力品牌,也是大型专业线上综合购物平台。

三、ebay

上榜理由:ebay 是全球知名线上拍卖及购物网站,也是大型电子商务在线交易平台,旗下拥有全球知名的在线支付平台 PayPal。

四、京东

上榜理由:京东是大型综合 B2C 购物平台,以电商为核心,是一家拓展金融及技术支撑的新型业务体系的互联网公司。

五、Walmart

上榜理由:Walmart 创始于 1962 年,是全球 500 强企业,也是世界大型连锁零售企业,旗下主要有沃尔玛购物广场、山姆会员店、沃尔玛商店、沃尔玛社区店等。

> 六、Best Buy
>
> 上榜理由：Best Buy 创始于 1966 年，是北美知名零售品牌，是一家主营消费电子、家具办公用品等的零售企业。
>
> 七、Target
>
> 上榜理由：Target 是美国高级折扣零售店，也是美国生活零售业巨头和时尚前沿零售服务商，是美国较具规模的零售商之一。
>
> 八、Newegg
>
> 上榜理由：Newegg 是美国知名购物网站，主要从事电脑、消费电子、通信等产品的网上销售，是美国规模较大的 IT 数码类网上零售商之一。
>
> 九、Wayfair
>
> 上榜理由：Wayfair 是美国知名家具电商，是一家以销售高、中档家具为主的线上家居零售公司，是大型一站式家居购物平台。
>
> 十、Overstock
>
> 上榜理由：Overstock 成立于 1999 年的美国，是一家知名在线购物网站，是大型在线折扣零售电商。
>
> 资料来源：https://www.china-10.com/best/19148.html

2.4 互联网与大数据

2.4.1 大数据的产生

大数据是如何产生的？孟小峰和慈祥在 2013 年 01 期《计算机研究与发展》上发表的《大数据管理：概念、技术与挑战》一文中，对人类数据产生的方式进行了概括：人类社会数据的产生方式经历了三个阶段。第一阶段是数据库系统运营阶段，数据产生是被动的；第二阶段是基于 Web 2.0 的原创内容阶段，数据产生是主动的；第三阶段是基于智能传感器或可穿戴设备的感知式阶段，数据产生是自动的，正是这种自动式数据的出现使得数据的量越来越大，数据的类型也越来越多样，为大数据的产生提供了根本的条件。

IT 专业从业者发现自动式数据的存储和处理存在很大的困难和复杂性，用"BIG DATA"来形容这一问题。2008 年 9 月，《科学》杂志发表文章《大数据：PB 时代的科学》，"大数据"这个词开始广泛传播。2011 年时，国际数据公司（International Data Corporation，IDC）就曾在研究报告《从混沌中提取价值》中预测"全球数据量约每两年翻一倍，2010 年，全球进入 ZB 阶段，预计到 2020 年，全球将拥有 40ZB 的数据量，并且 85%以上的数据以非结构化或半结构化的形式存在。"自 2011 年 6 月以来，谷歌搜索引擎产生的搜索量便呈直线上升趋势，大数据时代已然到来。

2.4.2 大数据

1. 大数据的概念

关于大数据的概念，自 2011 年 5 月麦肯锡公司首次提出大数据时代到来以来，众说纷纭。大数据研究机构 Gartner 这样定义大数据：大数据是一种信息资产，它具备海量、高增长率、多样化的特点，它必须通过新的处理方式才能用于决策、发现和流程优化。

第三方机构对大数据的定义是：大数据是一种可以达到企业经营决策目的的资讯，但是涉及的数据规模非常大，以至于主流的数据处理相关软件无法在有限的时间内完成对如此庞大规模的数据的存储和处理。

麦肯锡公司则是这样定义大数据的：大数据是一个超大规模的数据集，传统的数据库处理软件工具不能在规定的时间内对这些数据进行抓取、储存、管理和处理。

除了上述定义，IBM公司也从数据量、速度和类型三个角度对大数据进行了描述性的定义，认为大数据具有数据量大、增长速度快和类型多样三大特征，如图2-7所示。

不论是哪一种定义，都体现了大数据数据量大的特点，因此我们可以这样定义大数据：大数据是一个数据集，这个数据集里面容量大，数据种类多，并且传统的数据处理软件无法对其进行处理、挖掘等操作。数据的量非常大，无法用我们熟知的 GB 和 TB 作为计量单位去衡量，而是需要用 PB（1024 个 TB）、EB（约 100 万个 TB）或 ZB（约 10 亿个 TB）作为计量单位去衡量。

对于大数据这一新兴概念来说，更重要的是了解它有哪些特征以及它有哪些价值可以应用到生活和工作中。

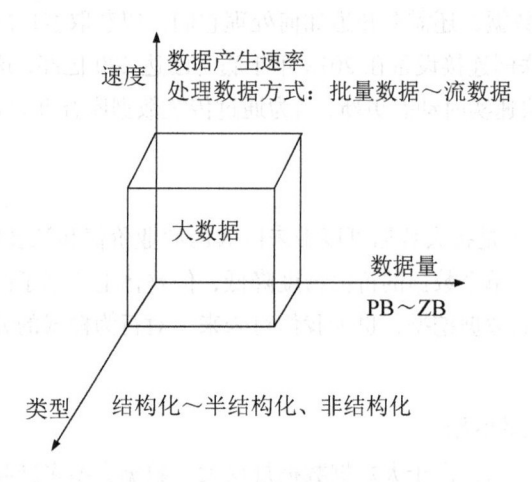

图 2-7　大数据的本质构建

2. 大数据的特征

Gartner 分析员道格·莱尼在一份演讲中指出数据增长将面临三个方向的挑战和机遇，简称 3V：Volume，代表数据的数量；Velocity，代表数据输入输出的速度；Variety，代表数据类型的多样性。

IBM 公司在莱尼的理论基础上对大数据特征进行了扩充，并得到了业界的一致认可。扩充后的大数据特征如下，简称 4V。

1）海量数据规模

海量数据规模（Volume）即超大数据量，甚至可以达到 PB 级别。小数据以 MB 为单位进行计算，但是在大数据时代，数据以 TB 和 PB 为单位进行计算。现代企业在经营过程中的交易行为、用户互动行为等方面产生的大量数据正在呈现大规模增长。目前，大数据的体量范围已经从 PB 发展到了 EB，它是一个不断变化的指标，存储 1PB 的数据大致需要两千台硬盘配置为 500GB 的个人电脑。不仅如此，这些数据还将来自各种各样的渠道，如表 2-2 所示。

物流信息技术与信息系统

表 2-2　数据规模发展历史

年　　代	1970s	1980s	1990s	2011 年以后
数据规模	MB～GB	GB～TB	TB～PB	PB～EB
来源	数据库	无共享并行数据库	GFS 和 MapReduce	互联网数据中心

2）数据类型多样

数据类型多样（Variety）即数据类型繁多，既包含格式统一的结构化数据，又包含视频、音频、网页日志、浏览足迹等非结构化数据。在小数据时代，大部分的数据都可以通过数据库二维结构逻辑来表达，它们所占内存较小，便于储存。但是在大数据时代，一些不方便使用数据库二维结构逻辑来表达的非结构化数据，比如文档、文本、报表、音频、视频，也可以被储存下来，创造价值。因此，大数据时代储存的数据既包含结构化数据，也包含非结构化数据，数据类型更为多样，种类更加繁杂。

3）快速数据流动

快速数据流动（Velocity）是指数据被创建和移动处理的速度快。在高速网络时代，实时数据流已经成为一种流行的趋势，通过高速计算机处理器的使用和服务器软件性能的优化实现。企业既需要了解如何产生数据，还需要知道如何处理它们，以获取客户的需求信息，并进行及时反馈。据统计，全球互联网连接设备在 2018 年年底时已达 220 亿部，这对数据实时处理的要求极高，更需要数据能够快速实时动态更新，因为通过传统数据库查询方式得到的"当前结果"很可能已经没有价值。

4）数据价值巨大

数据价值巨大（Value）是指大数据可以带来巨大的商业价值和社会价值。在大数据时代，数据类型和数量变得多了，单个数据的价值密度降低，但整体上带来了巨大的商业价值，数据之间的关联性支持深层次的数据挖掘，也为我们对未来、对行为模式的分析和预测提供了可参考性的依据。

3. 大数据与传统数据的区别

从大数据的特征可以看出，由于大数据数据规模大、数据类型多样和数据处理速度快，其与传统的二进制数据相比较已经有很多不同的地方。通过表 2-3 可以看出，传统的数据库以及统计分析的工具已经不能满足大数据处理的要求。

表 2-3　大数据与传统数据属性的区别

类　　目	传 统 数 据	大 数 据
数据规模	GB	持续更新
产生速度	每小时或每天	速度更快
数据构成	结构化的	半结构化或非结构化的
数据来源	集中的	全面分布的
数据集成	容易	困难
数据存储	关系数据库管理系统	HDFS，NoSQL
数据访问	互动	实时、批处理

大数据是各种类型的小数据集合，它不排斥小数据，也无法替代小数据的价值和功能，它通过整合小数据，并再次或多次利用小数据，从中挖掘出新的价值。

2.4.3 大数据技术

"中国云"的分析师团队认为,大数据中包含了大量的半结构化、非结构化数据,即使花费大量的时间和金钱也很难将这些数据下载到传统的关系型数据库中去处理。因此大数据的处理技术对计算软件、硬件环境的要求都很高。从某个角度来看,大数据是分析技术的最前沿,大数据技术即从复杂的多类型的数据中快速获取那些有价值的信息的能力。随着大数据技术的进步,有关分析价值以及数据的相关性问题为大数据理论的发展带来了新的挑战,包括数据的相关性、可靠性以及有效性挑战。

为了应对这些挑战,出现了一个新兴的结合了统计学、数据挖掘化及分析学在内的跨学科领域,即数据科学。数据科学强调组织、性能和数据的分析的系统研究,以及它们在推理中的作用和推理的可信赖性。大数据和数据科学有一个很好的结合,大数据是指多样性、可以收集和管理的数据,数据科学是指可以抓取、可视化和可分析的数据开发模型。在大数据的技术上,数据科学主要关注五个领域:数据收集、数据存储、数据处理、数据分析、报告和可视化结果。大数据在这五个领域面临的挑战和解决方法,如表 2-4 所示。

表 2-4 大数据面临的挑战和解决方法

处理过程	挑战	解决方法
数据收集	轻松访问以标准化格式提供的数据,对这些数据的大小没有实际限制,提供无限的可伸缩性; 有效地获得大量代理的详细数据; 安全、隐私和数据权限协议	传感器和可穿戴设备; 网络抓取; 网络流量和通信监控
数据存储	数据存储,匹配和集成不同大数据集的工具; 数据可靠性; 仓储	SQL,NoSQL,Apache Hadoop; 仅保存基本信息,并实时更新
数据处理	使用非数字数据进行定量分析	文本挖掘工具将文本转换为数字; 情感识别
数据分析	大量的变量; 因果关系; 查找潜在主题并附加意义; 数据太大,无法处理	Ridge 回归,Lasso 回归,主成分回归,偏最小二乘回归,回归树; 主题建模,潜伏; 狄利克雷分配,熵测度,深度学习; 交叉验证和保持样本; 现场试验; 并行,引导,序列分析
报告和可视化结果	便于解释,面向外部合作伙伴和用户的知识; 难以理解复杂模式	描述数据源; 描述方法和规格; 贝叶斯分析; 可视化和图形解释

1. 数据收集

技术的进步使得数据收集方法通常受限于研究者的想象力,而不是技术限制。事实上,其中的一个关键挑战是"创造性思考"如何建立基于大量观测资料的详细数据。帮助克服这一挑战的大数据收集方法包括传感器和可穿戴设备、网络抓取、网络流量和通信监控等。

使用传感器和可穿戴设备连续收集数据,一方面可以在自然状态下自发地收集数据,另一方面允许在长时间段内收集数据。

网络抓取允许从网站中自动提取大量的数据。通过在谷歌、百度等主流搜索引擎中安装数据抓取的插件、使用编程语言或者应用程序接口（Application Program Interface，API），网络抓取可以提取数字数据，还可以提取文本、音频和视频数据以及关于社交网络结构的数据。

网络流量和通信监控，即监控访问企业网站的访问者生成的数据。访问网站的日期和时间、跳出时间、访问顺序、访问路径的数据都可以被监控和跟踪，收集这些数据可以更好地了解客户的需求、关注点等。此外，员工之间的通信数据，即通过内外部网站、电话和电子邮件产生的数据也可以被收集。

上述方法都支持大规模、自动化、连续的数据收集。

2. 数据存储

大数据需要大的储存容量，通常会超过常规台式计算机和笔记本电脑的容量。我们可以从各种来源的数据中提取感兴趣的单元进行分析，一般有两种方法，一是根据数据的大小定制存储方法，二是连续更新和存储感兴趣的变量，同时丢弃与研究无关的信息。大数据的数据存储解决方法，如表 2-5 所示。

表 2-5 大数据的数据存储解决方法

数据集大小	数据存储解决方法
较小数据集	Excel，SAS，SPSS 和 Stata 等数据存储软件套件
较大数据集	结构化查询语言（SQL）关系数据库、开源关系数据库 MySQL 和 PostgreSQL
更大数据集	NoSQL（可快速处理数据）；Apache Hadoop（允许跨多台计算机的数据分配）

当研究的问题和需要的数据定义非常清楚时，则不需要存储所有可用数据，可在新数据进入时连续地更新感兴趣的变量，然后仅保存更新的变量而不保存完整的新数据本身。当新数据变得可用时更新感兴趣的变量，而如果感兴趣的变量是已知的，则丢弃新数据本身。

3. 数据处理

大数据的 4V 特征之一的 Variety（数据类型多样）使得数据可能包含半结构化数据和非结构化数据，使用传统的数据处理软件已无法解决这类数据的问题。社交媒体、电子邮件对话、年度报告均可产生文本数据，文本数据的处理可以用于理论测试、验证假设和理论发展以及开发新理论。

在理论测试的情况下，我们清楚地了解需要从文本中提取的数据。在进行文本数据处理时，可以删除文本标点符号，并将所有文本转换为小写。删除标点符号可避免将逗号、分号等视为字词的一部分；将文本转换为小写可以保证不混淆文本。

在理论发展中探索数据，重点放在那些与讨论和分析的变量相关联的数据。对于需要讨论和分析的部分，首先需要自动化单词出现的次数，然后删除标点符号并将所有文本转换为小写，删除非文本字符等。最终确定所有需要讨论和分析的部分中有唯一的字集合，并计算它们出现的次数及长度。

其他非结构化的数字的数据来源包括音频、图像和视频。这些数据需要通过新的技术来提取数字信息，比如人的情绪数据可以通过数值尺度表示。

4. 数据分析

大数据时代已经到来，人们对数据的认知已经区别于小数据，无论是数据的存储还是数据的处理，都已经是小数据时代无法解决的问题了。小数据分析强调对特定业务问题的描述，找到因果关系，技术基础的关键是算法的更新和开发，数据的价值明确和精确；大数据分析重在涵盖全体数据，强调相关关系，技术基础的关键是存储和计算，从数据噪音中提取隐性和潜在价值。表 2-6 详细说明了大数据分析与小数据分析的区别。

表 2-6 大数据分析与小数据分析区别

类 目	小数据分析	大数据分析
目标	记录、保存、检索、分析业务过程	数据应用分析，建模、预测
数据结构	面向对象	面向主题
数据生命周期	业务过程的开始到终结	周期长，随数据价值链的延长而定
样本	业务问题中的抽样数据	所有数据总量
资源建立	实现业务过程的数据资源管理	自发产生，没有明确目标
数据价值	显性，针对特定业务过程	潜在、隐性，从数据噪音中提取
算法	针对业务全过程分析的复杂算法	针对若干数据要素的简单算法
特点	精确分析和数据统计	快速计算，大数据量分析
技术基础	单机或多机串行计算，算法开发	简单存储和并行计算
数据间关系	找到因果关系，回答为什么	强调相关关系，回答是什么

对于大数据来说，数据被收集和存储处理后，便面临着新的挑战——如何进行数据分析。这里有三个问题：可用的潜在解释变量多，基于数据驱动的变量选择来开发理论；调整变量选择模型；数据量太大，不能用传统的个人计算机处理。

1）变量的选择

在理论测试中，感兴趣的变量和控制变量已知。在理论发展中，需要用统计方法来辅助变量的选择。模型中包含所有变量，比如回归模型，即尝试使用解释变量的所有可能组合来估计模型，用基于可能性的标准来比较模型拟合。

在存在大量潜在解释变量的情况下使用 Ridge 回归（岭回归）和 Lasso 回归（套索回归）、主成分回归、偏最小二乘回归、贝叶斯变量选择和回归树等方法。

2）调整变量选择模型

可以通过交叉验证的方法确定在岭回归和套索回归中选择参数以及在主成分回归和偏最小二乘回归中选择参数的问题。交叉验证需要将观察值随机分配到两个互斥的子集。第一子集"训练集"用于估计模型，第二子集"验证集"用于调整模型。估计训练集上的许多模型，每个模型假定不同的λ参数或组件数量，然后使用估计的模型来预测严重集中的观测，最后选择一个具有λ参数或在验证集中符合最佳拟合的元件数量的模型。该模型没有在训练集上调整，是因为那样将导致过度拟合。

为了评估预测的有效性，将新数据观察的模型的性能分配给三个子集，即训练集、验证集和测试集。在训练集上估计模型，验证集上调整，测试集上评估预测有效性。重要的是要注意到一个模型，显示自变量 x_j 和因变量 Y 之间的强关系，并显示强的预测有效性，x_j 和 Y 之间的关联可能是出于反向因果关系或出于驱动 x_j 和 Y 的第三变量，尽管后一解释要求在训练集和测试集中保持第三变量的影响。为了测试因果关系，人们将理想地依赖于现场实验，其中对于所观察的代理的随机子集操纵 x_j。

大数据处理的一个优势便是可包含足够观察值来构造三个子集，但是在观察值比较少的情况下，可优先选择 K 折交叉验证，分割 K 个子集中的数据。对于λ参数或组件数量的每个值，应首先估计所有子集的组合数据的模型，然后用估计的模型预测第一子集中的观察值，接着对第二个组合的数据重复相同过程，以此类推。通过计算子集之间的平均拟合，选择最佳λ参数或组件数量。

3）数据量太大，无法分析

大数据可能数据量太大，无法分析，在单个机器上进行存储也是可以的，但是个人计算机和处理器可能既不能在合理的时间内完成命令，也可能不具有足够的内存来分析处理大型数据集。可以通过三种方式解决这类问题：并行化、小包启动、顺序更新。

并行化通过使用多个计算机的处理单元来帮助加快计算。大多数计算机配备有多核处理器，但许多例程仅使用单个处理核心。通过在多个处理核心上分配任务，可以获得显著的时间增益。研究人员可以考虑似然性的数值最大化，其通常依赖于有限差分，即通过评估参数中的小变化来影响近似似然函数的梯度。

小包启动是一种方法的组合，它增强了分析内存需求方面的易处理性。首先，在不替换的情况下，从大小为 n 的原始数据中创建大小为 b 的子样本。然后，在每个子样本内绘制大小为 n 的引导样本，即具有替换的观察的总数。最后，可以以计算上相当有效的方式进行估计，因为引导样本包含可以通过使用权重向量来有效地处理的（许多）重复观察。

顺序更新提供了一种特别适合实时数据分析的快速的和记忆效率高的方法。这些方法在新数据到达时顺序地更新感兴趣的参数，并且仅需要存储当前参数，而不是历史数据。这些方法的示例包括卡尔曼滤波器和相关的贝叶斯方法。卡尔曼滤波器在当前时间段中对下一个时间段的新数据做出预测，一旦下一个时间段的新数据到达，则可以将预测与观察值进行比较。基于预测误差，参数被更新并用于进行新的预测。历史数据不需要保存在存储器中，这增强了易学性。

5. 报告和可视化结果

在报告方面，大数据的多样性使得清楚地描述所使用的不同数据源变得很重要，它强调了报告的完整性。关于数据分析，在处理大数据时，统计意义变得不那么重要，样本的大小对于因变量来说则非常重要。大数据除了统计显著性，还需要关注变量的效应大小及其样本外性能。贝叶斯统计推断可以提供一个解决方案，因为它假设数据是固定的，参数是随机的，它假设数据可以重采样。

在应用变量选择的方法时，重要的是描述所使用的方法，特别是如何调整模型。因为不同的方法可以得到不同的结果，因而鼓励尝试多种方法来显示结果的稳健性。在理论测试中，我们可以很清楚地使用哪些变量，这些变量通常可以以不同的方式操作。此外，我们也可以对包括控制变量的数量和方式展开开放性讨论。

最后，研究人员可以考虑在数据中应用可视化模式，给予观众对结果强度的更好的直观感觉，允许简单地比较结果，并且可视化结果不是用于获得的复杂模型的工具。随着数据科学的兴起，许多新的可视化工具变得可用，其允许对大数据集的多个选择和可视化的简单应用。

第3章

条码技术

知识目标

- 掌握条码的概念与特点；
- 掌握条码的结构；
- 掌握几种常见的条码；
- 了解条码印刷及识读设备；
- 了解条码技术在物流中的应用。

能力目标

- 会设计并使用几种经典的条码；
- 能对各种物品进行条码设计。

素养目标

- 培养学生的职业认同感，激发学生对条码技术等专业知识和技能的学习兴趣；
- 培养学生协调沟通与交流合作的意识和能力。

引导案例

条码技术在仓库管理中的应用

今天的仓库作业和库存控制作业已十分多样化、复杂化，靠人工去记忆和处理已十分困难。如果不能保证正确的进货、验收、质量保证及发货，就会浪费时间、产生库存、延迟交货、增加成本，以致失去为客户服务的机会。条码技术属于自动识别范畴，是为实现对信息的自动扫描而设计的，是实现快速、准确而可靠采集数据的有效手段。采用条码技术，并与信息处理技术结合，可确保库存量的准确性，保证必要的库存水平及仓库中物料的移动与进货协调一致，保证产品的最优流入、保存和流出仓库。

在仓库中最普遍的技术话题就是条码化，条码技术有利于进货、销售、仓储管理一体化，是实现各环节自动化管理的有力武器，是实现电子数据交换、节约资源的基础，是及时沟通产、供、销的纽带和桥梁，是提高市场竞争力的工具。条码技术与信息处理技术的结合有助于合理地、有效地利用仓库空间，最快速、最正确、最低成本地为客户提供优质服务。

条码技术可对仓库中的每一种货物、每一个库位做出书面报告，可定期对库存进行周期性盘存，并在最大限度减少手工录入的基础上，确保将查错率降至零，并且能高速采集大量数据。条码技术的应用解决了数据录入和数据采集的"瓶颈"问题，为商品供应链管理提供有力的技术支持。

条码技术像一条纽带，把产品生命周期中各阶段产生的信息连接在一起，可跟踪产品从生产到销售的全过程，使企业在激烈的市场竞争中处于有利地位。条码化还可以保证数据的准确性，使用条码设备既方便又快捷，自动识别技术的效率是键盘无法比拟的。

日本的夏普公司以前采用以纸为基础的作业方式，在发货和入库方面，每月约发生200个错误，错误发生后，往往需要花费几个月来跟踪这些错误，以免放大其影响。自从采用条码化的仓库管理系统后，仓库作业数呈两位数字增加，人员数却没有增加，且库存精度达到百分之百，发货和进货作业的差异率降为零，同时一些劳动量大的工作也被压缩了。

仓库管理实现现代化管理手段，条码技术是保证仓库作业优化、充分利用仓库空间、快速、快捷地为客户提供优质服务的必要手段，应大力推广使用条码化的仓库管理系统。

资料来源：https://wenku.baidu.com/view/87768c4c8ad63186bceb19e8b8f67c1cfbd6ee6c.html

请问：条码技术在仓库管理中的应用有哪些值得借鉴的地方？

条码技术自20世纪40年代问世以来发展十分迅速，进入21世纪后，它已被广泛应用于商业流通、仓储、医疗卫生、图书情报、邮政、铁路、交通运输、生产自动化管理等领域。条码技术的应用极大地提高了数据采集和信息处理的速度，改善了人们的工作和生活环境，提高了工作效率，并为管理的科学化和现代化做出了重要贡献。

3.1 条码概述

3.1.1 条码的基本概念

1. 条码

1）条码的定义

条码（bar code）是由一组规则排列的条、空及其对应字符组成的标记，用以表示一定信息的标识。条码通常用来对物品进行标识，这个物品可以是用来进行交易的一个贸易项目，如一瓶啤酒或一箱可乐，也可以是一个物流单元，如一个托盘。所谓对物品进行标识，就是首先给某一物品分配一个代码，然后以条码的形式将这个代码表示出来，并且标识在物品上，以便识读设备通过扫描识读条码符号而对该物品进行识别。图 3-1 是标识在一瓶古井贡酒上的条码符号。

图 3-1 标识在一瓶古井贡酒上的条码符号

条码不仅可以用来标识物品，还可以用来标识资产、位置和服务关系等。在进行辨识的时候，使用条码识读设备扫描条码，得到一组反射光信号，此信号经光电转换后变为一组与线条、空白相对应的电子信号，经解码后还原为相应的文字和数字，再传入电脑。条码自动识别技术已相当成熟，其读取的错误率约为百万分之一，首读率大于 98%，是一种可靠性高、输入快速、准确性高、成本低、应用面广的资料自动收集技术。

2）条码的条、空、条码系统

条码的条（bar）是指条码符号中反射率较低的部分。条码的空（space）是指条码符号中反射率较高的部分。在黑白相间的条码图形中，黑色部分反射率低代表条，白色部分反射率高代表空。条码系统（bar code system）是由条码符号设计、制作及扫描识读设备组成的系统，能够在一定的环境中完成特定的功能。

3）码制

条码的码制是关于条码符号的类型、数据的表示方法、编码容量和条码字符集等特征的规定。每种类型的条码符号都是由符合特定编码规则的条和空组合而成的。每种码制都具有固定的编码容量和所规定的条码字符集。常用的一维条码码制包括：EAN 条码、UPC 条码、GS1-128 条码、交插二五条码、三九条码、库德巴条码等。

4）字符集

字符集是指条码符号可以表示的字母、数字和符号的集合。有些码制仅能表示 10 个数字字符：0 到 9，如 EAN/UPC 条码；有些码制除了能表示 10 个数字字符，还可以表示几个特殊字符，如库德巴条码。三九条码可表示数字字符 0~9、26 个英文字母以及一些特殊字符。几种常见码制的字符集如下所示：

EAN/UPC 条码的字符集为数字：0~9；

交插二五条码的字符集为数字：0~9；

三九条码的字符集为数字：0~9；字母：A~Z；特殊字符：+、-、$、•、/、*、%、空格。

5）自校验功能

条码符号的自校验功能是指条码字符本身具有校验功能。若在一个条码符号中，一个印刷缺陷（比如，因出现污点把一个窄条错认为宽条，而相邻宽空错认为窄空）不会导致替代错误，那么这种条码就具有自校验功能。三九条码、库德巴条码、交插二五条码都具有自校验功能；EAN/UPC 条码、九三条码等都没有自校验功能，就必须设置校验符来帮助实现此功能。对于大于一个的印刷缺陷，任何具有自校验功能的条码都不可能完全校验出来。码制设置者在设置条码符号时，均须考虑自校验功能。

6）条码密度

条码密度是指单位长度的一维条码或单位面积上的二维条码所表示条码字符的个数。显然，对于任何一种码制来说，各单元的宽度越小，条码符号的密度就越高，也越节约印刷面积，但由于印刷条件及扫描条件的限制，我们很难把条码符号的密度做得太高。三九条码的最高密度为：9.4 个/25.4mm（9.4 个/英寸），库德巴条码的最高密度为：10.0 个/25.4mm（10.0 个/英寸），交插二五条码的最高密度为：17.7 个/25.4mm（17.7 个/英寸）。条码密度越高，所需扫描设备的分辨率也就越高，这必然增加扫描设备对印刷缺陷的敏感性。

7）条码质量

条码质量指的是条码的印制质量，其判定主要从外观、条（空）反射率、条（空）尺寸误差、空白区尺寸、条高、数字和字母的尺寸、校验码、译码正确性、放大系数、印刷厚度、印刷位置等方面进行。条码质量的检验必须严格按照有关国家标准进行。

2. 条码技术的特点

条码技术是电子与信息科学领域的高新技术，涉及的技术领域较广，也是多项技术相结合的产物。经过多年的长期研究和应用实践，条码技术现已发展成为比较成熟的实用技术。在信息输入技术中，采用的自动识别技术种类很多。条码作为一种图形识别技术，与其他识别技术相比有如下特点。

① 简单。条码符号制作容易，扫描操作简单易行。

② 信息采集速度快。普通计算机的键盘录入速度约是 200 字符/分钟，而利用条码技术扫描录入信息的速度是键盘录入速度的 20 倍。

③ 采集信息量大。利用条码技术，一次可以采集几十位字符的信息，而且可以通过选择不同码制的条码增加字符密度，使录入的信息量成倍增加。

④ 可靠性高。键盘录入数据的误码率约为三百分之一，利用光学字符识别技术，误码率约为万分之一，而采用条码扫描录入方式，误码率仅为百万分之一，首读率可达 98% 以上。

⑤ 灵活、实用。作为一种识别手段，条码符号可以单独使用，也可以和有关设备组成识别系统实现自动化识别，还可以和其他控制设备联系起来实现整个系统的自动化管理。同时，在没有自动识别设备时，也可以实现手工键盘输入。

⑥ 自由度大。识别装置与条码标签相对位置的自由度要比光学字符识别（Optical Character Recognition，OCR）大得多。条码通常只在一维方向上表示信息，而同一条码符号上所表示的信息是连续的，这样即使是标签上的条码符号在条的方向上有部分残缺，识别设备仍然可以从正常部分识读正确的信息。

⑦ 设备结构简单、成本低。条码符号识别设备的结构简单，操作容易，不需要专门训练。与其他自动识别技术相比较，条码技术推广应用所需费用较低。

3. 条码符号的结构

一个完整的条码符号由空白区、起始符、条码数据符、中间分隔符（可选）、条码校验符（可选）和终止符以及供人识别字符组成，如图 3-2 所示。

图 3-2　条码符号的结构

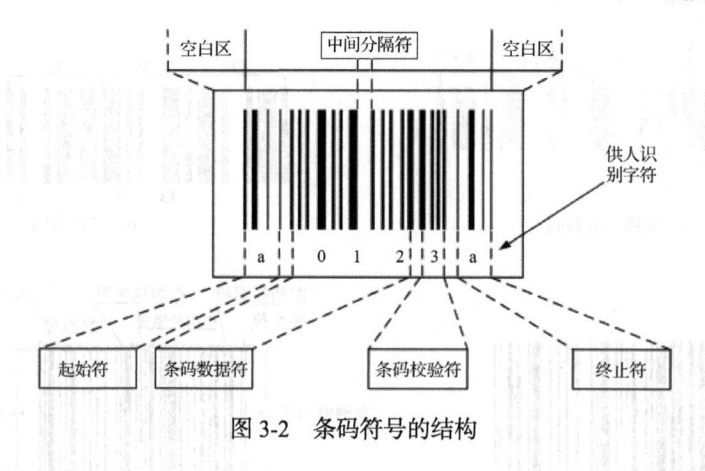

相关术语的解释如下：

① 空白区（clear area；quiet zone；quiet area；clear zone）是指条码符号外侧与空的反射率相同的有限区域。

② 起始符（start character；start cipher；start code）是指位于条码符号起始位置的若干条与空。

③ 终止符（stop character；stop cipher；stop code）是指位于条码符号终止位置的若干条与空。

④ 条码数据符（bar code data character）是指表示特定信息的条码字符，又称数据字符或数据符。

⑤ 中间分隔符（central separating character）是指位于条码中间位置用来分隔数据段的若干条与空，是可选内容。

⑥ 条码校验符（bar code check character）是指表示校验码的条码字符，又称校验符。

⑦ 供人识别字符是指位于条码字符的下方，与相应的条码字符相对应的、用于供人识别的字符。

3.1.2　条码的分类

按照不同的分类方法、不同的编码规则条码可以分成许多种，现在已知的世界上正在使用的条码已有 250 种之多。条码的分类方法有许多种，主要依据条码的代码结构和条码的性质来决定。条码可分为一维条码（one-dimensional bar code，1D）和二维条码（two-dimensional bar code，2D code）两大类。一维条码是我们通常所说的传统条码，包括交插二五条码、三九条码、EAN 条码、UPC 条码、ITF-14 条码、128 条码，等等。二维条码则是另一种越来越受重视的条码，其功能较一维条码强，识读设备相对复杂，编码容量可以做得更大，如四一七条码（PDF 417）、快速响应矩阵码（QR code）等。

一维条码按照应用可分为商品条码和物流条码。商品条码通常标识在零售商品上，包括 EAN 条码和 UPC 条码，物流条码通常标识在物流单元（如托盘、集装箱等）上，包括 128 条码、ITF-14 条码等。二维条码根据构成原理、结构形状的差异，可分为两大类型：一类是层排式二维条码（stacked 2D bar code）；另一类是矩阵式二维条码（2D matrix bar code）。几种常见的条码分类如图 3-3 所示。

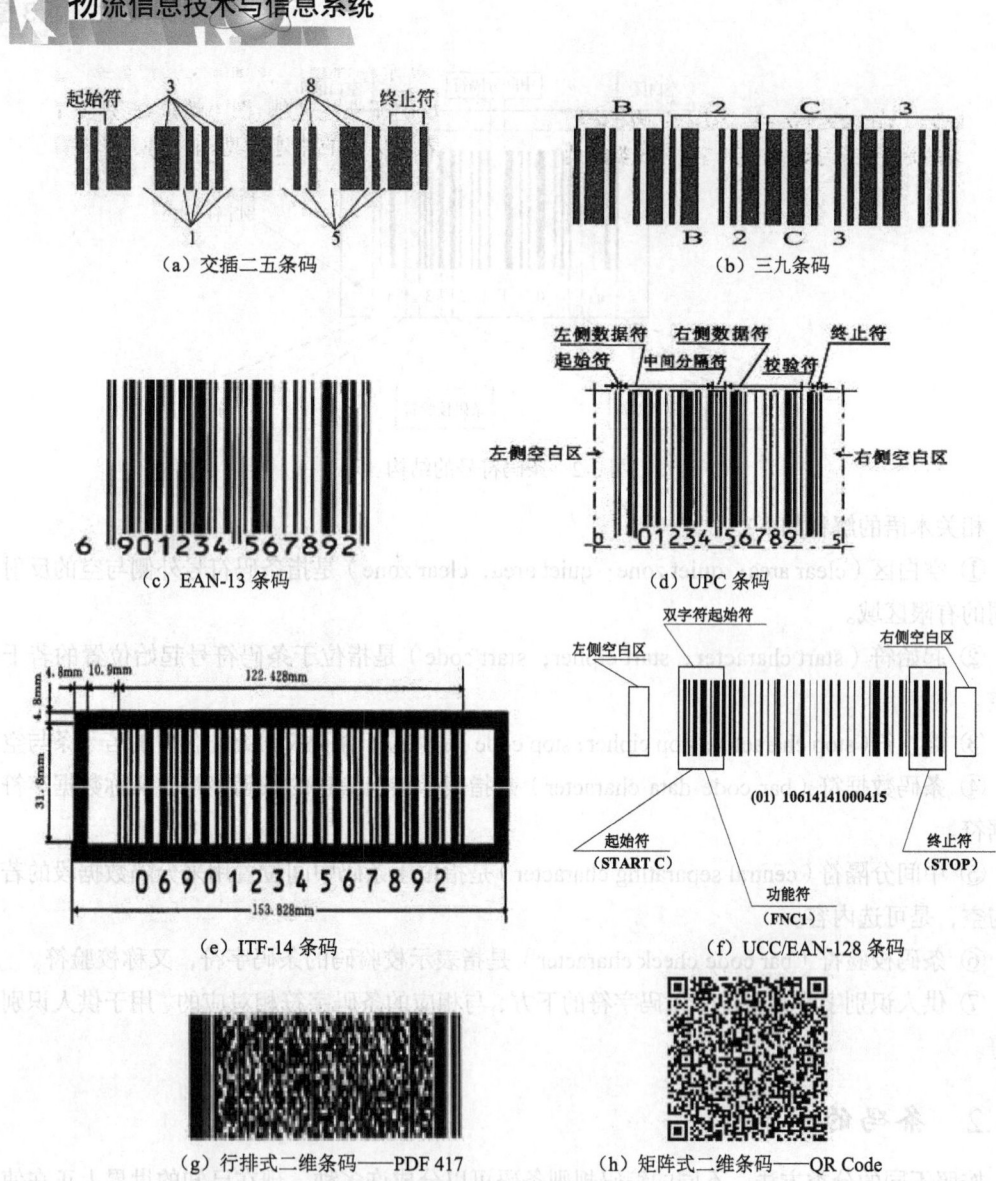

图 3-3 常见的条码分类

3.2 几种常见的条码

3.2.1 交插二五条码

交插二五条码（interleaved 2 of 5 bar code）是在二五条码的基础上发展起来的，由美国的 Intermec 公司于 1972 年发明。它弥补了二五条码的许多不足之处，不仅增大了信息容量，而且由于自身具有自校验功能，还提高了可靠性。交插二五条码起初广泛应用于仓储及重工业领域，1987 年开始应用于运输包装领域。1987 年日本引入了交插二五条码，用于储运单元的识别与管理。2004 年我国研究修订了《信息技术 自动识别与数据采集技术 条码码制规范 交插二五条码》（GB/T 16829—2003），主要应用于运输、仓储、工业生产线、图书情报等领域的自动识别管理。

交插二五条码是二五条码的一种变型。是条、空均表示信息的连续型、非定长一维条码。它是一种具有自校验功能的双向条码。它表示的字符集为数字：0~9。图 3-4 是表示"3185"的交插二五条码的结构。

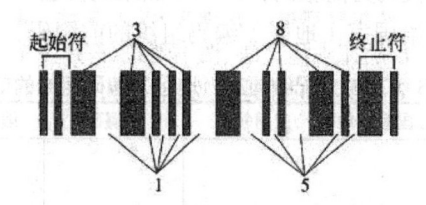

图 3-4 表示"3185"的交插二五条码

交插二五条码由左侧空白区、起始符、条码数据符、终止符及右侧空白区构成。它的每一个条码数据符由 5 个单元组成，其中 2 个是宽单元（表示二进制的"1"），3 个是窄单元（表示二进制的"0"）。条码符号从左到右，表示奇数位数字符的条码数据符由条组成，表示偶数位数字符的条码数据符由空组成。组成条码符号的条码字符个数为偶数。当条码字符所表示的条码字符个数为奇数时，应在字符串左端添加"0"，如图 3-5 所示。

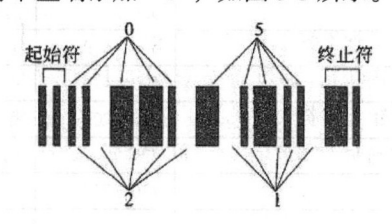

图 3-5 表示"215"的条码（字符串左端添加"0"）

起始符包括 2 个窄条和 2 个窄空，终止符包括 2 个条（1 个宽条、1 个窄条）和 1 个窄空。它表示的字符集为数字：0~9，交叉二五条码字符集的二进制表示，如表 3-1 所示。

表 3-1 交插二五条码字符集的二进制表示

字 符	二进制表示	字 符	二进制表示
0	00110	5	10100
1	10001	6	01100
2	01001	7	00011
3	11000	8	10010
4	00101	9	01010

3.2.2 EAN-13 条码

EAN-13 条码由厂商识别代码、商品项目代码、校验码三部分组成，共 13 位数字代码。其代码结构分为四种，见表 3-2。

表 3-2 EAN-13 条码的代码结构

代码结构	厂商识别代码	商品项目代码	校验码
结构一	$X_{13} X_{12} X_{11} X_{10} X_9 X_8 X_7$	$X_6 X_5 X_4 X_3 X_2$	X_1
结构二	$X_{13} X_{12} X_{11} X_{10} X_9 X_8 X_7 X_6$	$X_5 X_4 X_3 X_2$	X_1
结构三	$X_{13} X_{12} X_{11} X_{10} X_9 X_8 X_7 X_6 X_5$	$X_4 X_3 X_2$	X_1
结构四	$X_{13} X_{12} X_{11} X_{10} X_9 X_8 X_7 X_6 X_5 X_4$	$X_3 X_2$	X_1

1. 厂商识别代码

厂商识别代码由 7~10 位数字组成，中国物品编码中心负责分配和管理厂商识别代码。

厂商识别代码的前 3 位代码为前缀码，国际物品编码协会（GS1）已分配给中国大陆的前缀码为 690~699。GSI 分配给国家（地区）编码组织的前缀码，如表 3-3 所示。

表 3-3 GS1 分配给国家（地区）编码组织的前缀码

前缀码	编码组织所在国家（地区）/应用领域	前缀码	编码组织所在国家（地区）/应用领域
00001~00009			
0001~0009			
001~019	美国	627	科威特
030~039			
050~059			
060~139			
020~029			
040~049	店内码	628	沙特阿拉伯
200~299			
300~379	法国	629	阿拉伯联合酋长国
380	保加利亚	640~649	芬兰
383	斯洛文尼亚	690~699	中国大陆
385	克罗地亚	700~709	挪威
387	波斯尼亚和黑塞哥维那	729	以色列
400~440	德国	730~739	瑞典
450~459	日本	740	危地马拉
490~499			
460~469	俄罗斯	741	萨尔瓦多
470	吉尔吉斯斯坦	742	洪都拉斯
471	中国台湾	743	尼加拉瓜
474	爱沙尼亚	744	哥斯达黎加
475	拉脱维亚	745	巴拿马
476	阿塞拜疆	746	多米尼加
477	立陶宛	750	墨西哥
478	乌兹别克斯坦	754~755	加拿大
479	斯里兰卡	759	委内瑞拉
480	菲律宾	760~769	瑞士
481	白俄罗斯	770~771	哥伦比亚
482	乌克兰	773	乌拉圭
483	土库曼斯坦	775	秘鲁
484	摩尔多瓦	777	玻利维亚
485	亚美尼亚	778~779	阿根廷
486	格鲁吉亚	780	智利
487	哈萨克斯坦	784	巴拉圭
488	塔吉克斯坦	786	厄瓜多尔
489	中国香港特别行政区	789~790	巴西
500~509	英国	800~839	意大利
520~521	希腊	840~849	西班牙

续表

前缀码	编码组织所在国家（地区）/应用领域	前缀码	编码组织所在国家（地区）/应用领域
528	黎巴嫩	850	古巴
529	塞浦路斯	858	斯洛伐克
530	阿尔巴尼亚	859	捷克
531	马其顿	865	蒙古
535	马耳他	867	朝鲜
539	爱尔兰	868~869	土耳其
540~549	比利时、卢森堡	870~879	荷兰
560	葡萄牙	880	韩国
569	冰岛	883	缅甸
570~579	丹麦	884	柬埔寨
590	波兰	885	泰国
594	罗马尼亚	888	新加坡
599	匈牙利	890	印度
600~601	南非	893	越南
603	加纳	896	巴基斯坦
604	塞内加尔	899	印度尼西亚
608	巴林	900~919	奥地利
609	毛里求斯	930~939	澳大利亚
611	摩洛哥	940~949	新西兰
613	阿尔及利亚	950	GS1 总部
615	尼日利亚	951	GS1 总部（产品电子代码）
616	肯尼亚	955	马来西亚
617	喀麦隆	958	中国澳门特别行政区
618	科特迪瓦	960~969	GS1 总部（缩短码）
619	突尼斯	977	连续出版物
620	坦桑尼亚	978~979	图书
621	叙利亚	980	应收票据
622	埃及	981~984	普通流通券
623	文莱	99	优惠券
624	利比亚		
625	约旦		
626	伊朗		

参考资料：http://www.ancc.org.cn/Service/queryTools/GS1PrefixCode.aspx

2．商品项目代码

商品项目代码由 2~5 位数字组成，一般由厂商编制，也可由中国物品编码中心负责编制。由于厂商识别代码具有全球唯一性，因此，在使用同一厂商识别代码的前提下，厂商必须确保每个商品项目代码的唯一性，这样才能保证每种商品的商品代码的全球唯一性，即符合商品条码编码的"唯一性原则"。

3．校验码

校验码为 1 位数字，用来校验编码前 12 位数字的正确性。校验码是根据前 12 位数字的数值按一定的数学算法计算而得的。

3.2.3 EAN-8 条码

1. EAN-8 条码的代码结构

EAN-8 条码由前缀码、商品项目代码和校验码三部分组成。其代码结构如表 3-4 所示。

表 3-4 EAN-8 条码的代码结构

前 缀 码	商品项目代码	校 验 码
$X_8 X_7 X_6$	$X_5 X_4 X_3 X_2$	X_1

2. EAN-8 条码的前缀码

$X_8 \sim X_6$ 是前缀码,国际物品编码协会已分配给中国物品编码中心的前缀码为 690~699。

3. EAN-8 条码的商品项目代码

$X_5 \sim X_2$ 是商品项目代码,由 4 位数字组成,由中国物品编码中心负责分配和管理。

4. EAN-8 条码的校验码

X_1 是校验码,为 1 位数字,用来校验整个编码的正误。校验码是根据前 12 位数字的数值按一定的数学算法计算而得的。

3.2.4 ITF-14 条码

ITF-14 条码只用于标识非零售的商品。它的条码字符集、条码字符的组成与交插二五条码相同,ITF-14 条码对印刷精度的要求不高,比较适合直接印制(热转印或喷墨)于表面不够光滑、受力后尺寸易变形的包装材料(如瓦楞纸或纤维板)上。

1. ITF-14 条码构成

ITF-14 条码由矩形保护框、左侧空白区、起始符、7 对数据符、终止符、右侧空白区组成,如图 3-6 所示。

图 3-6 ITF-14 条码

2. 储运包装商品条码

储运包装商品条码采用 13 位或 14 位代码结构。13 位储运包装商品的代码结构与 13 位零售商品的代码结构相同,储运包装商品 14 位代码结构如表 3-5 所示。

表 3-5 储运包装商品 14 位代码结构

储运包装商品包装指示符	内部所含零售商品代码前 12 位	校验码
V	$X_{12} X_{11} X_{10} X_9 X_8 X_7 X_6 X_5 X_4 X_3 X_2 X_1$	C

储运包装商品 14 位代码中的第 1 位数字为储运包装商品包装指示符,用于指示储运包装商品不同包装级别,取值范围为:1,2,…,8,9。其中 1~8 用于定量储运包装商品,9 用于变量储运包装商品。

储运包装商品 14 位代码中的第 2 位到第 13 位数字为内部所含零售商品代码前 12 位,是指包含在储运包装商品内的零售商品代码去掉校验码后的 12 位数字。

储运包装商品 14 位代码中的最后一位为校验码。校验码的计算步骤如下:

① 从代码位置序号 2 开始,对所有偶数位的数字代码求和;
② 将步骤①的和乘以 3;
③ 从代码位置序号 3 开始,对所有奇数位的数字代码求和;
④ 将步骤②与步骤③的结果相加。
⑤ 用 10 减去步骤④所得结果的个位数作为校验码的值(个位数为 0,校验码的值为 0)。

例如,编码 0690123456789C 的校验码 C 的计算如表 3-6 所示。

表 3-6 14 位编码的校验码计算方法

步　　骤	举　例　说　明														
1. 自右向左顺序编号	位置序号	14	13	12	11	10	9	8	7	6	5	4	3	2	1
	代码	0	6	9	0	1	2	3	4	5	6	7	8	9	C
2. 从位置序号 2 开始求出偶数位上的数字之和①	9+7+5+3+1+9+0=34 ①														
3. ①×3=②	34×3=102 ②														
4. 从位置序号 3 开始求出奇数位上数字之和③	8+6+4+2+0+6=26 ③														
5. ②+③=④	102+26=128 ④														
6. 用 10 减去结果④的个位数作为校验码的值(个位数为 0,校验码的值为 0)	10-8=2 校验码 C=2														

思考与分析

ITF-14 条码的代码结构是什么?

3.2.5　GS1-128 条码

贸易单元 128 条码(UCC/EAN-128)于 1981 年推出,是一种长度可变、连续性的字母数字条码。与其他一维条码相比较,128 条码是较为复杂的条码系统,而其所能支援的字符也相对地比其他一维条码多,又有不同的编码方式可供交互运用,因此其应用弹性也较大。1991 年上半年,统一编码委员会(UCC)和国际物品编码协会(EAN)发布了新的条码标准,供全球范围内的零售、工业和商业产品分类使用。这些新标准通称为"GS1-128(UCC/EAN-128)"。

1. GS1-128 条码简介

GS1-128 条码通常用于非零售、物流、商品包装等业务,其长度可变,且代码由字母和数字组成,可用两种校验方式进行校验。除了终止符使用 13 个模块(对应 4 条 3 空),其余字符都占有 11 个模块(对应 3 条 3 空)。

国际组织 EAN·UCC 已更名为 GS1(国际物品编码协会),在 GS1 编码系统中将编码分

物流信息技术与信息系统

为标识编码和附加属性编码两大类，如图 3-7 所示。其中，GTIN 为产品或服务提供唯一编码，使用 EAN-13、EAN-8、EAN-14、UCC-12 代码结构；SSCC 将商品与运输服务关联，设置唯一编码，在运输过程中自动采集；GLN 用来标识物理实体当前所处地址，可使用 EAN-13、GS1-128 编码；GRAI 为可重复利用资产如塑料桶、啤酒瓶等提供标识代码；GSRN 标识供应链上服务的接收方，存储服务过程中与接收方相关数据；GIAI 为各种存在价值的物理实体如属于厂商的固有资产、运货车等提供唯一标识；附加属性编码指一些特殊应用如图书、期刊等的条码。

用 GS1-128 条码来标识物流单元的主要原因是，在物流业务中，不仅涉及物流单元本身，还涉及物流的起点和目的地、发货人和收货人等各种信息，GS1 不仅规定了物流单元的编码规则，也规定了位置码、应用标识符等编码规则，这些规则与 GS1-128 条码配合使用能将各种信息有效地标识及追踪。在实际使用过程中，需要将若干信息段组合成一个物流标签。一个完整的物流标签包括三个标签区段，且从上到下的顺序通常为：承运商区段、客户区段和供应商区段。每个区段均有两种不同的基本类型表示一类信息的组合，即由文本和图形组成的供人识读的信息类型和为自动数据采集设计的机读条码信息类型，标签文本内容位于标签区段的上方，条码符号位于标签区段的下方。承运商区段通常包含承运商在装货时就已确定的信息，如到货地邮政编码、托运代码、承运商特定路线和装卸信息等。客户区段通常包含供应商在订货和订单处理时就已确定的信息，主要包括到货地点、购货订单代码、客户特定信息路线和货物的装卸信息等。供应商区段通常包含包装时供应商已确定的信息。

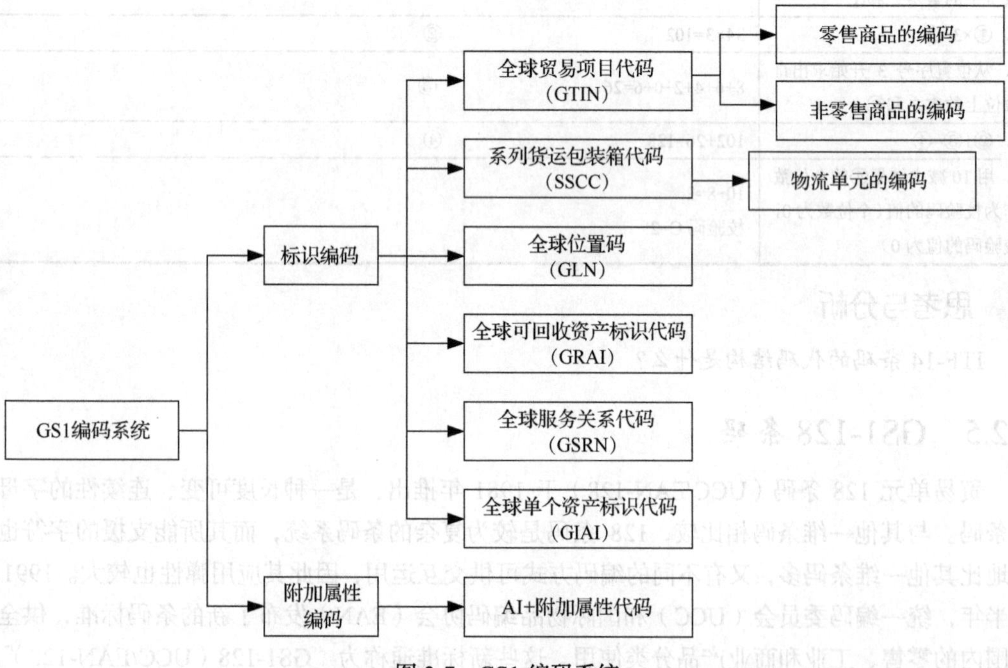

图 3-7　GS1 编码系统

在物流单元中，SSCC 是唯一标识代码。对供应商、客户和承运商都有价值的信息，如生产日期、包装日期、有效期、保质期、批号、系列号等，皆可采用 GS1-128 条码符号表示。

2. GS1-128 条码符号结构

GS1-128 条码符号的组成和基本格式，由左至右如图 3-8 所示。

74

图 3-8 GS1-128 条码

GS1-128 条码符号结构具体包括以下内容。
① 左侧空白区。
② 双字符起始符。双字符起始符包括起始符（Start A, Start B 或 Start C）和 FNC1 字符。
③ 数据字符。数据字符表示数据和特殊字符的一个或多个条码字符（包括应用标识符）。
④ 校验符（符号校验字符）。
⑤ 终止符。
⑥ 右侧空白区。

条码符号所表示的数据字符，以可供人识别的字符标识在条码符号的下方或上方。

3. 印刷标准

根据《商品条码 128 条码》（GB/T 15425—2014）和《商品条码 条码符号印制质量的检验》（GB/T 18348—2008）的相关要求，GS1-128 条码符号印制质量等级评价的参数有参考译码、光学特性、可译码度、Z 尺寸、空白区宽度、条高、印刷位置等。其中参考译码、光学特性、可译码度和空白区宽度采用《信息技术 自动识别与数据采集技术 条码符号印制质量的检验》（GB/T 14258—2003）中规定的扫描反射率曲线分析——质量分级检测方法进行检测；条高是在规定的照明条件下，用符合要求的长度测量器具进行人工测量；印刷位置按《商品条码 条码符号放置指南》（GB/T 14257—2009）的规定进行目检。当所检的 GS1-128 条码符号的最小模块宽度小于 0.495mm 时，要求其最低质量等级为 1.5/06/670；当最小模块宽度大于等于 0.495mm 时，要求其最低质量等级为 1.5/10/670。其中 1.5 是整个条码符号的质量等级，06 和 10 是测量孔径参考号，670 是以纳米为单位的测量光波长。

除了印刷质量判定的各项参数，在实际应用中，还应特别注意 GS1-128 条码的最大符号长度和供人识别字符。GS1-128 条码的最大符号长度须符合两个要求：一是包括空白区在内，最大物理长度不能超过 165mm（6.5 英寸）；二是可编码的最大数据字符数为 48，包括应用标识符和作为分隔符使用的 FNC1 字符，但不包括辅助字符和符号校验字符。GS1-128 条码的供人识别字符可放在条码符号的下方或上方，符号校验字符不在供人识别字符格式中显示，供人识别字符的字体没有强制要求，只要清晰易读、与条码有明确的联系且不能占用空白区即可。

3.2.6 二维条码

二维条码是在一维条码无法满足实际应用需求的前提下产生的。受信息容量的限制，一维条码通常是对物品的标识，而不是对物品的描述。所谓对物品的标识，就是给某物品分配一个代码，代码以条码的形式标识在物品上，用来标识该物品以便自动扫描设备的识读，编码或一维条码本身不表示该产品的描述性信息。

因此，在通用商品条码的应用系统中，对商品信息如生产日期、价格等的描述必须依赖商品数据库的支持。在没有预先建立商品数据库或不便联网的地方，一维条码表示汉字和图像信息几乎是不可能的，即使可以表示，也显得十分不便且效率很低。

随着现代高新技术的发展，人们迫切需要条码在有限的空间内表示更多的信息，以满足千变万化的信息表示的需要。

二维条码除了左右（条宽）的长短及黑白线条有意义，上下（条高）的线条也有意义，如图3-9（a）所示。与一维条码相比，由于二维条码左右（条宽）和上下（条高）的线条皆有意义，因此，二维条码可存放的信息量就比较大。

我们在超市里看到的商品上的条码和储运包装物上的条码基本上是一维条码，如图3-9（b）所示，其原理是利用条码的粗细及黑白线条来代表信息，当使用扫描器扫描一维条码时，即使将条码上下遮住一部分，其所扫描出来的信息都是一样的，所以一维条码的条高并没有意义，只有条宽的长短及黑白线条有意义，因此称一维条码。

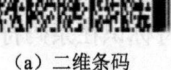

(a) 二维条码　　　　　　　　(b) 一维条码

图3-9　二维条码与一维条码

从符号学的角度讲，二维条码与一维条码都是信息表示、携带和识读的手段。从应用角度讲，尽管在一些特定场合我们可以选择其中的一种来满足我们的需要，但是它们的应用侧重点是不同的，一维条码用于对物品进行标识，二维条码用于对物品进行描述。EAN和UCC在充分考虑两种码制的特点的基础上，为非常小的产品项目（比如注射器、小瓶、电信电路板）、随机计量的零售项目（比如肉、家禽和袋装农产品）、单个农产品项目（比如苹果、橘子）、可用空间不足以提供所有信息的物流单元（比如混合贸易项目托盘的内容信息）提供更好的自动识别方法，开发了缩小空间（Reduced Space Symbology，RSS）条码和EAN·UCC复合码。

信息容量大、安全性高、读取率高、纠错能力强等是二维条码的主要特点。二维条码与一维条码的综合比较如表3-7所示。

表3-7　二维条码与一维条码的综合比较

条码类型	项目					
	信息密度与信息容量	错误校验及纠错能力	垂直方向是否携带信息	用途	对数据库和通信网络的依赖	识读设备
一维条码	信息密度低，信息容量较小	可通过校验符进行错误校验，没有纠错能力	不携带信息	对物品的标识	多数应用场合依赖数据库及通信网络	可用线扫描器识读，如光笔、线阵CCD、激光枪等
二维条码	信息密度高，信息容量大	具有错误校验和纠错能力，可根据需求设置不同的纠错级别	携带信息	对物品的描述	可不依赖数据库及通信网络而单独应用	对于层排式二维条码，可用线扫描器进行多次扫描识读；对于矩阵式二维条码，仅能用图像扫描器识读

1. 二维条码的分类

二维条码有许多不同的编码方法，即码制。就码制的编码原理而言，二维条码通常可以分为层排式二维条码和矩阵式二维条码两种类型。

层排式二维条码的编码原理是建立在一维条码基础之上的，按需要将多个被截短了条高的一维条码层叠排列成二行或多行。它在编码设计、校验原理、识读方式等方面继承了一维条码的部分特点，识读设备和条码印刷与一维条码兼容。区别在于，层排式二维条码的行需要被另行判定，其译码算法与软件也不与一维条码完全一致。有代表性的层排式二维条码有16K条码、四九条码、四一七条码等。

矩阵式二维条码的编码原理是在一个图形矩阵中通过黑、白两像素在矩阵中的不同分布进行编码。在矩阵相应元素位置上，用点（方点、圆点或其他形状）的出现表示二进制1，空的出现表示二进制0，点的排列组合确定了矩阵式二维条码所代表的意义。矩阵式二维条码是建立在计算机图像处理技术、组合编码原理等基础之上的一种新型图像识读处理码制。

国际ISO标准已有多种条码，其中应用最广泛的二维条码有四一七条码（PDF 417）、数据矩阵码（data matrix code）与快速响应矩阵码（QR code，QR码）。PDF 417是层排式二维条码的代表，QR码是矩阵式二维条码的代表。

2. QR码简述

QR是英文Quick Response的缩写，QR码作为一种新型数据管理技术，允许数据或信息通过安装有扫描功能的便携式设备进行无线通信。QR码符号是在1994年由日本Denso Wave公司公布的，随后迅速应用于商业、教育、医疗、政府事务等领域。QR码符号可以编码URL、电话号码、邮箱地址等信息，可以通过安装有扫描功能的智能手机或其他设备快速解码，用户不再需要记忆信息，通过扫描QR码符号便可以快速获取信息。图3-10是QR码符号的结构图。

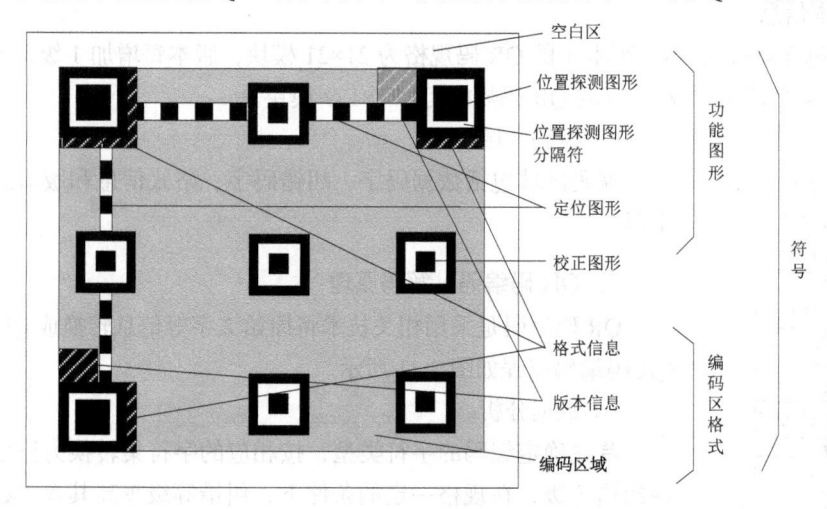

图3-10　QR码符号的结构图

1）位置探测图形

一个QR码符号包含3个位置探测图形，分别位于左上角、右上角和左下角。每个位置探测图形可以看作是由3个重叠的同心正方形组成的，由内向外分别为3×3深色模块、5×5浅色模块和7×7深色模块。位置探测图形的模块宽度比为1:1:3:1:1。QR码符号中其他地方遇到类似图形的可能性非常小，从而可以依据位置探测图形迅速地识别 QR 码符号。识别全部的 3 个位置探测图形，可以确定 QR 码符号的位置和旋转角度。

2）位置探测图形分隔符

每个位置探测图形和编码区域之间都有 1 个模块宽度的位置探测图形分隔符，它全部由浅色模块组成，用来将位置检测图形和编码区域隔离开来。

3）定位图形

每个 QR 码符号均包含水平和垂直两个定位图形，它们是分别由浅色和深色模块交替组成的 1 个模块宽度的一行和一列。水平定位图形位于从上往下数的第 6 行且在 2 个位置探测图形之间，垂直定位图形位于从左往右数的第 6 列且在 2 个位置探测图形之间。定位图形的作用是确定 QR 码符号的密度（即一个像素的大小）以及确定编码区域的像素方块的位置，相当于 X 轴和 Y 轴上的刻度。

4）校正图形

校正图形由 3 个重叠的同心正方形组成，由外向内分别是 5×5 深色模块、3×3 浅色模块、1×1 深色模块。校正图形的数量视 QR 码符号的版本号而定。

5）格式信息

格式信息表示该二维条码的纠错级别，纠错级别越高，QR 码就越安全。纠错级别分为 L、M、Q、H 四级，对应的修正容量如下所列：

L 级：约 7%的码字可被修正；

M 级：约 15%的码字可被修正；

Q 级：约 25%的码字可被修正；

H 级：约 30%的码字可被修正。

6）版本信息

QR 码包含 40 种版本。版本 1 的 QR 码规格为 21×21 模块，版本每增加 1 级，该 QR 码符号每边增加 4 个模块。版本 40 的 QR 码规格为 177×177 模块。

7）编码区域

编码区域包括数据码字、纠错码字、格式信息和版本信息的符号字码。

3. QR 码编码、解码原理

QR 码编码是采用相关技术将原始文字等信息转换成 QR 码的过程，QR 码编码流程如图 3-11 所示。

1）数据分析

首先确定编码的字符类型，按相应的字符集转换为符号字符，选择纠错等级，在规格一定的条件下，纠错等级越高其真实数据的容量越小。

2）数据编码

将数据字符转换为二进制位流，每 8 位编码为 1 个码字，整体构成 1 个数据码字序列。事实上，只要知道数据码字序列就知道了二维条码的数据内容。

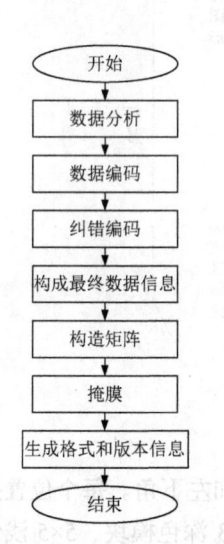

图 3-11 QR 码编码流程

3）纠错编码

按需要将第 2 步的数据码字序列进行分块，并根据纠错等级和分块的数据码字序列产生纠错码字，然后把纠错码字加入数据码字序列后面，组成一个完整的序列。

4）构造最终数据信息

在规格确定的条件下，将上面产生的序列按次序放入分块中，按规定把数据分块，然后对每一块进行计算，得出相应的纠错码字区块，按顺序将纠错码字区块构成一个序列，添加到原先的数据码字序列后面。

5）构造矩阵

将位置探测图形分隔符、位置探测图形、定位图形、校正图形和码字模块放入矩阵中。

6）掩膜

将掩膜图形用于符号的编码区域，调整 QR 码符号中的深色和浅色区域，使它们实现最优比例的分布。

7）生成格式和版本信息

根据需要生成相应的格式和版本信息，并将它们放入对应区域中。

QR 码解码是根据 QR 码符号得到原始数据信息的过程，即从扫描识读 QR 码到解析输出数据字符的过程。QR 码解码原理如图 3-12 所示。

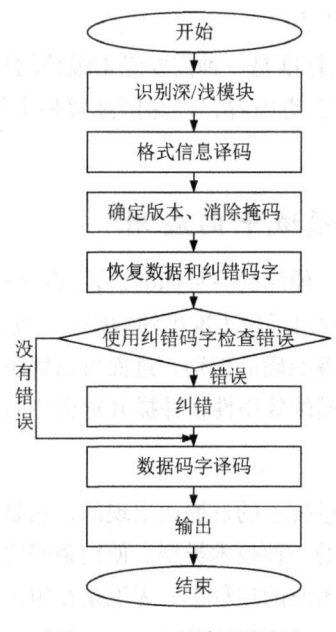

图 3-12　QR 码解码原理

3.3　物流条码

3.3.1　物流条码的概念

物流条码是物流活动中用以标识物流领域中具体事物的一种特殊代码，是从生产厂家到运输、仓储、配送、销售等整个物流活动中的共享数据。它贯穿整个物流过程，并通过物流条码数据的采集和反馈，提高整个物流系统的经济效益。

与商品条码相比，物流条码有如下特点。

① 服务于供应链全过程。商品条码服务于消费环节，在零售业的销售时点系统（POS）中发挥了商品的自动识别、自动寻址、自动结账等功能，是零售业现代化、信息化的基础，但商品一经出手到消费者手中，商品条码就实现了其存在的价值。物流条码服务于供应链全过程，从生产厂家生产出产品，经过包装、运输、仓储、装卸、搬运、分拣、配送直到零售商店，中间经历若干环节，物流条码是这些环节的唯一标识，因此它涉及面更广，是多种行业共享的通用数据。

② 储运单元的唯一标识。商品条码是最终消费品，通常是单个商品的唯一标识，只用于零售业现代化的管理。物流条码是储运单元的唯一标识，通常是标识多个或多种类商品的集合，用于物流的现代化管理。

③ 信息多。商品条码通常是一个无含义的13位数字条码。物流条码则是一个可变的，可表示多种含义、多种信息的条码，它可表示货物的体积、重量、生产日期和批号等信息，是贸易伙伴根据他们在贸易过程中的共同需求，经过协商统一制定的。

④ 可变性。商品条码是国际化、通用化、标准化的商品的唯一标识，它是零售业的国际化语言。物流条码是随着国际贸易的不断发展、各种信息需求的不断增加而产生的，具有可变性，其作用不断扩大，内容也在不断丰富。

⑤ 维护性。物流条码的相关标准是一种需要经常维护的标准，它需要及时沟通用户需求，传达标准化机构有关条码应用的变更内容，确保国际贸易中物流现代化、信息化管理的有序进行。

3.3.2 GS1编码在物流领域中的应用

GS1编码是全世界现阶段统一使用的一种标准语言，在全球经济发展当中，服务于对货物、服务、资产以及位置的识别，显示出了较为准确的编码。在使用GS1编码进行条码符号标签制作的过程中，可以对物流单元实现准确的识别，进而可以解决厂商以及各种组织编制编码系统的困难，因此有助于提升贸易流通的效率性，并提升对客户的反应能力。

1. 零售商品条码

条码技术是随着计算机和信息技术的发展而出现的，它是一种将编码、印刷、识别以及数据采集处理多项功能结合在一起的一种技术类型。使用条码之后，可以让商品在全球范围内流通，因此产品的生产厂家在制作条码的过程中，无论是在申请还是在使用，都需要严格按照相应的规范标准进行操作。

1）代码结构

对于EAN-13条码而言，最为常用的就是GTIN-13的代码结构类型，在制造的过程中，该代码结构主要由厂商识别代码、商品项目代码和校验码三部分构成。厂商识别代码主要是由7～10位的数字形成，并且同意由中国物品编码中心具体负责，实现具体的分配和管理。商品项目代码由2～5位的数字形成，并且在一般的情况下由厂商进行制作。校验码是依据标准的算法进行相应的计算而来的。在零售商品条码上，其中前7位是厂商识别代码，其后的5位则是商品项目代码，最后1位则是校验码。在对校验码的计算方法上，需要依据具体的计算规则来进行计算。

2）结构类型以及符号表示

在零售商品上最为常见的条码就是 EAN-13 条码。EAN-13 条码也是超市在商品扫描领域最常用的物流标签类型。

对于 EAN-13 条码来说，其中 690～691 类的商品编码容量为 10 万个，692～695 类的商品编码容量为 1 万个，697 类商品的编码容量具体为 1000 个。

2. 储运包装商品条码

当一个零售商品被打包成箱的时候，就可以对包装箱进行商品条码的制造了，从而可以在运输和仓储的过程中对其商品条码进行有效的识别，这种在运输和仓储的过程中形成的商品条码叫作储运包装商品条码，也被称为"箱码"。箱码是应用于商品外箱上的条码符号，在具体的使用过程中，需要对其商品的外包装箱进行相应的条码识别操作，这样在对商品进行分拣、仓储、批发以及配送的过程中，就可以进行全自动化的管理和控制，实现无缝式的信息交换。相关设备或者工作人员对其商品条码进行相应的扫描，就可以完整地获取包装箱中的商品的全部信息参数。这种箱码的使用也较为常见地出现在整箱销售当中。同时，在使用的过程中，箱码可以同商品上的具体编码使用不同的 EAN-13 条码进行制作，如果只是应用于仓储物流的环境当中，还可以仅仅使用 ITF-14 条码进行制作。

1）代码结构

在箱码的制作过程中，一般会采用 GTIN-14 的代码结构类型，在这种代码的制作过程中，可以分为三个不同的部分，分别为储运包装商品包装指示符、内部零售商品代码前 12 位数字代码以及校验码。因此，在形成的 14 位数字代码当中，为了更好地表示储运包装商品的不同级别分类，在 13 位数字代码前面，还需要进行储运包装商品包装指示符的注明。储运包装商品 14 位数字代码中的第 1 位数字为储运包装商品包装指示符，用于指示储运包装商品的不同包装级别，取值范围为 1～9，其中，1～8 用于定量储运包装商品，9 用于变量储运包装商品。

2）结构类型及符号表示

相比 EAN-13 条码，ITF-14 条码更加适合作为外包装的包装类型条码使用。从条码的外形上进行观察，其使用的 ITF-14 条码与 EAN-13 条码具有明显的差别。在进行 IFT-14 条码的制作过程中，其条码的最外层有着一个矩形的保护框，这样便可以很好地用于条码符号的标注。ITF-14 条码还是一种定长的条码符号类型，因此在对 ITF-14 条码进行印刷的过程中，对精度的要求并不是很严格，ITF-14 条码可以应用在一些印刷条件并不是很好的且会受到受力影响的易发生形变的一些材料之上，比如瓦楞纸或者纤维板。同时在对其包装进行运输的过程中，即使出现一些轻微的损坏，其条码也可被有效地识别。

3. 物流单元条码

在进行了生产线的全部操作之后，商品便可以进入运输环节之中了。在对生产完毕的商品进行仓储管理以及运输和配送的过程中，为了提升运输效率和存储的准确性，一般企业会采用物流单元的管理形式进行管理。在应用的过程中，利用物流单元当中的系列货运包装箱代码（SSCC）同各种额外的信息机进行相连，并采用 GS1-128 条码进行相应的识别，进而可以有效地提升商品信息的丰富程度。

物流信息技术与信息系统

1）代码结构

SSCC 的代码结构主要由 18 位数字构成，在代码结构上，SSCC 主要由应用识别符、扩展位、厂商识别代码、系列号以及校验码组成。其中应用识别符是作为系列货运包装箱代码标识，从而实现对每一个不同的货运包装箱进行相应的识别。而扩展位是对包装的类型进行相应的标识，以此来提升 SSCC 系统代码的实际容量，具体在 0~9 之中进行选择，并由 SSCC 的厂商进行合理的分配。厂商识别代码由 7~10 位数字组成，在我国现阶段的物品编码的制造过程中，由中国物品编码中心进行统一的管理和具体的分配。系列号需要生产制造的厂商进行分配。对于每一个不同的产品，其系列号也不相同，因此可以按照流水号的顺号进行相应的使用。校验码通过相应的计算得出。

2）结构类型及符号标识

SSCC 主要采用了 GS1-128 条码进行标识。在应用过程中，GS1-128 条码用于标识拥有较大信息量的产品，其长度可以进行调整。在具体的编码可用数据字符方面，GS1-128 条码最大数据字符为 48 个，包括空白区在内的物理长度不能超过 165mm，并且在日常的使用过程中以标签的形式出现在产品的外包装箱之上，这样在对产品进行管理的过程中，可以实现精细化的管理模式，便于对产品的流通进行相应的跟踪。在条码上可以添加各种附加信息，比如产品的重量、面积、体积以及生产信息等。在添加这些信息的过程中，需要保障附加信息能够紧密地联系其产品，因此这种条码需要同商品代码共同出现。在添加了相应的附加信息之后，可以当作应用识别符使用，一般来说，比较常用的应用识别符有着明确的批次、生产日期、付款截止、包装日期等各种信息类型，这样的信息需要由产品的生产制造企业与销售方协同定义。

3）物流标签的区段

在物流标签方面主要会形成两种不同的基本类型，一种是由文本和图像共同组成的能够进行人工读取的信息类型，另一种则是可以满足自动数据采集的数据信息类型。通常情况下，一个较为完整的物流标签可以分为三个不同的区段，分别为承运商区段、客户区段以及供应商区段。在具体的内容形式以及顺序上，可以依据物流单元的实际尺寸以及贸易过程进行有针对性的调整。

供应商区段主要包含供应商在包装的过程中所掌握的信息。这样的信息类型对于供应商、客户以及承运商都有着重要的价值。例如，在生产日期、包装日期、有效期、保质期以及批号和系列号方面，都可以使用 GS1-128 条码进行相应的标识。

客户区段主要包含货地、购货订单代码、客户特定运输路线以及各种装卸方面的信息，一般来说是客户在进行产品的订购以及供应商对业务订单处理的过程中所掌握的信息。

承运商区段主要包含货地的邮政编码、托运代码以及运输的具体线路等信息，是对货物进行装卸的过程中形成的信息。

基于条码制作的相关规定和标准，满足以上的信息制造流程和内容之后，就可以在产品的包装上形成一个具有丰富信息内容的物流标签。值得注意的是，物流标签的打印位置通常需要设置在物流单元的自立面之上。

🅟 思考与分析

物流条码有哪些特点？

3.4 条码印刷与条码识读

3.4.1 条码印刷设备

1. 热转印碳带

热转印碳带就是在一面涂上蜡基碳带、树脂基碳带或混合基碳带的油墨的聚酯或其他高密度薄膜。热转印打印就是利用热和压力将油墨从碳带介质转印到纸或薄膜上的过程,当打印介质通过打印机的打印头和压轴时,将油墨转印到打印介质上。

热转印碳带的产品规格如下所示:

① 基本宽度:40mm、50mm、60mm、70mm、80mm、90mm、100mm、110mm、130mm、170mm;

② 基本长度:210(m)、300(m)、450(m);

③ 碳带卷向:外碳、内碳;

④ 碳带轴心:1inch、1/2inch;

⑤ 轴心卡口:180℃卡口。

热转印碳带可定做各种非常用规格碳带。

2. 蜡基碳带

蜡基碳带具有高敏度、高密度的特性。

蜡基碳带的产品特点如下所示:

① 具有广泛的标签适应性,通用性好;

② 打印质量优异,成本经济;

③ 耐高温,可适用于高速打印;

④ 适用范围广,可适应不同的被打印介质;

⑤ 防静电背涂层,能够有效保护打印头。

其适用的打印介质有铜版纸、标签纸、上光纸、粗面纸、平画纸、合成纸等。

3. 混合基碳带

混合基碳带具有耐高温、抗污渍、耐热、耐摩擦、耐腐蚀等性能。

混合基碳带的产品特点如下所示:

① 优异的耐摩擦、耐腐蚀性能,应用领域广泛;

② 高分辨率,适合打印标准及旋转条形码;

③ 能满足不同的被打印材质的需求;

④ 高敏感度,打印质量优异;

⑤ 防静电背涂层,能够有效保护打印头。

其适用的打印介质有纸类、PVC、吊牌、上光纸、平画纸、粗面纸、人造纸、标签纸等。

4. 树脂基碳带

树脂基碳带具备高质量、高速打印能力，且打印的图像具有卓越的耐久性、优异的耐摩擦、耐腐蚀、耐热性能。

5. 打印介质

打印介质是指标签打印机可以打印的材料，其从形状上划分主要分为带状、卡状和标签；从材料上划分主要分为纸张类、合成材料类和布料类。

纸张类打印介质按表面光泽度分为高光纸、半高光纸和亚光纸。高光纸有镜面铜版纸、光粉纸等，半高光纸有铜版纸，亚光纸有胶版纸。

特种纸有铝箔纸、荧光纸、热敏/热转印纸等。

一般情况下，高光纸的打印采用树脂增强型蜡基碳带或混合基碳带，特别是镜面铜版纸，它虽然称之为铜版纸，但表面是一层合成材料的光膜，应按合成材料打印。半高光纸可使用树脂增强型蜡基碳带和一般蜡基碳带打印。亚光纸只能用一般蜡基碳带来打印。

合成材料类打印介质可分为：PET（聚酯）、PVC（聚氯乙烯）、BOPP（聚丙烯）、PE（聚乙烯）、PS（聚丙乙烯）、POLYIMIDE（聚铣乙烯胺）。金属化 PET 主要有激光彩虹膜、拉丝膜、金色（高光、亚光）、银色（高光、亚光）等类别。这些材料与纸张类材料相比强度更大而且美观，对环境的适用范围更广，对碳带的要求也更高。

合成材料的打印主要使用混合基碳带和树脂基碳带，具体如何搭配则要看使用者的要求和使用环境，如果只有防摩擦的要求，则可以随机搭配；如果有其他要求，比如有防腐蚀和抗高温的要求，这时的打印介质只能使用 PET（180℃）和 POLYIMIDE（300℃）两种。

3.4.2 条码识读系统

1. 条码识读系统的基本原理

条码识读系统用于扫描条码符号并读取其中包含的编码信息。条码识读系统的基本原理是：光线从光源发射出来后经过光学系统照射在条码符号表面，由于条码符号的深、浅模块对光的反射率不同，反射回来的扫描光通过光接收系统成像在光电转换器上并产生不同的电信号。电信号经过相关电路放大、滤波、波形整形和转换后生成对应的数字信号，译码器对数字信号进行分析和译码并经通信接口向上位计算机返回条码符号所对应的编码信息。

2. 条码识读系统的结构

条码识读系统的设计涉及光学、电子学、微处理器等多种技术，一般来说，条码识读系统的结构包括扫描系统、信号整形电路、译码电路三个主要组成部分，如图 3-13 所示。

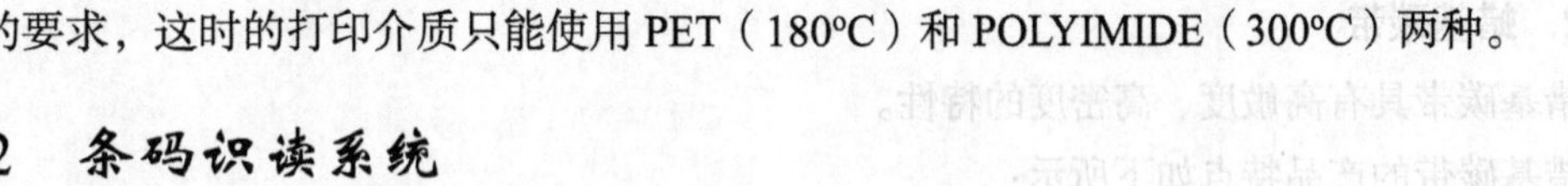

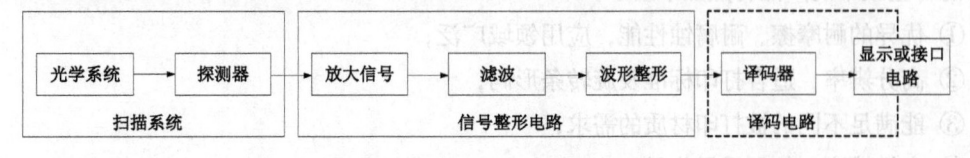

图 3-13 条码识读系统结构图

1) 扫描系统

扫描系统由光学系统和探测器组成，其中光学系统包括光源、光学扫描系统和光接收系统，而探测器主要指光电转换器。扫描系统可选用的光源种类较多，既可以使用半导体或激光光源，也可以使用闪光灯、白炽灯等光源，光源的选用与扫描系统的工作方式、设备成本和可靠性以及识读范围等多种因素相关。光学扫描系统和光接收系统负责引导和汇聚发射光和接收光，基于手动、自动、CCD等不同的扫描方式，其工作机构的设计方案和原理差别较大。扫描系统常用的光电转换器有光电二极管、光电三极管和硅光电池等。

2）信号整形电路

经过光电转换，扫描系统输出反映条码符号信息的模拟电信号，然而这些电信号一般较弱且含有噪声，为取得较高的信噪比，需要对其进行放大和滤波处理。滤波处理后的电信号仍然是模拟信号，与此同时，扫描光斑的有限大小和电子线路的低通特性甚至符号印刷时较差的油墨均匀性等因素可能使得到的信号边缘模糊，为降低译码芯片的运算负担和提高译码速度，可以选用不同的整形方案将模拟信号整形成标准电位的方波信号，尽可能准确地恢复信号边缘。

3）译码电路

译码电路包括用于软件译码的微处理器芯片及其相关的外围电路，负责对接收到的方波信号进行量化和转换以生成便于存储的数字信号，再对数字信号进行分析和译码以得到条码符号所表示的编码信息。译码成功后，条码识读系统可以通过显示或接口电路来显示译码结果或将其传输到上位计算机。条码识读系统的通信接口一般有键盘接口和串行接口两种主要形式。

⚠️ **课堂案例**

厦企成功开发条码扫描技术应用场景

"条码扫描技术的普遍应用，在为生活提供便利的同时，也给大家带来了许多全新的体验。"2020年10月29日，厦门云来通软件有限公司（以下简称"云来通"）创始人魏红梅说，公司成立3年来，其条码扫描技术已在工业制造、物流、仓库管理、商场超市、政府、图书馆、医院、邮政等领域得到充分应用。

1. 轻松实现仓库自动化管理

作为提供系统集成解决方案及相关软件的设计、条码、磁卡、IC卡、射频识别硬件产品的供应及服务商，云来通成功开发了仓储管理系统（WMS）、语音拣货系统、门店零售系统、报价管理、装箱管理、提货管理、供应商协同平台、集装箱管理系统、物流运输管理系统九大应用场景技术，并获得国家版权局认定的计算机软件著作权登记证书。

以仓储管理系统为例，通过在仓库管理中引入云来通条码扫描技术，能对仓库的到货检验、入库、出库、调拨、移库移位、库存盘点等各个作业环节的数据进行自动化的数据采集，保证仓库管理各个作业环节数据输入的效率和准确性，确保企业及时准确地掌握库存的真实数据，合理保持和控制企业库存。

目前，包括厦杏摩托、来得顺物流、鹭燕医药、宏发集团、盈趣科技、金龙客车、蒙发利、凯景等一批企业纷纷采用云来通条码扫描技术，从而大幅提升了工作效率，缩减了物品盘点周期，提升了货物周转率。

2. 可扫码点餐还能自助结账

随着移动支付时代的到来，现如今，消费者可以通过扫码方式点餐。餐厅通过网络化升级打造智慧餐饮，用户只要通过扫描点餐机上的二维条码或关注餐厅微信公众号即可实现智能点餐。

不仅如此，用完餐后还可以通过扫码点餐机自助结账，直接打开手机微信或支付宝付款码，在点餐机扫码窗口区域上刷一下，即可打印消费小票。

据悉，扫码点餐机在扫码窗口下方内嵌了条码识读器，融合了数据传输、数据采集和扫码支付功能，结合智慧点餐系统，实现了手机下单刷码支付，整个点餐过程高效、快捷。

3. 可实现输液智能实时监控

云来通在智慧医疗领域拥有先进的自动识别技术和丰富的产品线，包括智能输液、药品管理设备和疾控中心疫苗监测等新产品和解决方案，通过数字化和移动化助力打造医疗物联网，帮助医院简化工作流程、实现更高的安全性和临床工作效率。

时下，医院纷纷采用病人ID管理及电子支付系统，简化挂号和缴费操作流程。条码扫描系统可以比传统方式更快速、准确地实现移动支付，让患者在短短几秒钟内就可以完成付费。实时监控输液进程，将输液剩余量实时反馈到护士站，让病人家属安心休息，让护士减少不必要的跑动，能够在提高工作效率的同时提升患者满意度。

4. 使零售门店销售智能化

魏红梅表示：“销售现场是零售门店市场督导管理者每天最需要到达的地方，但由于门店众多，陈设、堆头位置复杂，如果拿着笔记本电脑和手机，扫描枪效率将大打折扣。"利用云来通开发的条码数据采集器可以更好地完成这些工作，管理人员可以确保整个商店平稳运营，从而为进入商店的每位顾客营造最佳购物体验。

如商店内的货架和促销展示柜需要补货，店员只需要扫描一下货架标签或商品，仓库内的员工就会即时收到需要补货的通知，这可以防止货架空置和丢失销售机会。当有顾客询问某件商品是否有其他颜色或尺寸时，店员可当场检查库存情况。如果某件商品没有摆放在指定位置，出现了错放，店员可以使用带有集成RFID的移动数据终端快速找到产品，避免丢失销售机会。借助零售移动数据终端和移动打印机，店员还可以轻松扫描商品并打印出新的价签，可以更加准确、快速地完成价格上调和下调。

案例来源：http://www.taihainet.com/news/xmnews/xqzmr/2020-10-30/2441653.html

思考问题：
1. 条码技术可以应用在哪些方面？
2. 条码技术可以在生活中应用吗？请举例说明。

3.5 条码技术在物流中的应用

3.5.1 条码应用系统

条码应用系统就是将条码技术应用于某一系统中，充分发挥条码技术的优点，使应用系统更加完善。条码应用系统一般由图3-14所示的几部分组成。

数据源标志着客观事物的符号集合，是反映客观事物原始状态的依据，其准确性直接影响着系统处理的结果。因此，完整准确的数据源是正确决策的基础。在条码应用系统中，数据源是用条码表示的，如图书管理中图书的编号、读者编号，商场管理中货物的代码，等等。目前，国际上有许多条码码制，在某一条码应用系统中，选择合适的码制是非常重要的。

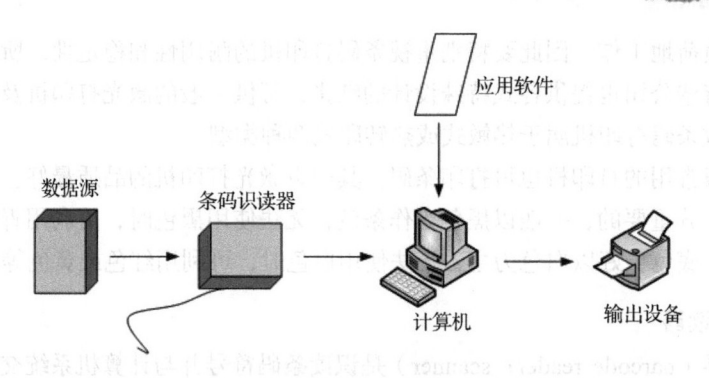

图 3-14 条码应用系统的组成

条码识读器是条码应用系统的数据采集设备，它可以快速准确地捕捉条码表示的数据源，并将其传送给计算机处理。随着计算机技术的发展，其运算速度、存储能力有了很大提高，但是计算机的数据输入却成了计算机发挥潜力的一个主要障碍。条码识读器较好地解决了计算机输入中"瓶颈"问题，大大提高了计算机应用系统的实用性。

计算机是条码应用系统中的数据存储与处理设备。由于计算机存储容量大、运算速度快，使许多烦冗的数据处理工作变得方便、迅速、及时。近些年来，计算机技术在我国得到了广泛应用，从单机系统到大的计算机网络，几乎普及到社会的各个领域，极大地推动了现代科学技术的发展。条码技术与计算机技术的结合，使条码应用系统从数据采集到处理分析构成了一个强大、协调的体系，在国民经济的发展中起到了重要的作用。

应用软件是条码应用系统的一个组成部分。它是以系统软件为基础的为解决各类实际问题而编制的各种程序。应用程序一般是用高级语言编写的，把要被处理的数据组织在各个数据文件中，由操作系统控制各个应用程序的运行，并自动地对数据文件进行各类操作。程序设计人员不必再考虑数据在存储器中的实际位置，为程序设计带来了方便。

开发条码应用系统时，组成系统的每一环节都影响着系统的质量。

3.5.2 条码应用系统运作流程

条码应用系统运作流程如图 3-15 所示。

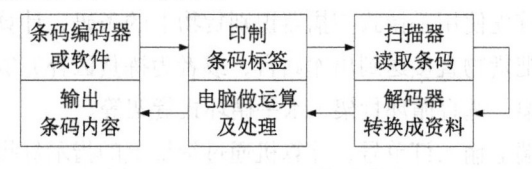

图 3-15 条码应用系统动作流程

根据上述流程，条码应用系统主要由下列元素构成。

1. 条码编码方式

依不同需求选择适当的条码编码方式，如条码采用最普遍的 EAN、UPC 标准，或地域性的 CAN、JAN 标准等，一般以最容易与交易伙伴沟通的编码方式为最佳。

2. 条码打印机

专门用来打印条码标签的条码打印机大部分应用在工作环境比较恶劣的工厂中，而且必须能长时间、高负荷地工作，因此要特别重视条码打印机的耐用性和稳定性，所以其价格也比一般打印机高。有些公司也提供各式特殊设计的纸张，可供一般的激光打印机及点阵式打印机印制条码。大多数条码打印机属于热敏式或热转印式两种类型。

此外，一般常用的打印机也可打印条码，其中以激光打印机的品质最好。条码在打印时颜色的选择也是十分重要的，一般以黑色当作条色，无法使用黑色时，可利用青色、蓝色或绿色等系列色取代。底色最好以白色为主，无法使用白色时，可利用红色或黄色等系列色取代。

3. 条码识读器

条码识读器（barcode reader；scanner）是识读条码符号并与计算机系统交换信息的设备，用以扫描条码，读取条码所代表的字符、数值及符号。其原理是由电源激发二极管发光而射出一束红外线来扫描条码，由于空白会比线条反射回来更多的光度，由这些明暗关系让光感应接收器的反射光有着不同的类比信号，然后再经由解码器译成资料。

4. 编码器及解码器

编码器及解码器是介于资料与条码间的转换工具，编码器可以将资料编成条码。解码器由传入的条码扫描信号分析出黑、白线条的宽度，然后根据编码原则，将条码资料解读出来，再经过电子元件的转换后，转成计算机所能接受的数字信号。

3.5.3 条码技术的应用

1. 在分拣运输中的应用

典型的配送中心的作业是从收货开始的。送货卡车到达后，叉车司机在卸车的时候用手持式扫描器识别所卸载的货物，条码信息通过无线数据通信技术传给计算机，计算机向叉车司机发出作业指令，显示在叉车的移动式终端上，由叉车司机或者把货物送到某个库位存放，或者直接把货物送到拣货区或出库站台。在收货站台和仓库之间一般都有输送机系统，叉车把货物放到输送机上后，输送机上的固定式扫描器识别货物上的条码，计算机确定该货物的存放位置。

输送机沿线的转载装置根据计算机的指令把货物转载到指定的巷道内。随即，巷道堆垛机把货物送到指定的库位。出库时，巷道堆垛机取出指定的托盘，由输送机系统送到出库站台，叉车到出库站台取货。首先使用手持式扫描器识别货物上的条码，计算机向叉车司机提出作业指令，由叉车司机或者把货物直接送到出库站台，或者为拣货区补充货源。拣货区有多种布置形式，如普通重力式货架、垂直循环货架、水平循环式货架等。

拣货员在手持式终端上输入订单号，计算机通过货架上的指示灯指出需要拣货的位置，拣货员用手持式扫描器识别货品上的条码，计算机确认无误后，在货架上显示出拣货的数量。拣出的货品放入托盘内，连同订单一起运到包装区。包装工人进行检验和包装后，将实时打印的包含发运信息的条码贴在包装箱上。包装箱在通过自动分拣机时，根据扫描器识别的条码信息被自动拨到相应的发运线上。

2. 在仓储配送中的应用

每个配送中心分三个区域：收货区、拣货区、发货区。在收货区，一般用叉车卸货。先把货品堆放到暂存区，工人用手持式扫描器分别识别运单上和货物上的条码，确认匹配无误后才能进一步处理，有的要入库，有的则要直接送到发货区，直通作业以节省时间和空间。在拣货区，计算机在夜班时打印出隔天需要向零售店发送的纸箱的条码标签。

具体操作过程如下：白天，拣货员拿一叠条码标签打开一只只空箱，在空箱上贴上条码标签，然后用手持式扫描器识读。根据条码标签上的信息，计算机随即发出拣货指令。在货架的每个货位上都有指示灯，显示哪里需要拣货以及拣货的数量。当拣货员完成该货位的拣货作业后，按一下"完成"按钮，计算机就可以更新其数据库。装满货品的纸箱经封箱后运到自动分拣机，在全方位扫描器识别纸箱上的条码后，计算机指令拨叉机构把纸箱拨入相应的装车线，以便集中装车运往指定的零售店。

3. 在大型超市管理中的应用

1）收货

收货员工手持无线手提终端（通过无线网络与主机连接的无线手提终端上已有此次要收货的货品名称、数量、货号等资料），通过扫描货物自带的条码，确认货号，再输入此货物的数量，无线手提终端上便可马上显示此货物是否符合订单的要求。如果符合，便把货物送到入库环节。

2）查价

查价是超市的一项烦琐的任务。因为货品经常有特价或调价的时候，这个时候也容易发生混乱，所以售货员会手持无线手提终端，腰挂小型条码打印机，按照无线手提终端上的主机数据检查货品的价格变动情况，对应更新还没有更新条码标签的货品，通过无线手提终端连接小型条码打印机打印更新后的全新条码标签，贴于货架或货品上。

3）盘点

盘点主要分抽盘和整盘。抽盘是指每天的抽样盘点，每天分几次，计算机主机将随意指令售货员到某号货架清点某些货品。售货员只需要手持无线手提终端，按照无线网络传输过来的主机指令，到某号货架扫描指定商品的条码，确认商品后对其进行清点，然后通过无线手提终端把资料传输至主机，主机再进行数据分析。

整盘是指整店盘点，是一种定期的盘点。超市分成若干区域，分别由不同的售货员负责，售货员也是通过无线手提终端得到主机的指令，按指定的路线、指定的顺序清点货品，然后不断地把清点资料传回主机。盘点期间根本不影响超市的正常运作，因为平时做的抽盘和定期的整盘加上所有的工作都是实时性地和主机进行数据交换，所以，主机上资料的准确性十分高，整个超市的运作也一目了然。

4. 对客户进行管理

使用条码技术对客户进行管理主要应用于会员制超市中。流程如下：新的客户要到会员制超市购物，必须先到客户服务中心填好入会表格，服务中心通过条码影像制卡系统为客户照相，并把条码影像会员卡发放到客户手上。卡上有客户的彩色照片、会员编号、编号条码、入会时间、类别、单位等资料。客户凭卡进入超市选购货物，在结账时必须出示此会员卡，收银员通过扫描卡上的条码确认会员身份，并可把会员的购货信息储存到会员材料库，方便以后使用。

5. 员工的管理

超市通过条码影像制卡系统为每位员工制出一张员工卡，卡上有员工的彩色照片、员工号、姓名、部门、ID条码及各项特有标记。员工必须在每天工作时间内佩戴员工卡，并使用员工卡

物流信息技术与信息系统

上的条码配合考勤系统作考勤记录。支薪、领料和资料校对等需要身份证明的部门，都配有条码识读器，通过扫描员工卡上的 ID 条码来确定员工的身份。

6. 在医院的应用

英国伯明翰心脏专科医院的秘密武器就是条码扫描仪。类似表带式的东西就是每位病人的一个"条码"，表带的背面有一个电子芯片，存储有病人的详细信息，如体貌特征、详细病症、需要服用的药物、剂量及需要进行的各项检查等。总之，凡是需要写在病历上的信息现在都存储在这个小小的芯片中，医护人员只要在实施手术、输血或者开药前，扫描一下条码，就能确认病人的所有信息，避免人为出错。这个条码中的数据还存储在医院的计算机中，供医生随时查阅。

7. 在食品领域的应用

民以食为天，食品的安全卫生问题是和每个人都密切相关的大事。在日本的茨城县，只要通过扫描食品标签上的条码就能够查询到购买的食品来自哪里、加工过程如何，甚至还能够查询到生产商的全部信息。顾客站在超市的蔬果柜台前，想要挑选一些新鲜的西红柿，可以拿出手机来扫描西红柿包装上的条码，发送到一个专门网站。几分钟后西红柿的生产信息、营养成分、用过哪些牌子的杀虫剂和除草剂等信息便能够一目了然，甚至还能够追踪到由哪位农民种植的信息。正在餐馆里等着上菜，那么不妨把菜单上的食品条码发送到专门网站上，等验明正身之后，就可以放心食用了。这样的放心食品自然受到不少顾客的青睐。

8. 在固定资产管理领域的应用

由于固定资产具有使用地点分散的特点，即使在管理系统的支持下，固定资产标签的制作、填写或打印、粘贴、资产状态的跟踪、盘点等工作的性质和工作量并没有得到良好的改变和改进，固定资产管理依然是手工和计算机管理相结合的模式。因此，需要引入条码技术来有效解决固定资产数据分散采集与输入的瓶颈难题，这样才能将固定资产管理系统的功能最大化地发挥出来。取消手工书写或普通打印机打印的固定资产标签，在原有固定资产编码的基础上，用条码符号把固定资产编码表现出来，使用专用的条码打印机打印在特殊介质的固定资产标签上。专业的条码打印机可以打印 PVC 等薄膜类特殊介质，因此可以选用防水、防油污、防撕裂的标签纸，保证固定资产标签的长期保存和清晰，最后将带有条码信息的标签粘贴在固定资产上。

➥ 综合案例解析

高正电子：条码管理塑造竞争优势

高正电子有限公司（简称"高正电子"）是接线端子、重载连接器和精密模具的专业制造商，在端子台和精密模具的开发制造领域居领先地位，是亚洲重要的端子台供应商之一。

高正电子 60%的业务是国外业务，它的客户对品质的要求是非常高的，客户非常关注生产管理和产品的可追溯性。几万种物料靠人工管理是无法做到的，有了条码技术强有力的支撑，当一个零件出现问题时，通过追溯模块便可以查询到该批次零件发往了国内外哪些客户，为召回的可执行性奠定了基础。用友软件公司为高正电子提供了全面追溯及条码管理全面应用服务，相比德国同行，企业很快取得了竞争优势，得到了国内外客户的信任。基于仓库作业的快速可靠要求，高正电子实施了无线条码库存管理。

90

首先，所有仓库（包括德国物流仓）都进行批次和货位管理，零部件无论是外购还是自制都贴有标签。

其次，仓库出入库实现了无线条码的出入库管理。通过实施库存条码，提高了仓库工作效率；仓管员通过扫描仪能够实时掌握库存数量，提高了账卡物的准确率；对物料的出入库进行管控（先进先出）；发料的错误率为零；盘点、核对库存方便。

高正电子以按单生产的业务模式为主，接到客户订单后，按照客户订单要求组织生产计划，并安排车间生产执行。因此，需要构建敏捷的产购销平衡计划体系，合理有效地确认所需材料和产品，平衡订单与生产的关系，建立柔性的生产组织和车间管理，快速组织并完成产品的装配生产，迅速满足客户的需求；建立异地销售协同客户全面业务关系管理；建立设计与生产一体化，建立有效的工程变更管理；建立精细化的全面成本管理等。

高正电子董事长丁高松说："目前我们整个公司有几万种物料，如果没有信息化帮助，我们是很难实现清理并指导工作的。我们的仓库管理变得十分规范，可以用系统去排订单。另外通过产品的可追溯，大大提升了我们产品的品质，标准成本规范了员工的业绩，经过比对会很快发现问题在哪里。以财务作为节省成本的目标，以信息化作为实现这个目标的强大工具。"高正电子管理者把成为世界重要的接线端子台供应商作为目标，希望通过世界级管理模式实现企业世界级运用。

资料来源：https://blog.51cto.com/12029964/1851307

案例解析：

高正电子的案例说明了条码技术能够有效地提高企业的生产、库存管理的工作效率，使企业避免了由于重复、烦琐的人工操作所造成的信息错录，保障了信息采集的准确性，使企业能够准确、及时地采集到过程信息，极大地提高了企业的生产作业效率和管理水平。

第 4 章

RFID 技术

知识目标

- 掌握 RFID 技术的概念;
- 掌握 RFID 技术的特点和类型;
- 了解通用 RFID 技术标准;
- 了解 RFID 技术典型的应用。

能力目标

- 会使用 RFID 设备;
- 能对各类标签进行读写。

素养目标

- 培养学生的职业认同感,激发学生对 RFID 技术专业知识和技能的学习兴趣;
- 通过对射频识别的学习,激发学生对 RFID 事业的兴趣;
- 培养学生协调沟通与交流合作的意识和能力。

引导案例

医疗领域中必不可少的技术——RFID 技术

射频识别(RFID)技术在医疗领域中的应用是比较广泛的,它的优势与普通的医疗技术相比也越来越明显,它可以改善医疗作业流程、医疗品质,并能够保障病患者安全,降低医疗纠纷,减少医护人员的错误诊断、错误用药及医疗作业管理失当等,能够避免人为疏忽对病患者造成无法弥补的伤害,能够提高医院管理的智能化水平,具有较高的应用价值。

1. 移动查房

患者入院后，会佩带嵌有 RFID 芯片的手环，其中记录着病人的编号、姓名、出生日期、性别以及既往病史等基本信息。医护人员巡房时，携带具有 RFID 阅读功能的掌上电脑（PDA），通过无线网络与医院信息系统（Hospital Information System，HIS）进行信息交换。护士根据患者的标签确定患者身份，同时在执行医嘱时实现药品等的确认，并将医嘱由谁执行、医嘱何时执行和患者体征数据等信息通过 PDA 录入 HIS 当中。

2. 病人管理

新生儿安全管理：当婴儿出生时，将一个射频标签（电子标签）粘贴在一个柔软的纤维带上，通过固定器缠绕在婴儿前臂或脚上，作为婴儿安全带。婴儿的健康记录、出生日期、时间及父母姓名等信息被输入安装在中心服务器上的系统，接着员工采用一台 RFID 阅读器读取分配给该婴儿的 ID 码，将 ID 码与存储在软件里的数据相对应。如果有婴儿靠近出口或有人企图移去婴儿安全带时，系统会发送警报，如图 4-1 所示。

病患者动向追踪：对于老年失智或有疑似传染病的病患者，需要随时照看并掌握其行踪，将阅读器设置在病房、大楼出入口与医院大门附近，一旦病患者脱离活动范围，身上所佩戴的射频标签便会发出警示信号，主动通知护理站。

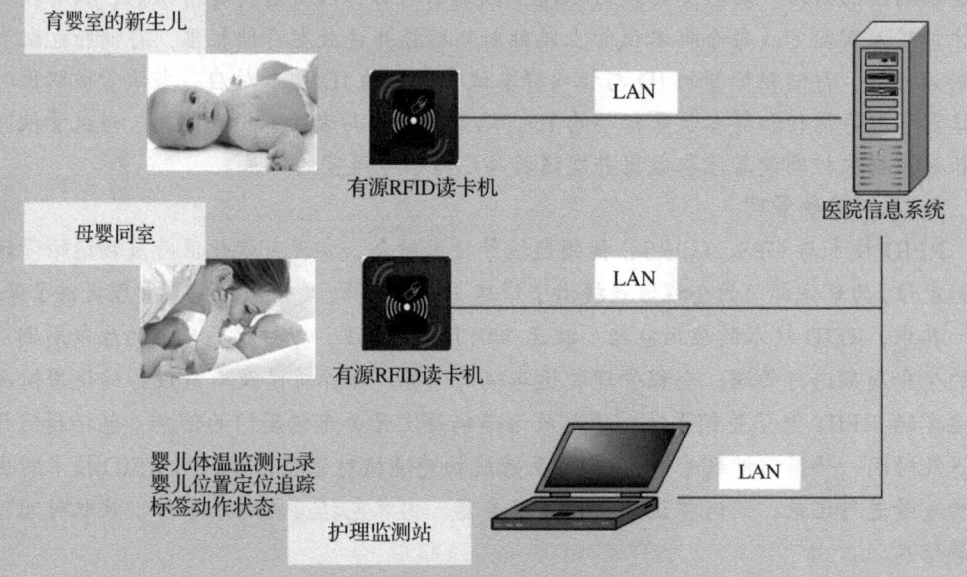

图 4-1 婴儿管理图示

3. 药品管理

用药安全：医院一直认为要以最严谨的态度面对用药安全，为防止药品错发，要求必须做到"三读五对"。射频标签贴于药瓶上，领药时借助手持式 RFID 阅读器，识别领药人员身份，调取药品信息，辨识领取药品的正确性，保障用药安全，如图 4-2 所示。

药品盘点：将药品的出厂单位、出厂日期、药物类别等信息存入射频标签，然后将射频标签贴在药品包装盒上，盘点时通过手持式 RFID 阅读器对药品标签进行信息读取。可以有效查看药品是否过期以及检查药品库存数量。

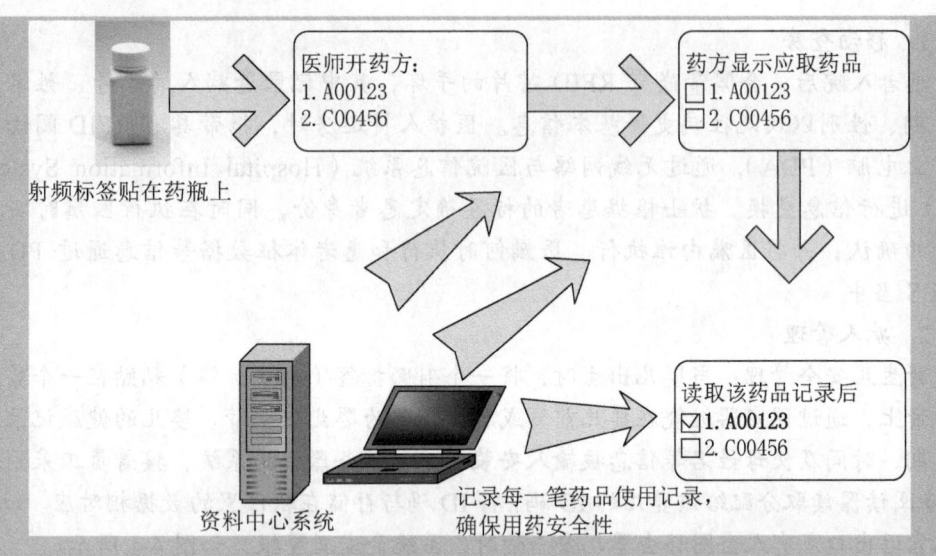

图 4-2 购药流程图示

4. 实验室样本管理

生物研究实验室采用 RFID 系统对高危险性物质及珍贵材料进行追踪,减少手工处理这些物质的需求。实验室安装的 RFID 阅读器对工作人员进行身份识别,只有授权的人才能进入实验室。每个样本试管上粘贴射频标签并存放在存储柜里,存储柜也配置一个射频标签,存储柜标签的 ID 与柜内样本试管标签的 ID 一一对应。当试管被取出时,阅读器读取存储柜和样本试管标签的 ID,记录取走物品者的身份和时间。当试管放回存储柜时,再次被阅读器读取数据并发送物品已返回冷藏室的记录。

5. 医疗废物管理

RFID 技术与 GPS、GPRS、视频监控等技术结合,实现可视化医疗废物运输管理和实时定位,为环保部门的全程监控提供了信息支持和保障,更为医院完善管理提供了保障。

其中,RFID 技术的应用包括:收运车辆 RFID 管理,即对收运车辆的生命周期、任务的生命周期进行管理,全程管理收运车辆的任务、保养维修及车载设备的使用情况;收运车辆 RFID 电子关锁系统,跟踪收运车辆每次开关车辆箱门的信息,包括箱门开关地点及时间、开箱门授权号等;RFID 医疗废物焚烧核对管理,即利用 RFID 技术对医疗废物重量进行记录,同时将记录上传至服务器,内容包括废物所属单位、收取时间、重量等信息。

6. 工作人员管理

快速判断位置:由于医院工作人员流动性大,在医院的重要位置设置固定式 RFID 阅读器,便可读取工作人员的 RFID 工作卡以判断其活动轨迹,为及时诊疗与救护提供支持。

权限管理:可在 RFID 工作卡中给工作人员分配不同的权限,方便不同工作人员的进出入管理,防止非授权的人员进入。

资料来源:https://wenku.baidu.com/view/67f68edaff00bed5b9f31de8.html?rec_flag=default&sxts=1540983485139

请问:依据婴儿管理和购药流程,应如何设计药品管理流程?

4.1 RFID 技术概述

4.1.1 RFID 技术的概念

射频识别（Radio Frequency Identification，RFID）技术是利用无线电波对记录媒体进行读写的一种自动识别技术。RFID 技术的原理基础是电磁理论。射频系统的优点是不局限于视线，识别距离比光学系统远，射频标签具有可读写能力，具有可携带大量数据、难以伪造和智能化的特点等。

射频标签基本上是一种标签形式，将特殊的信息编码进射频标签，标签被粘贴在需要识别或追踪的物品上，如货架、汽车、自动导向车、动物，等等。

一些 RFID 系统是只读的，另一些则允许增加或更改标签中现有的信息。射频标签要比条码标签更具有放置灵活性，而且几乎不需要做任何保养工作。射频标签不要求瞄准线，不会被强磁场洗去信息。RFID 系统的准确度很高，错误率极低。尘土、油漆和其他不透明的物质都不会影响射频标签的识读性。RFID 还可以识别"飞行中"的物品，附有射频标签的物品不需要处于静止状态。非金属性的物品即使穿过读写器和射频标签之间也不会对识别造成干扰，但若是金属物品则会影响 RFID 系统。当然，RFID 技术在金属环境下的功能要比另外一些自动识别技术更成功。

所有的 RFID 系统都具有非接触识读能力，识读距离从 1 英寸（25.4 毫米）到 100 英尺（30.48 米）或更大。在恶劣的环境中应用可能给接触式或近于接触式的读写器造成损坏或使之失调，所以非接触式读写器的应用将会十分广泛，尤其是某些 RFID 系统已经具有高达 1M 的数据容量，给数据处理带来了极大的便利。

RFID 系统的传送距离由许多因素决定，如传送频率、天线设计等。对于 RFID 系统的应用应考虑传送距离、工作频率、射频标签的数据容量、尺寸、重量、定位、响应速度及选择能力等。

射频标签的类型有很多，主要有主动型（带电池）、被动型和半主动型三种。为动物设计的可植入的射频标签只有一颗米粒大小；为远距离通信设计甚至用于全球定位的大型射频标签如同一部手持式电话。

将 RFID 技术与便携式数据终端（PDT）结合起来应用，可以把那些采集到的有用数据存储起来或传送至一个管理信息系统。把它与适当的扫描器相连可有效地用于许多自动识别应用中。PDT 一般包括一个扫描器、一个体积小但功能很强并带有存储器的计算机、一个显示器和供人工输入的键盘。在只读存储器中装有常驻内存的操作系统，用于控制数据的采集和传送。PDT 一般都是可编程的，允许编入一些应用软件。PDT 存储器中的数据可随时通过射频通信技术传送到主计算机。操作时先扫描位标签，货架号码、产品数量就都会输入 PDT，再通过射频通信技术把这些数据传送到计算机管理系统，可以得到客户产品清单、发票、发运标签、该地所存产品代码和数量等。

目前，国内外将 RFID 技术广泛应用于访问者控制、店铺防盗系统、物品和库存跟踪、自动收费、动物追踪、制造流程管理、联运集装箱和空运货物跟踪等方面，尤其是在现代物流管理和军事后勤保障中，RFID 技术应用得更为广泛。

RFID 技术也适用于物料跟踪、运载工具和货架识别等要求非接触数据采集和交换的场合，由于射频标签具有可读写能力，尤为适合需要频繁改变数据内容的场合。

4.1.2 RFID 技术的发展

1. RFID 在国际的发展

20 世纪 60 年代，人类对 RFID 的探索正式拉开序幕。1964 年，R. F. 哈林登开始研究和 RFID 相关的电磁理论，并于 1964 年发表了"Theory of Loaded Scatters"。同时商业应用也逐渐出现，如 Sensormatic、Chekpoint Systems、Knogo 等公司开发出的用于电子物品监控的电子商品防窃系统（Electronic Article Surveillance, EAS）。

直到 20 世纪 80 年代，更加完善的 RFID 应用才开始不断涌现。世界各个国家对 RFID 的应用兴趣不尽相同，在美国，RFID 技术主要应用于传输业和访问控制，欧洲则是将短距离通信的 RFID 技术应用于动物监控。

20 世纪 90 年代是 RFID 发展史上最为重要的十年，电子收费系统在美国开始大量部署，在北美约有 3 亿个 RFID 标签被安装在汽车之上。

21 世纪初，零售巨头（如沃尔玛）及一些政府机构（如美国国防部）都开始推进 RFID 应用，并要求他们的供应商也采用此项技术。同时，标准化的纷争催生了多个全球性的 RFID 标准和技术联盟，主要有 EPCglobal、AIMGlobal、ISO/IEC、UID、IP-X 等。这些组织试图在标签频率数据标准、传输和接口协议、网络运营和管理、行业应用等方面获得统一平台。总体而言，RFID 技术已经逐步发展成为一个独立的跨学科的专业领域，它将大量来自不同专业领域的技术综合到一起，如高频技术、电磁兼容性、半导体技术、数据保护和密码学、电信、制造技术和许多专业领域。

随着 RFID 技术的不断发展和标准的不断完善，RFID 产业链从硬件制造技术、中间件到系统集成应用等各环节都将得到提升和发展，产品将更加成熟、廉价和多样，应用领域将更加广泛。

2. RFID 在我国的发展

相较于欧美等发达国家或地区，我国在 RFID 产业上的发展较为落后。从产业链上看，RFID 的产业链主要由芯片设计、标签封装、读写设备的设计和制造、系统集成、中间件、应用软件等环节组成。目前我国还未形成成熟的 RFID 产业链，产品的核心技术基本还掌握在国外公司的手里，尤其是芯片、中间件等方面。中低频、高频标签封装技术在国内已经基本成熟，但是只有少数企业已经具备了超高频读写器的设计制造能力。国内企业基本具有 RFID 天线的设计和研发能力，系统集成是发展相对较快的环节，而中间件及后台软件部分还比较弱。

2012 年以后是我国 RFID 产业发展的成熟期。国内 RFID 技术已经应用在物流、零售、制造业、服装业、医疗、身份识别、防伪、资产管理、食品、动物识别、图书馆、汽车、航空、军事等众多领域，对改善人们的生活质量、提高企业经济效益、加强公共安全以及提高社会信息化水平产生了重要的影响。我国已经将 RFID 技术应用于铁路车号识别、身份证和票证管理、动物标识、特种设备与危险品管理、公共交通以及生产过程管理等多个领域。

随着我国 RFID 技术应用领域不断拓展，产业规模迅速扩大，RFID 产品的种类也将越来越丰富，应用和衍生的增值服务也将越来越广泛。

4.1.3 RFID 技术的特点和类型

1. RFID 技术的主要特点

① 数据存储量大。射频标签与传统标签相比,数据存储量大,可读可写,可随时更新。

② 扫描方便。不需要直线对准物体扫描,看不见射频标签也可以扫描,扫描速度快,可运动扫描、多目标扫描。

③ 安全耐用。专用芯片,不易伪造,无机械故障,寿命长,抗恶劣环境。

④ 经济实用。价格低,费用省,实用性强。

2. RFID 技术的四种类型

① 电子门禁系统。电子门禁系统主要用于超级市场、商场、仓库、图书馆等场所的安全保卫,当未被授权的人从这些地方非法取走物品时,电子门禁系统会发出警报,以达到安全防范的目的。

② 便携式数据终端(PDT)。PDT 使用带有读写器的手持式数据采集器来采集射频标签上的数据。PDT 可以在读取数据的同时,通过无线电波数据传输方式定时地向计算机系统传输被采集的数据,也可暂时将采集的数据存储在存储器中,然后再成批地向计算机系统传输数据。

③ 固定式读写器。读写器固定分布在一定的位置,与物流管理信息系统相连接。射频标签安装在移动的物品上,当物品移动经过读写器时,读写器自动扫描并将信息传输到物流管理信息系统,以达到控制物流的目的。

④ 定位系统。将读写器安装在运动的车辆上或自动化流水线中移动的物品上,射频标签安装到操作环境的地表下面,当读写器经过装有射频标签的操作环境时可自动读取数据。射频标签里安装有位置识别系统,读写器通过无线或有线的方式连接到物流管理信息系统,达到对车辆、物品定位管理的目的。

思考与分析

RFID 技术的特点及分类有哪些?

3. RFID 系统

RFID 系统一般由射频标签、读写器以及信息处理系统三部分组成。RFID 系统构造图如图 4-3 所示。

射频标签又叫电子标签、应答器,标签中内设天线和芯片,其中天线主要用于和射频天线互相通信,芯片主要用来存储唯一标识产品信息的 ID 序列。根据内部有无电源,电子标签主要分为有源电子标签和无源电子标签两种类型,有源电子标签通过自身的电源获取能量,其识别距离相对于无源电子标签要远很多,但价格和功耗也会相对更高。

读写器可以无接触地识别标签中存储的信息,并将其发送给信息处理系统进行数据处理。读写器的结构组成如图 4-4 中的"读写器"部分所示。

电子标签和读写器内部均设置了天线,天线主要是实现两者之间的射频信号传播以及为两者建立无线通信连接。

RFID 技术的工作原理如下。首先,读写器收到读取指令后,将信号发送至天线,通过天线询问电子标签,最后天线再将获得的电子标签数据传送至信息处理系统进行处理,具体原理如图 4-4 所示。

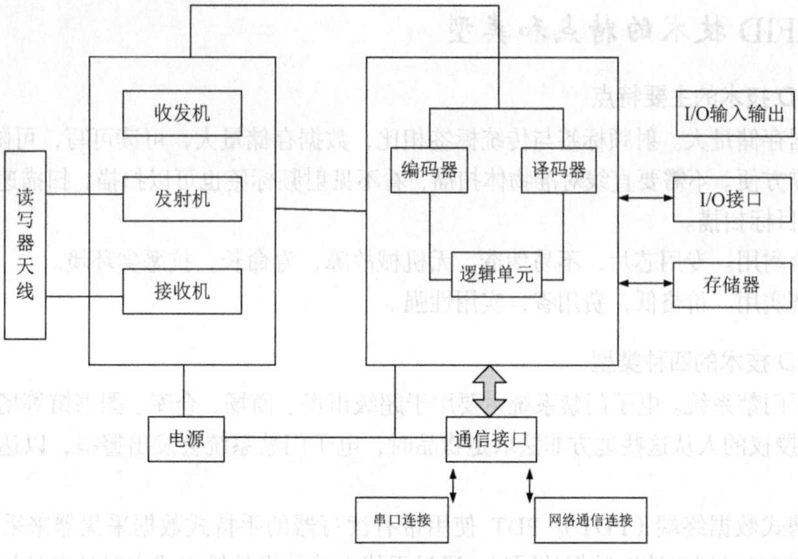

> **阅读案例**
>
> ## 汽车零部件物流应用 RFID 技术的实践案例
>
> 随着汽车工业的发展，汽车零部件在汽车物流环节中所占的比例日渐增大。由于汽车所涉及的零部件种类多样、产品差异大、零部件的生命周期长等等因素，为汽车零部件物流的管理造成很大难度。
>
> RFID 技术的应运而生为汽车行业提供了新的解决方案。越来越多的汽车零部件企业开始将 RFID 技术应用于汽车物流管理应用领域。例如，在某著名汽车零部件供应商公司采用了RFID 将其汽车零部件运输进行了解决方案，取得较好的效果，为企业带来可观的经济效益。
>
> 以国内某汽车零部件供应商引入为例来探讨对 RFID 将汽车在汽车零部件生产物流系统中的应用情况三个方面。
>
> 该国内某汽车零部件供应商（以下简称"该公司"）是全球排名第 500 强企业中的著名汽车零部件供应商。该公司是美国某公司在中国建立的分公司，主要为国内外汽车提供汽车座椅等部件。

图 4-3 RFID 系统结构图

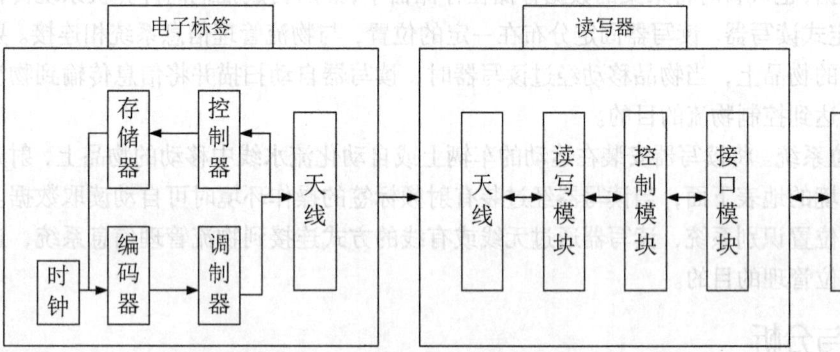

图 4-4 RFID 技术原理图

沈阳李尔计划将年产量翻番。同时，客户要求保证 14 天安全库存的进口件原材料需要全部存放在厂内现有库房中。由于厂内空间有限，只能通过增加国产件到货频次来降低国产件库存空间。这就要求沈阳李尔的物流效率要大幅提高。

该公司有 1 条流水生产线，每天 3 班 24 小时不间断组装汽车座椅，其中西侧门为收货口，东侧为成品区存放区及发运门，中间为生产线。物流基本为从西向东流动。厂区内进口件原材料库存为 14 天，国产件原材料外地为 3 天，本地根据零件的尺寸和客观要求，分为 4~24 小时库存不等。零件识别方式全部采用纸质条码扫描。

在现行的以条码为主导技术的物流系统中，厂内物流主要被分为入厂物流、生产物流和出厂物流，三个环节密切相关。

① 入厂物流：在入厂物流中收货员根据随货送到收货单与实物进行核对，包括是否准确到货以及到货数量。如确认无误后，按照 ASN（一种编码格式）数据打印公司内部条码单并贴于货物表面，物流人员根据经验将货物送入约定库位，并将库位信息输入便携式扫描器。

② 生产物流：配料人员根据线旁物料安全库存要求进行配料。对于 JIT（准时制）件，按照经验找到库位取料后配送到线旁。而对于需要排序的 JIS（排序生产）件，配料员利用企业资源管理系统按计划生产顺序打印配料单，并根据配料单上的制定顺序进行配料。

③ 出厂物流：对于 JIS 供应商，制成品相对较少，但是因为有排序的要求，所以在发货的时候必须能够快速、准确地找到订单要求制成品。当制成品完成发货后还需要在系统做出库记录，以避免系统库存虚高的问题发生。

案例来源：https://wenku.baidu.com/view/e9b2844230126edb6f1aff00bed5b9f3f80f727a.html

思考问题：
1. RFID 技术有哪些功能？
2. 汽车零部件厂商是如何运用 RFID 技术的？有哪些可以借鉴的地方？

4.2 RFID 技术标准

4.2.1 ISO/IEC RFID 通用技术标准

ISO/IEC RFID 通用技术标准可以分为数据采集和信息共享两大类，数据采集类技术标准涉及标签、读写器、应用程序等，可以理解为由本地单个读写器构成的简单系统，也可以理解为大系统中的一部分，其层次关系如图 4-5 所示；信息共享类技术标准就是 RFID 应用系统之间实现信息共享所必需的技术标准，如软件体系架构标准等。

在图 4-5 中，左半图是普通 RFID 标准分层框图，右半图是从 2006 年开始制定的增加辅助电源和传感器功能以后的 RFID 标准分层框图。它清晰地显示了各标准之间的层次关系，自底而上首先是有关电子标签标识编码的标准 ISO/IEC 15963，其次是空中接口协议 ISO/IEC 18000 系列标准，然后是有关数据传输协议的标准 ISO/IEC 15962 和 ISO/IEC 24753，最后是有关应用程序接口的标准 ISO/IEC 15961。与辅助电源和传感器相关的标准有 ISO/IEC 18000 系列标准、ISO/IEC 24753 标准以及 IEEE 1451 标准。

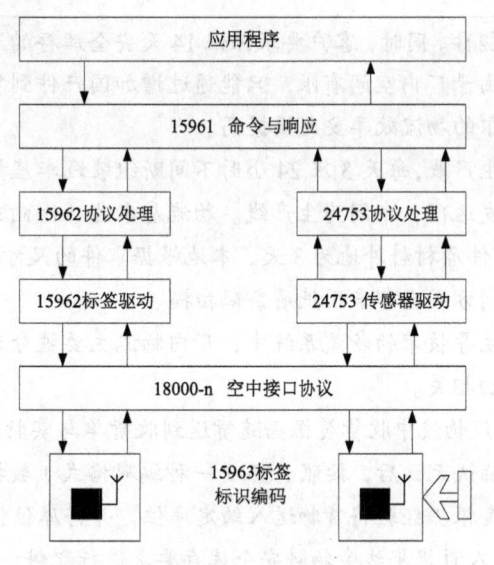

图 4-5　层次关系

1. 软件系统基本架构

2006 年 ISO/IEC 开始重视 RFID 应用系统的标准化工作，将 ISO/IEC 24752 调整为 6 个部分并重新命名为 ISO/IEC 24791。制定该标准的目的是对 RFID 应用系统提供一种框架，并规范了数据安全和多种接口，便于 RFID 系统之间的信息共享；使得应用程序不再关心多种设备和不同类型设备之间的差异，便于应用程序的设计和开发；能够支持设备的分布式协调控制和集中管理等功能，优化密集读写器组网的性能。该标准主要解决读写器之间以及应用程序之间共享数据信息的问题，随着 RFID 技术的广泛应用，RFID 数据信息的共享越来越重要。ISO/IEC 24791 标准各部分之间关系如图 4-6 所示。

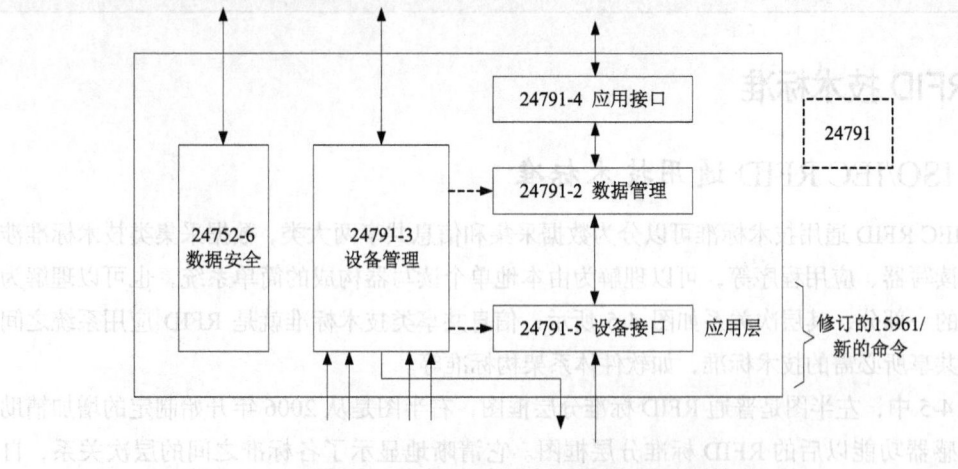

图 4-6　ISO/IEC 24791 标准各部分之间关系

ISO/IEC 24791-1 将体系架构分为数据层、控制层和管理层。数据层侧重于数据的传输与处理；控制层侧重于运行过程中对读写器中空中接口协议参数的配置；管理层侧重于运行状态的监视和设备管理。三个层面的划分可以使得软件架构体系的描述得以简化，每层包含数据管理、设备管理、应用接口、设备接口和数据安全五个方面的内容。

2. 数据内容标准

数据内容标准主要规定了数据在标签、读写器、主机（也即中间件或应用程序）各个环节的表示形式。由于标签能力（存储能力、通信能力）的限制，在各个环节的数据表示形式必须充分考虑各自的特点，采取不同的表示形式。另外，主机对标签的访问可以独立于读写器和空中接口协议，也就是说读写器和空中接口协议对应用程序来说是透明的。RFID 数据协议的应用接口基于 ASN.1，它提供了一套既独立于应用程序、操作系统和编程语言也独立于标签读写器与标签驱动之间的命令结构。

ISO/IEC 15961 规定了读写器与应用程序之间的接口，侧重于应用命令与数据协议加工器交换数据的标准方式，这样，应用程序可以完成对电子标签数据的读取、写入、修改、删除等操作功能。该协议也定义了错误响应消息。

ISO/IEC 15962 规定了数据的编码、压缩、逻辑内存映射格式，以及如何将电子标签中的数据转化为应用程序有意义的表现方式。该协议提供了一套数据压缩的机制，能够充分利用电子标签中的有限数据存储空间以及空中通信能力。

ISO/IEC 24753 扩展了 ISO/IEC 15962 的数据处理能力，适用于带辅助电源和传感器功能的电子标签。增加传感器之后，电子标签中存储的数据量以及对传感器的管理任务大大增加了，ISO/IEC 24753 规定了电池状态监视、传感器设置与复位、传感器处理等功能。ISO/IEC 24753 与 ISO/IEC 15962 一起规范了带辅助电源和传感器功能的电子标签的数据处理与命令交互。它们的作用使得 ISO/IEC 15961 独立于电子标签和空中接口协议。

ISO/IEC 15963 规定了电子标签唯一标识的编码标准，该标准兼容 ISO/IEC 7816-6、ISO/TS 14816、EAN·UCC 标准编码体系、INCITS 256 并保留对未来扩展。注意该标准与物品编码的区别，物品编码是对标签所贴附物品的编码，而该标准标识的是标签自身。

3. 空中接口通信协议

空中接口通信协议规范了读写器与电子标签之间的信息交互，目的是使不同厂家生产的设备可以互联互通。由于不同频段电子标签在识读速度、识读距离和适用环境等方面存在较大差异，单一频段的标准无法满足各种应用的需求，所以 ISO/IEC 制定了多种频段的空中接口协议，即 ISO/IEC 18000。ISO/IEC 18000 是系列标准，由 ISO/IEC JTC1 SC31 负责制定，主要适用于 RFID 技术在物品管理中的应用。它是 RFID 的空中接口标准中最受关注的系列标准。它涵盖了从 125kHz～2.45GHz 的通信载波频率，识读距离由几厘米到几十米。

此系列标准分为以下 7 部分。

ISO/IEC 18000-1，定义了"参考结构和标准化参数定义"。

ISO/IEC 18000-2，定义了"频率小于 135kHz 的空中接口通信参数"。

ISO/IEC 18000-3，定义了"13.56MHz 频率下的空中接口通信参数"。

ISO/IEC 18000-4，定义了"2.45GHz 频率下的空中接口通信参数"。

ISO/IEC 18000-5，定义了"5.85GHz 频率下的空中接口通信参数"。

ISO/IEC 18000-6，定义了"860MHz～960MHz 频率下的空中接口通信参数"。

ISO/IEC 18000-7，定义了"433MHz 频率下的有源空中接口通信参数"。

其中，ISO/IEC 18000-1 定义了在所有 ISO/IEC 18000 系列标准中空中接口定义所要用到的参数，还列出了所有相关的技术参数及各种通信模式，如工作频率、跳频速率、跳频序列、调制载波频率、占用频道带宽、最大发射功率、杂散发射、调制方式、调制指数、数据编码、位速率、标签唯一标识符、读处理时间、写处理时间、错误检测、存储容量、防冲突类型和电子标签识读数目等，为后续的各部分标准设定了一个框架和规则。

ISO/IEC 18000 的其他部分则分别定义了在各种通信频率下的控制接口通信协议，规定了读写器与电子标签之间的物理层和媒体访问控制参数、协议和命令以及防冲突机制。这些协议使读写器与电子标签之间能够实现通信。

其中，ISO/IEC 18000-6 适用于超高频段 860MHz~960MHz，它规定了读写器与电子标签之间的物理接口、协议、命令以及防碰撞方法。ISO/IEC 18000-6 包含 TYPE A、TYPE B 和 TYPE C 三种无源标签的接口协议，通信距离最远可以达到 10 米。

4．测试标准

测试标准是所有信息技术类标准中非常重要的部分，ISO/IEC 射频识别标准体系中包括射频识别设备性能测试方法和一致性测试方法。

ISO/IEC 18046 对射频识别设备性能测试方法进行定义，主要内容有标签性能参数及其检测方法：标签检测参数、检测速度、标签形状、标签检测方向、单个标签检测及多个标签检测方法等；读写器性能参数及其检测方法：读写器检测参数、识读范围、识读速率、读数据速率、写数据速率检测方法等。该标准定义的测试方法形成了性能评估的基本架构，可以根据 RFID 系统应用的要求，扩展测试内容。应用标准或者应用系统测试规范可以引用 ISO/IEC 18046 定义的射频识别设备性能测试方法，并在此基础上根据应用标准和应用系统的具体要求进行扩展。

ISO/IEC 18047 对确定射频识别设备（标签和读写器）一致性的方法进行定义，也称空中接口测试方法。测试方法只针对那些被实现和被检测的命令功能以及任何功能选项。它与 ISO/IEC 18000 系列标准相对应。一致性测试标准确保系统各部分之间的相互作用达到技术要求，也即系统的一致性要求。只有符合一致性要求，才能实现不同厂家生产的设备在同一个 RFID 网络内能够互联互通互操作。一致性测试标准体现了通用技术标准的范围，也即实现互联互通互操作所必需的技术内容，凡是不影响互联互通互操作的技术内容尽量留给应用标准或者产品的设计者解决。

5．实时定位系统

实时定位系统（Real Time Location Systems，RTLS）可以改善供应链的透明性，保障船队管理、物流和船队安全等。电子标签可以解决短距离尤其是室内物体的定位问题，可以弥补 GPS 等定位系统只能适用于室外环境的不足。GPS 定位、手机定位以及 RFID 短距离定位手段与无线通信手段一起可以实现物品位置的全程跟踪与监视。目前正在制定的标准有如下几种。

ISO/IEC 24730-1 适用于应用编程接口（API）标准，它规范了 RTLS 的服务功能以及访问方法，目的是使应用程序可以方便地访问 RTLS 系统，它独立于 RTLS 的低层空中接口协议。

ISO/IEC 24730-2 适用于 2450MHz 的 RTLS 空中接口协议，它规范了一个网络定位系统，该系统利用 RTLS 发射机发射无线电信标，接收机根据收到的几个信标信号解算位置。发射机的许多参数可以远程实时配置。

ISO/IEC 24730-3 适用于 433MHz 的 RTLS 空中接口协议。

4.2.2　ISO/IEC RFID 应用技术标准

早在 20 世纪 90 年代，ISO/IEC 已经开始制定集装箱标准 ISO 10374，后来又制定了集装箱电子关封标准 ISO 18185 以及动物管理标准 ISO 11784/5、ISO 14223 等。随着 RFID 技术的应用越来越广泛，ISO/IEC 认识到需要针对不同应用领域中所涉及的共同要求和属性制定通用技术标准，而不是每一个应用技术标准完全独立制定，这就是第 4.2.1 节所讲的通用技术标准。

在制定物流与供应链 ISO 17363～17367 系列标准时，直接引用 ISO/IEC 18000 系列标准。通用技术标准提供的是一个基本框架，而应用技术标准是对它的补充和具体规定，这样既保证了不同应用领域 RFID 技术具有互联互通互操作性，又兼顾了应用领域的特点，能够很好地满足应用领域的具体要求。应用技术标准是在通用技术标准基础上，根据各个行业自身的特点制定的，它针对行业应用领域所涉及的共同要求和属性。应用技术标准与用户应用系统的区别是，应用技术标准针对一大类应用系统的共同属性，而用户应用系统针对具体的一个应用。如果使用面向对象分析思想来比喻的话，把通用技术标准看成是一个基础类，则应用技术标准就是一个派生类。

1．集装箱 RFID 技术标准

1）ISO/TS 10891:2009《集装箱射频识别标签》

该标准采用无源 RFID 技术，实现对集装箱箱号的自动识别。RFID 标签作为集装箱的永久部件，全寿命周期附在集装箱上。

2）ISO/PAS 18186《集装箱 RFID 货运标签系统》

该标准采用有源 RFID 技术，实现对集装箱相关物流信息的自动识别。射频标签与集装箱在物理上相互分离，装货后将此标签附在集装箱上，并将相关物流信息写入标签。

3）ISO 18185《集装箱电子箱封》

该标准采用有源 RFID 技术，实现箱封的电子化，对箱封状态进行自动识别。

上述三个标准中，除了 ISO/TS 10891:2009 规定采用 ISO/IEC 18000-6C 系列的 RFID 技术 UHF 频段标准，另外两个标准在通信协议和物理层实现方面都不完善，导致据此生产的产品虽然符合国际标准，但相互之间缺乏兼容性，给标准的实施带来极大的困难和不确定性，这也是集装箱 RFID 技术标准未实现普遍推广的重要原因。

2．物流供应链系列标准

为了使 RFID 能在整个物流供应链领域发挥重要作用，ISO/TC 122 包装标准化技术委员会和 ISO/TC 104 货运集装箱技术委员会成立了联合工作组，负责制定物流供应链系列标准。工作组按照应用要求、货运集装箱、可回收运输单元、运输单元、产品包装、产品标签，制定了六个应用标准。

1）ISO 17358 标准

这是供应链 RFID 的应用要求标准，由 ISO/TC 122 包装标准化技术委员会主持。该标准定义了供应链物流单元各个层次的参数，定义了环境标识和数据流程。

2) ISO 17363 ~ 17367 系列标准

该系列标准分别对货运集装箱、可回收运输单元、运输单元、产品包装、产品标签的 RFID 应用进行了规范。该系列标准内容基本类同，如空中接口协议采用 ISO/IEC 18000 系列标准，但在具体规定上存在差异，分别针对不同的使用对象做了补充规定，如使用环境条件、标签的尺寸、标签张贴的位置等特性，根据对象的差异要求采用电子标签的载波频率也不同。货运集装箱、可回收运输单元和运输单元使用的电子标签一定是重复使用的，产品包装则要根据实际情况而定，而产品标签通常来说是一次性的。另外还要考虑数据的完整性、可视识读标识等。可回收运输单元在数据容量、安全性、通信距离上要求较高。

这里需要注意的是 ISO 10374、ISO 18185 和 ISO 17363 三个标准之间的关系，它们都针对集装箱，但是 ISO 10374 是针对集装箱本身的管理性的标准，ISO 18185 是海关用于监控集装箱的标准，ISO 17363 则是针对供应链管理目的而在货运集装箱上使用可读写的 RFID 标识标签和货运标签的标准。

3. 动物管理系列标准

ISO/TC 23/SC 19 负责制定动物管理 RFID 方面的标准，包括 ISO 11784、ISO 11785 和 ISO 14223 三个标准。

1) ISO 11784 标准

该标准规定了动物射频识别码的 64 位代码结构，动物 RFID 码要求读写器与电子标签之间能够互相识别。动物射频识别码通常由包含数据的比特流以及为了保证数据正确所需要的编码数据，代码结构为 64 位，其中的 27 至 64 位可由各个国家自行定义。

2) ISO 11785 标准

该标准规定了应答器的数据传输方法和阅读器规范。工作频率为 134.2kHz，数据传输方式有全双工和半双工两种，阅读器数据以差分双相代码表示，电子标签采用 FSK 调制，NRZ 编码。由于存在较长的电子标签充电时间和工作频率的限制，通信速率较低。

3) ISO 14223 标准

该标准规定了动物 RFID 的转发器和高级应答器的空间接口标准，可以让动物的数据直接存储在标签上，这表示通过简易、可验证以及廉价的解决方案，每只动物的数据就可以在离线状态下直接取得，进而改善库存追踪以及提升全球的进出口控制能力。符合 ISO 14223 标准的读取设备可以自动识别家畜，而它所具备的防碰撞算法和抗干扰特性，即使家畜的数量极为庞大，识别也没有问题。ISO 14223 标准包含空中接口、编码和命令结构、应用三个部分，它是 ISO 11784 标准与 ISO 11785 标准的扩展版本。

4.3 RFID 技术的应用

4.3.1 RFID 技术的典型应用

RFID 技术发展异常迅速，并且已经深入应用到很多领域，比如铁路车辆的自动识别、生产线的自动化及过程控制、货物的跟踪及管理等。在物流领域主要应用于对物品的跟踪、对运载工具和货架的识别等。以下是一些典型的应用。

1．集装箱自动识别系统

集装箱上安装电子标签，当装载了集装箱的汽车、火车、货船到达或离开货场时，通过 RFID 设备对集装箱进行自动识别，并将识别信息通过包括 EDI 在内的各种网络通信设施传递给各种信息系统，实现集装箱的动态跟踪和管理，提高集装箱的运输效率。

2．智能托盘系统

在每个托盘上都安装电子标签，把 RFID 设备安装在托盘进出仓库必经的通道口上方。当叉车装载着托盘货物通过时，RFID 设备获取标签内的信息，并传递给计算机，记录托盘的通过情况；当托盘装满货物时，自动称重系统便会自动比较装载货物的总重量与存储在计算机中的单个托盘的重量，从而获取差异，了解货物的实时信息。通过使用视频技术，可以实时地获得仓库中的货物、托盘状况，进而提高仓库的管理水平。

4.3.2 RFID 技术在其他领域的应用

RFID 技术还在其他领域有广泛应用。

1．车辆的自动识别

实现车号的自动识别是铁路人由来已久的梦想。RFID 技术的问世很快受到铁路部门的重视，北美铁道协会 1992 年年初批准了采用 RFID 技术的车号自动识别标准，到 1995 年 12 月为止在北美 150 万辆货车、1400 个地点安装了 RFID 装置，首次在大范围内成功地建立了自动车号识别系统。此外，欧洲一些国家，如丹麦、瑞典等也先后应用 RFID 技术建立了局域性的自动车号识别系统，澳大利亚近年来开发了相关的自动识别系统，用于矿山车辆的识别和管理。

2．高速公路收费及智能交通系统

高速公路收费及"智能交通系统"（ITS）是 RFID 技术最成功的应用之一，它充分体现了非接触识别的优势。该系统能够在车辆高速通过收费站的同时自动完成缴费，解决了交通瓶颈问题，避免了拥堵，同时也防止了现金结算中贪污路费等的问题。美国 Amtch 公司、瑞典 TagMaster 公司都开发了用于高速公路收费的成套系统。

3．非接触识别卡

社会生活中的各种交易大多利用各种卡完成，即所谓非现金结算，如电话卡、会员收费卡、储蓄卡、地铁及汽车月票等，以前此类卡大都是磁卡或 IC 卡，由于磁卡、IC 卡采用接触式识读，存在抗机械磨损及外界强电磁场干扰能力差、磁卡易伪造等原因，大有被非接触识别卡替代的趋势。

4．生产线的自动化及过程控制

RFID 技术用于生产线可实现自动化控制，用来监控生产质量，改进生产方式，提高生产率，比如用于汽车装配生产线。许多著名轿车企业如奔驰、宝马等都可以按用户要求定制产品，也就是说从流水线开下来的每辆汽车都是不一样的，由上万种内部及外部选项决定的装配工艺是各式各样的，没有一个高度组织、复杂的控制系统很难胜任这样复杂的任务。宝马公司在汽车装配线上配有 RFID 系统，以保证在流水线各位置处毫不出错地完成汽车装配任务。

在工业及建筑制品中，许多公司，特殊的标签都采用了 RFID 技术。MOTOROLA、SGS-THOMSON 等半导体电路制造商采用了 RFID 技术的自动识别工作跟踪系统，赢得了未曾有过对于超高质量标签的需求，而其他目光远大的建材商在加速地采取必要的条件和措施来提高下一轮次竞争力了。

5. 动物的跟踪及管理

RFID 技术可用于动物跟踪，跟踪动物的一生，比如珍稀动物和用 RFID 技术研究野生动物的迁徒特性等。RFID 技术还可用于宠物的管理，作为现代化宠物管理的助手。人们还将 RFID 技术用于信鸽大赛，鸽子归巢等，以准确检测到达时间。

6. 货物的跟踪及物流作业

很多货物运输需要跟踪和识别货物的位置，比如运货车、危险品等，传统的方案的 RFID 设备可跟踪货物的去向等，并配套系统结合 GPS 实施对货物的有效监督跟踪。RFID 技术用于机场行李等的分类。

RFID 技术已应用到物流作业中，如货物入库、出库，通过装有 RFID 技术的电子标签，仓库员可直接检查装载重要货物的出人货等。装有 RFID 技术的电子标签，仓库员可直接便捷地对已装载重要物品的进入人员、出库情况、降低了人员和不规范装载的损失，电子门禁系统便捷地控制了门户。其他的应用不在此一一列举。如医药作业中应用 RFID 技术以防止药品假冒，在仓储作业中，无论是在打印机中，还是在其他工作中应用 RFID，货物类型的自动输入成为可能，乃至以准确率达一样二等，大大提高了物流速度水平。我国的跟踪及物流作业也开始用于基于 RFID 技术的系统在逐步应用于生产和销售系统，根据报告开始便用于基于 RFID 技术的系统在逐步应用于生产和销售。

> ### 课堂案例
>
> **基于 RFID 技术的仓库物资配送管理系统设计**
>
> **1. 背景材料**
>
> 当军事特殊发展到今天为止，为了保证军队的装备物资配送到人员，过去的中间流通环节太多变得太复杂了，必要的物资配送到重要装备的交通运输、医学信息器材的、战斗的等等一样需要迅速入出时所统一的指挥平台是今天装备保障的迫切。当今采用中间的同样重要的在资源配送区域还有间的时间关系及之光明智能化区。RFID 在其这个领域已经被广泛应用了，在其这类应用中，特别是物资配送区域引了广泛关注。用 RFID 技术把目标准确地识别和跟踪的信息，不仅可以减少劳动力，提高工作效率，可以为几个关键环节的完善作业，实时掌握物资的动力状况，为管理决策提供有着重要的作用。
>
> **2. RFID 技术在仓库物资配送中的应用作用**
>
> 我国各级物资配送仓库普遍采用多任务列表的方式操作物资配送信息，这是过去一直沿用上至下记了装备的物资配备和数量，向着仓库物资有什么在什么位置库存的数量像，并与数据库当前等。例如，他们中查找需要物资的物品，要一个小时。但是要更快，仓库及后面的保证组织要求与日俱增，而以往的简易信息查询库等，因此，他们的组合与后面的情况等，可可能的出现用料件事件作等人出货等，等等都对今天的自动化设备与物资配送系统的全面信息化提出了更高的要求。

RFID 技术无疑是一条最佳的方式，它将被置在其它任何方式下的能源实源。

可穿透包装"感知"阅读；存储信息量大且更改自如，密码保护安全性高；包装封闭性好，防水、防磁、耐高温、使用寿命长，因此对环境的适应能力强，能适应诸如灰尘、油污、振动以及存在其他遮挡物的环境；读取距离远、速度快，可对高速物体进行识别甚至可同时识别多个物体；物资运输过程中可实时跟踪。RFID 技术易于实现自动化、智能化，满足应急物流对种类多、流量大的信息的快速收集与处理的需求。采用 RFID 技术取代条码技术，与信息技术（计算机技术、网络技术、数据库技术等）集成，不仅可以提高应急物资信息数据采集、传输、处理的快速性和准确性，还可以实现对应急物资的可视化实时跟踪，提高应急物资配送的灵活性和安全性。RFID 技术简化了应急物资配送的中间环节，节省时间、人力，提高了应急物资配送管理的效率，达到应急的目的。

3. RFID 应急物资配送管理系统设计

针对目前应急物资配送中普遍存在的工作效率较低、物资配送不合理、物资出入库管理混乱等问题，在现有物资配送仓库管理系统的基础上，充分利用 RFID 的技术优势，构建了基于 RFID 技术的应急物资配送管理系统（EMDMS）。

1）系统总体框架的设计

基于 RFID 技术的 EMDMS 设计采用三层架构：数据采集终端设备层、数据传输网络层和数据中心管理层。数据采集终端设备层主要包括标识库位、物资和托盘的各类电子标签、分布在仓库不同位置的 RFID 天线、固定式 RFID 读写器、无线手持式 RFID 读写器、叉车、巷道堆垛机和运输车的车载天线及车载电脑、运输车辆车载 GPS 及 RFID 读写器等。其主要功能是采集应急物资信息、应急物资在库货位信息、应急物资在途信息等。数据传输网络层主要包括覆盖整个配送中心仓储区的无线域网络和路由器等相关网络设备以及运输监控用 GPRS 无线网络。其主要功能是传输、汇总和过滤各数据采集终端所收集的信息至数据库，以供数据中心管理层调用。数据中心管理层主要由 RFID 数据库、GPS 数据库、EMDMS 服务器、数据中心服务器、各种控制系统计算机及客户端组成。其主要功能是用于 RFID 数据及 GPS 数据的存储和交换，与 EMDMS 数据集成来完成整个系统的监控管理，并提供外部访问入口，以供外部人员查询监管。由于此设计方案遵循 RFID 产品电子代码 EPC 标准，可进行扩展，与 EPC 物联网络对接，用于构建基于 EPC 物联网的 EPC 信息存储服务器（EPC-IS），完成应急物资与互联网的相互连接，实现供应链的上游与下游的信息共享与数据交换，以及智能化识别、定位、跟踪、监控和管理。

2）系统的硬件平台

（1）电子标签

电子标签是应急物资信息的载体。在应急物流中，应根据应急物资重要程度和特殊需求来选择不同性能参数的电子标签，区别标签的读写距离、应急物资保密程度、标签表面印刷方式等。

（2）RFID 数据采集终端设备及通信方式

RFID 数据采集终端设备按应用场合不同，可分为固定式读写器和手持式读写器等。固定式读写器可单独使用，也可作为一个模块与系统集成使用，同时可连接不同区域或角度的多个天线，分时扫描电子标签，通过通信接口与相关设备连接。采用 RS-485 串口通信电路和 TCP/IP 网络通信接口电路与 PC 机进行通信。手持式读写器单独使用，便于采集电子标签的信息，通过无线局域网将信息传至 RFID 数据库，以便于系统数据中心调用，完成验货、盘点、出入库操作等。另外，在应急物资运输环节中，采用 GPRS 无线网络来传输运输车辆的 GPS 数据及车载应急物资的 RFID 信息，实现应急物资在途跟踪的可视化监控。

3）系统软件设计

（1）应急物资配送的基本业务流程

应急物资指挥调度中心根据应急需求点反馈的需求信息，通过各种方式（动用储备物资、物资征收征用、社会捐赠和组织生产）筹措应急物资来补充应急物资储备中心的物资需求。当筹集的应急物资送至应急物资储备中心仓库时，与应急物资指挥调度中心下达的补货单进行核对、验收、入库储存，并定期或不定期地进行盘点。需要补货时，将补货需求反馈给应急物资指挥调度中心请求补货。

应急物资指挥调度中心根据应急需求点反馈的需求信息向最近的应急物资储备中心下达出货单，该应急物资储备中心的 EMDMS 根据出货单查出所需物资的存放位置，进行拣货、出库，然后装车运送到相应的应急物资需求点。在应急物资运输途中，应急物资指挥调度中心实时监控应急物资的运输情况。应急物资配送过程中的每个环节都应快速、准确，且需要具备可跟踪性、可控制性和可协调性。

（2）主要业务流程模块设计及功能

EMDMS 采用 RFID 技术，与传统流程相比，其业务流程可降低人工参与的程度，系统运行更简捷、高效，可充分满足应急物资配送对时间效益最大化的要求。

① 入库。应急物资入库业务包含补货单确认，货物分拣、贴标签、装盘，货物搬运上架，更新货架信息四个主要环节。传统的管理手段在这四个环节都需要人工进行干预监控，容易出错，且一旦出错往往无法及时纠正，在突发事件发生时，降低应急物资配送效率，影响应急物资的应急效果。EMDMS 基于 RFID 技术对应急物资入库流程进行梳理，使各环节实现自动化作业，无须人工参与，保证了信息的准确性和实时更新，提高了应急物资入库管理效率，实现了应急的目的。

当筹集的应急物资送达应急物资储备中心仓库时，仓库管理人员首先对补货单进行确认，确认无误后放行货车入库，否则进行异常处理。由于筹集的应急物资多数没有粘贴电子标签，所以需要进行分拣、粘贴电子标签。根据应急物资的重要程度和特殊需求选择性能合适的电子标签，写入应急物资的名称、数量、属性、生产日期、有效期、入库时间、生产厂商等相关的信息数据，以便于标识、追踪和管理应急物资。然后 EMDMS 根据对物资数量的分货计算的结果进行分货装盘，RFID 读写器读取托盘标签，将托盘 ID 与其上的应急物资进行关联。系统将根据入库原则、关联信息以及物资的属性、库位使用情况等信息进行上架计算，确定该托盘的存放位置并将分配的储位信息传输至叉车车载电脑、巷道堆垛机等设备，叉车将物资送至巷道堆垛机，完成上架操作。

安装在巷道堆垛机上的 RFID 读写器扫描货位信息并将信息传送至入库管理子系统，系统自动更新数据库的库存信息，确认物资入库。至此应急物资入库业务完成。

② 出库。应急物资出库业务是应急物资入库业务的逆过程，一般包含出货通知、下架、出库物资核对、库存更新四个主要环节。

当 EMDMS 接到应急物资指挥调度中心的出库命令时，系统根据货品关联信息，生成物资下架命令并传给巷道堆垛机和叉车车载计算机,完成物资的下架与搬运。出库物资被搬运至分货区后,进行出库物资信息与出货单核对,若有误,则进行异常处理,否则将物资装车,此时系统自动更新库存信息。运输车辆在离开仓库时,仓库通道口的 RFID 读写器自动读取车载物资信息,并将车辆和车载物资信息存储到系统数据中心,确认出库,此时系统自动记录运输车辆出车的时间、驾驶员等信息。与传统应急物资出库作业相比,采用 RFID 技术的应急物资出库作业各环节实现了自动化作业,节省了时间和人力,提高了准确率和效率。

③ 盘点。传统的应急物资库存盘点作业不仅需要人工录入,而且盘点报告需要等到所有盘点操作结束和信息汇总后给出,这对需要动态管理的应急物资配送中心十分不便。而利用 RFID 技术,通过应急物资仓库中的 RFID 读写器对应急物资进行定期或不定期的扫描,可以迅速得到库存情况的准确信息,并生成盘点报告。EMDMS 能及时发现并解决问题,如对过期的物资进行清除处理,对库存不足的物资提出补货请求,实现快速补货,省去了传统应急物资盘点作业中烦琐的清点、记录等工作,实现了快速自动化操作,节约了人力和时间。

④ 跟踪运输。车载 GPS 终端接收 GPS 卫星测定的当前车辆位置信息与车载终端采集系统采集的诸如行驶速度、油量等当前车辆状态信息,通过 GPRS 无线网络通信上传到以 GIS 为平台的 EMDMS,由该系统将接收到的当前车辆位置信息和与之匹配的状态属性信息显示在电子地图上,同时提供外部访问入口,以便查询车辆和应急物资的状态。车载 RFID 读写器定时读取应急物资的信息,通过 GPRS 无线网络通信上传至 RFID 数据库,与应急物资出货单进行核对,如发现物资信息有误,则发出报警,从而防止应急物资丢失或被盗。在整个应急物资运输过程中,应急物流跟踪运输系统实时显示车辆的实际位置,并提供实时查询车辆和物资状态的服务,实现可视化监控、实时查询和实时动态管理,及时合理地调度车辆和物资,将应急物资快速、高效地运送至需求点,达到应急的目的。

案例来源:杨纯朵,李建国. 基于 RFID 技术的应急物资配送管理系统设计[J].
起重运输机械,2011.

思考问题:
1. 相比条码技术,RFID 技术在应急物资配送中的应用优势有哪些?
2. 应急物资配送管理系统有哪些模块?与其他系统相比有哪些值得借鉴的地方?

第 5 章

物流 EDI 技术

知识目标

- 掌握 EDI 的概念与分类；
- 掌握 EDI 系统结构；
- 了解 EDI 的几种标准；
- 了解 EDI 在物流方面的应用。

能力目标

- 会使用 EDI 技术进行操作。

素养目标

- 培养学生的职业认同感，激发学生对 EDI 系统专业知识和技能的学习兴趣；
- 通过对 EDI 标准的学习，激发学生对信息化事业的兴趣；
- 培养学生协调沟通与交流合作的意识和能力。

引导案例

美的集团 EDI 应用案例

1. 企业简况

创于 1968 年的美的集团（以下简称"美的"），是一家以家电业为主，涉足房产、物流等领域的大型综合性现代化企业集团，旗下拥有四家上市公司、四大产业集团，是中国最具规模的白色家电生产基地和出口基地之一。美的在全球设有 60 多个海外分支机构，产品销往 200 多个国家和地区，年均增长速度超过 30%。2010 年，美的集团整体实现销售收入已达 1150 亿元人民币，其中出口额 50.8 亿美元，名列中国企业 100 强。

2. 应用背景

随着自身业务在全球范围内的不断扩大，美的已经形成了一个覆盖全球，从生产制造、供应商、物流、渠道到客户的庞大企业供应链群。美的意识到，当前的市场竞争已经由企业与企业之间的竞争变为供应链与供应链之间的竞争，要成为一个屹立全球市场的企业，就必须进一步联合上下游的业务伙伴，紧密合作关系，加强供应链一体化管理，共同增强整条供应链的竞争力，实现"敏捷供应链"。

敏捷供应链的第一步，便是提升供应链成员在业务合作中大量信息交换的速度和准确性，这将直接影响整个供应链的运作效率。美的的供应链合作伙伴群体十分庞大，上下游企业和合作伙伴众多，每年需要交换大量的单据。美的集团与业务伙伴的关系如图 5-1 所示。

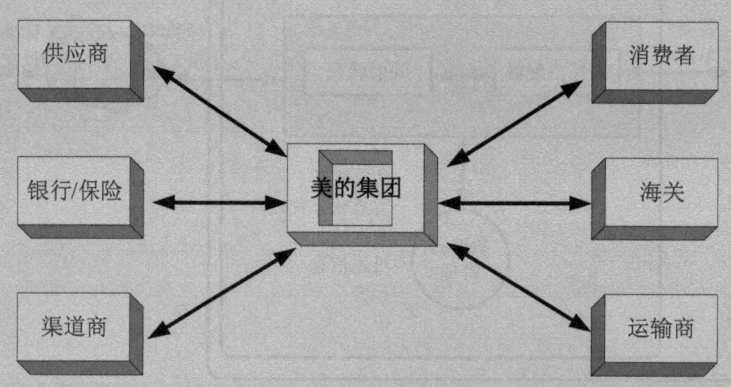

图 5-1 美的集团与业务伙伴的关系

之前，美的采用人工的方式实现对大量业务单据的接收、处理和发送，需要花费较长时间来完成单据的处理；同时，人工处理方式难免发生错误。为了满足美的与供应链合作伙伴之间的实时、安全、高效和准确的业务单据交互需求，提高供应链的运作效率，降低运营成本，美的迫切需要利用提供企业级（B2B）数据自动化交互和传输技术的电子数据交换（EDI）方案来解决这个问题。

在选型的时候，美的着重 EDI 方案的以下特性。

第一，美的供应链内众多的合作伙伴，包括供应商、物流商、渠道商、银行和保险机构等都有自己的业务数据标准和传输协议，同时，美的内部各子应用系统也有各自的数据标准，因此 EDI 方案必须具备强大的数据处理能力，能够将各类异构数据迅速转换为标准 EDI 报文，同时还要具备支持多种传输协议的能力。

第二，EDI 平台作为连接美的与众多合作伙伴的中间平台，是双方进行业务数据集成和交互的核心，处理速度直接影响业务流程的效率，因此 EDI 方案需要具备数据快速处理和传输能力，同时，整个处理和传输过程应该完全自动化而无须人工干涉。

第三，随着业务的不断发展，美的供应链内的合作伙伴、业务流程、数据标准会发生相应的变动，因此 EDI 方案必须具备良好的柔韧性，以迅速适应业务需求的变更和拓展。

3. 解决之道

经过反复的筛选和比较，美的最终选择业界领先的供应链管理解决方案提供商

SinoServices（锐特信息）为其提供 EDI 方案和技术支持。SinoServices 提供了 SinoEDI 企业级数据整合解决方案，主要包括以下几个功能模块。

集成服务器：业务流程引擎

网关

映射转换

数据流管理：数据的路由、数据监控管理等

EDI 组件：支持 ANSI X.12 及 EDIFACT EDI 标准之组件

链接适配器

方案架构如图 5-2 所示。

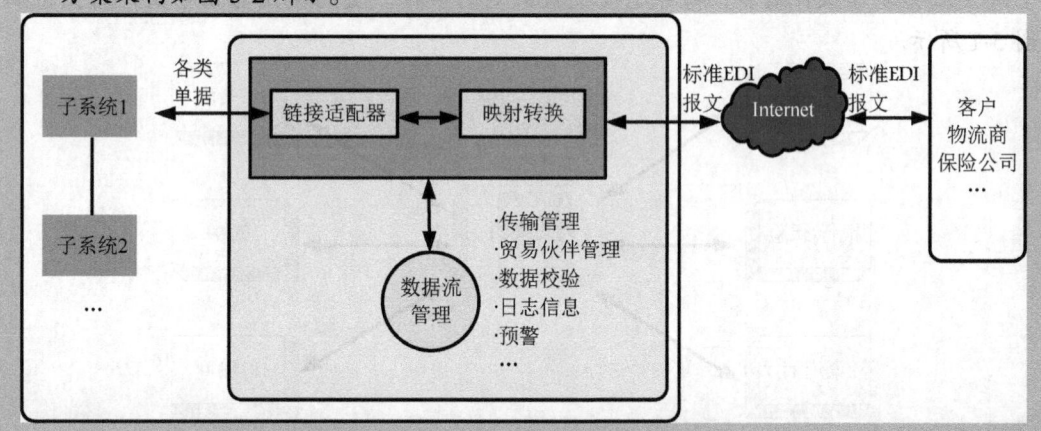

图 5-2　方案架构

SinoEDI 企业级数据整合解决方案支持各类传输协议、加密算法，同时也是一款性能非常优异的数据处理平台，支持任意数据格式之间的转换，数据流程可灵活定制，路由功能强大，且具备各类适配器与后台系统、数据源的集成。开发、部署由图形化的统一开发平台来完成，简单易用。它具备以下优点。

① 高度灵活、反应敏捷，可高效、快速地适应业务需求的变化。不管是有新的合作伙伴的加入，还是有新的数据格式，EDI 平台都可以在不影响现有平台运行的情况下，快速接入新合作伙伴，增加新的数据格式，且平台架构不会发生大的变化。

② 支持任何数据格式。支持 EDIFACT、ANSI X12、RosettaNet、XML、IDOC、Flat File 等数据格式，强大的 EDI 引擎可支持各个时期各个版本的 EDI 标准。

③ 安全、高效、统一的 B2B 传输网关。B2B 传输网关不仅提供了一个 B2B 传输的统一接入点，便于管理，具备强大的合作伙伴管理功能；同时，其还能够保证所有通过网关的数据都能安全发送与接收，提供多层次的安全防护，包括协议安全策略、SSL/TLS 策略等。

④ 强大的数据并发及处理能力。EDI 平台的设计独特，具备高效的数据处理能力，性能极其出色。

⑤ 与后台各种系统实现无缝集成。如与 SAP、IBM MQ、J2EE 应用、数据库等都有相应的直连接口，便于美的内部各业务系统与 EDI 平台的高度集成。

利用 SinoEDI 企业级数据整合解决方案，美的和各业务伙伴之间大量的数据和业务表单往来便可实现完全的自动化传输和识别,而不受各类数据源的结构和传输协议的影响。

4. 实施过程

美的和SinoServices成立了由双方专家组成的项目实施小组,宣布EDI项目正式启动。

在项目实施过程中,首先对EDI平台以及对各种网络系统、数据备份、防火墙、入侵检测等运行环境进行部署、调试。同时SinoServices深入美的业务系统应用的各部门中去,对实际工作业务流程等进行深层次的调研,并结合美的合作伙伴的业务和操作流程进行全面的分析。然后在调研的基础上,立即着手进行EDI平台的设计和开发,围绕所确定的业务范畴中的流程与数据的调研分析,按照产品线和业务类型的划分,分析企业数据流需求和详细的各类业务数据需求,在此基础上提交了整体项目分析和设计文档。同时,SinoServices对美的业务人员进行EDI操作流程培训,对美的EDI平台管理人员分阶段进行了平台管理和监控方面的培训。

伊莱克斯(Electrolux)作为美的第一家EDI对接合作伙伴,成功上线运行,实现了双方出货通知、发票等的自动化EDI流程。北滘码头成功上线运行,实现了美的与北滘码头的订舱确认、调柜指令等的自动化EDI流程。美的与中国出口信用保险公司(中国信保)EDI对接成功,双方实现了费率同步、OA限额申请、LC限额申请、出运申报、出运反馈、收汇反馈等业务数据的交互。这一系列项目的上线,大大提高了美的和合作伙伴开展业务贸易的效率,减少了人工干预的工作量。

5. 应用效益

美的的EDI系统已先后接入伊莱克斯、北滘码头、中国信保等业务合作伙伴,美的已经明显体验到集成、开放、灵活的EDI应用所带来的效益。

首先,美的与业务合作伙伴之间的数据交互由过去的人工方式转变为完全的自动化,极大地提升了供应链的工作效率。

实施EDI之前和之后美的的业务流程变化如图5-3和图5-4所示。

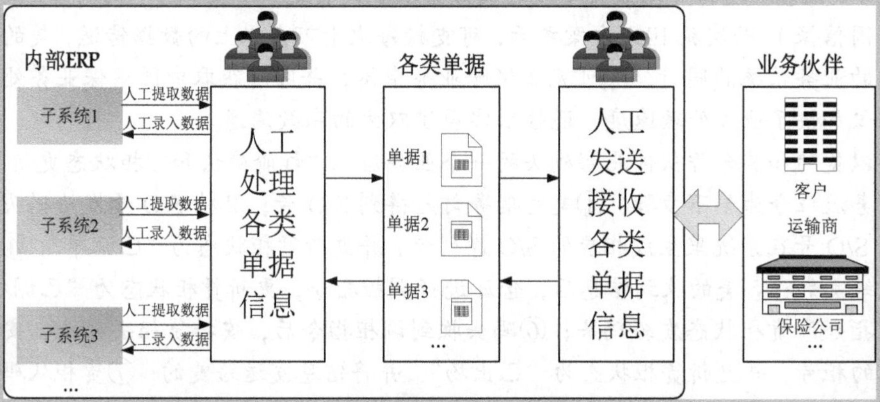

图5-3 实施EDI之前的业务流程

以前的人工处理方式需要从美的的各个业务子系统如ERP、CRM等处提取相关数据,再人工转换成合作伙伴需要的单据格式,通过邮件、传真、电话等方式向相应的接收方发送(人工转换的过程可在美的或合作伙伴方进行)。同样地,当从合作伙伴处接收

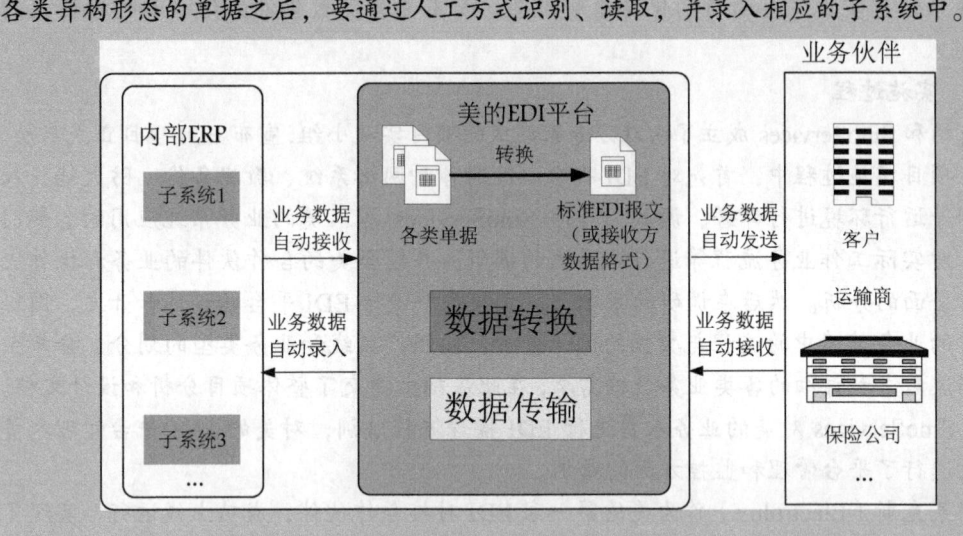

以美方物资件中国信使为例,要通过人工方式识别、提取,并录入相应的子系统中。

业务伙伴的美的EDI中心之后,要通过人工方式识别、提取,并输入相应的子系统中。

图 5-4 实施 EDI 之后的业务流程

那么,这个工作流程将变为 EDI 中心自动地接收发送出来的数据,并且自动地按照标准的 EDI 报文(美方业务伙伴系统都按其规定的数据格式发出),并且自动地按照标准各子系统的要求加以分解,从而大大简化了工作提高了效率,如图 5-4 所示。

以美方物资件中国信使为例,来说明在一个"业务流程"打印出中中加上"为例"。由期的数据量大,数据在传输到中国信使之后仍需要业务伙伴的内部的"打印","为中国信使,为量少业务来达到相互传送文件的目的。美方业务伙伴之间打印出面重复的工作设计一套基于 Excel 的接收发送的软件,美的发伙伴同一定要打上出版的报名设计,出货日、期号。这样方式,就需要重复地从前面业务件、设备、开各于一套基于 Excel 的数据处理,同时,数据以 Excel 操作作为中国信使的载体文件,从而让业务所需要直接加入到中国信使,为加工中编辑,仅保留从某次生产三万条数据的传输,并且各子系统各需的传送方件为例了,仅保留从某次生产三万条数据的传输,并且各子系统各需的传送方件为例)。所实施 EDI 为案之后,可支持每次十万条以上的数据的操作,美的在操作件方面有三的业务信任同事,即时了信息的提供,并甘明接收和中国信使接收业方的便利性。

所以提高和共同业务件化之后高在一个"业务流程","打印操作以业务流程发生为例。"为例,

这个业务提示为业务下步骤: ① 美的发伙伴打印接信发送 S/O 并号; ② 将 S/O 号发送人; ③ 其业务流程发送方是业务得到的 S/O 号,并且新对发作为 "已被开";④ 如未未接收到 S/O 号或接收到 S/O 号的还未出账标为 "已退期";⑤ 美的发收到信使,在没进行检测报告,并将新对检测发行,并排了"已报提";⑥ 美的发按检测报告检报告,按排某并发出运,安排出账并发出上架货单位体发货报告,并接信发按并发去美的之:⑦ 美的按水上的货货单位体发信报告,并接信发按并发去美的之前的情况系统。

为减少人工作方面其相互之前沟通的数据,提高报单的传信并传的准确而快速的准。为我方之们信息之间与出的水准系统。所以提取发对人工使其接信进入了自己地相应不同的业务流程在

当实施 EDI 为案之后,双方业务件当接信进入了自己地相应不同的业务流程。

的的业务系统供相应人员查看，极大地提升了业务流程的效率。

从上述例子中可以看出，实施 EDI 方案后，美的大大加快了业务处理速度并且降低了人工处理方式下的相关成本，如下所示：

平均几秒钟便能够完成一份单据的处理；

单日数据传送数量提升了六倍；

数据传输已完全自动化，节省了劳动力，提高了劳动力的利用效率。

实施 EDI 方案还为美的节省了过去人工处理方式下产生的额外费用，比如节省各类纸张费用；节省电话、传真、邮递的费用；节省打印、复印费用；节省对数据收发、录用人员的管理费用等。

由于实行了无纸化和全自动操作，EDI 方案大大降低了人工处理过程中由于人为操作、纸张丢失等造成的出错率。出错率降低了，基本实现了无错化处理。

除了以上这些即时的效益，EDI 系统对美的全面提升竞争力也有着深远的作用。随着越来越多的合作伙伴被纳入 EDI 系统中，整条供应链的运作效率将大大提升，包括：企业运作效率的提升让美的更加轻松地扩展业务，并快速适应业务增长带来的数据交互工作的增加；由于供应链对请求响应速度的提高，产品可以在最短的时间内被送达消费者手里，减少了人工方式下产生的错误，提升客户满意度；以更有竞争力的价格向下游供货，提高客户的忠诚度；提升企业形象，以高效、精准的工作方式赢得更多合作伙伴，增强合作关系；为企业走向世界和与海外客户及合作伙伴建立良好关系奠定坚实的基础。

6. 实施经验

通过美的、美的合作伙伴和 SinoServices 三方的共同努力，对整个 EDI 项目进行统筹安排、分步实施，确保项目的顺利。项目的成功上线以及后期应用的深化在于做好以下三点。

① 企业相应业务流程的改造。之前，企业内部和合作伙伴之间已形成了相应的业务操作流程，而采用 EDI 之后，业务操作流程将有所调整，更新后的流程通过 EDI 平台固化下来，形成了统一的、规范的数据交互模式。

② 项目进行过程中往往涉及企业内部和企业间多个业务部门的合作，因此沟通至关重要。SinoServices 对美的的业务和 IT 人员做了完善的 EDI 知识、EDI 平台操作和业务流程变更等方面的培训，并配合美的做好 EDI 项目的宣传推广，让相关人员充分了解 EDI 平台带来的效益。在项目实施前期，SinoServices 作为美的的代表，直接与美的合作伙伴进行沟通，同时，SinoServices 把与美的合作伙伴之间的沟通汇总给美的，并为其做相应的说明和解答，这样的沟通方式大大加快了项目实施的进程。

③ 根据美的业务伙伴的实际情况，推荐最简便的解决方案。例如，合作伙伴与美的之间使用的是 Excel 单证往来，SinoServices 可为其设计具有类似 EDI 功能的 Excel 单证格式，完全不改变其日常的业务单证制作流程。这样可以最迅速地推广 EDI 的应用。

7. 展望未来

EDI 的成功实施和推广建立在供应链的成员之间以及成员与技术提供方的密切配合。在 SinoServices 专业服务团队、美的 IT 部门和业务部门的共同努力下，美的 EDI 平台已经成功上线运行，并与部分主要的国内外客户、物流服务商和保险公司等合作伙伴成功对接。接下来，为了进一步拓展 EDI 应用，实现美的整个供应链的高效 B2B 业务数据交互，美的未来计划与更多的客户、供应商、物流服务商等合作伙伴建立 EDI 对接，SinoServices 将提供最优的实施方案和及时的推进计划。

实施方案：对于已经应用了 EDI 的合作伙伴，由于美的 EDI 平台已成功上线，可通过此平台快速与合作伙伴建立对接，SinoServices 将提供业务流程分析、业务数据转换等实施服务；对于信息化程度较弱的合作伙伴，如企业内部业务系统无数据导入导出功能、网络环境不完善等情况，SinoServices 将对其业务系统的功能、业务量和投入成本等方面做全方位的评估，为对接企业提供最适合的解决方案，如轻量级的 EDI 平台、VAN 服务、Web EDI、EDI 转换器和传输工具等供企业选择。例如 Web EDI 可面向合作伙伴定制一个供其预录入数据和查看信息的网页，中小企业只需要花费较少的成本，通过 Web 浏览器在线填写各类表单，从而实现与美的 EDI 平台的对接。

推进计划：SinoServices 的顾问将与美的及其合作伙伴紧密配合，进行 EDI 应用效益和操作知识方面的宣讲；定期为美的提供更多专业的培训，如 EDI 平台的开发、操作维护、日常监控管理等，帮助美的快速向供应链内的业务伙伴推进 EDI 应用。

EDI 在欧美发达国家和地区已经得到了广泛的应用，我国的企业加入全球供应链、为全球市场提供产品和服务的同时，往往会遇到来自国外客户的压力，尤其是大量的中小企业，正面临着订单减少甚至被排除在供应链一体化之外的风险。SinoServices 的 SinoEDI 企业级数据整合解决方案在企业实施的应用结果表明，EDI 技术可以提高数据处理速度、准确性和安全性，降低成本，改善经营状况，提高顾客服务水平，从而大大增强企业的竞争优势。目前几乎所有的供应链管理的运作方法如快速反应（QR）、有效客户反应（ECR）等都离不开它的支持。所以，EDI 的广泛应用是中国企业，尤其是中小企业参与供应链一体化，提升自身运营效益，从而在激烈的全球竞争市场中赢得一席之地的重要条件。至于推广 EDI 面临的最大障碍——供应链成员间观念和技术差异导致的 EDI 推进缓慢的问题，正随着企业信息化建设意识的不断提高以及应用方案的迅速发展而将逐步得到解决。

资料来源：https://www.docin.com/p-1158728326.html

请问：实施 EDI 方案后，美的在哪些方面获得了进步？它在哪些方面对其他企业有值得借鉴的地方呢？

5.1 EDI 概述

5.1.1 EDI 基本概念

电子数据交换（Electronic Data Interchange，EDI）又称作"电子资料联通"，是一种在公司之间传输订单、发票等作业文件的电子化手段。它通过计算机通信网络将贸易、运输、保险、银行和海关等行业信息，用一种国际公认的标准格式，实现各有关部门或公司与企业之间的数据交换与处理，并完成以贸易为中心的全部过程。它是 20 世纪 80 年代发展起来的一种新颖的电子化贸易工具，是计算机、通信和现代管理技术相结合的产物。国际标准化组织（ISO）将 EDI 描述成"将贸易（商业）或行政事务处理按照一个公认的标准变成结构化的事务处理或信息数据格式，从计算机到计算机的电子传输"。而国际电信联盟通信标准化组织（ITU-T）将 EDI 定义为"从计算机到计算机之间的结构化的事务数据互换"。又由于使用 EDI 可以减少甚至消除贸易过程中的纸面文件，因此 EDI 又被人们通俗地称为"无纸贸易"。

从上述 EDI 的定义中不难看出，EDI 包含了三个方面的内容，即计算机应用、通信环境、网络和数据标准化。其中计算机应用是 EDI 的条件，通信环境是 EDI 应用的基础，网络和数据标准化是 EDI 的特征。这三方面相互衔接、相互依存，构成了 EDI 的基础框架。

5.1.2 EDI 系统分类

根据功能，EDI 系统可分为四类。

1. 基本 EDI 系统

订货信息系统是最基本的也是最知名的 EDI 系统。它又可称为贸易数据互换（Trade Data Interchange，TDI）系统，它使用电子数据文件来传输订单、发货票和各类通知。

2. 电子资金汇兑系统

第二类常用的 EDI 系统是电子资金汇总（Electronic Funds Transfer，EFT）系统，即在银行和其他组织之间实行电子费用汇兑。EFT 已使用多年，但是它仍在不断的改进中，最大的改进是同订货信息系统联系起来，形成一个自动化水平更高的系统。

3. 交互式应答系统

第三类常用的 EDI 系统是交互式应答（Interactive Query Response）系统。它可应用在旅行社或航空公司作为机票预定系统。这种 EDI 系统在应用时要询问到达某一目的地的航班，要求显示航班的时间、票价或其他信息，然后根据旅客的要求确定所要的航班，打印机票。

4. 自动传输 EDI 系统

第四类常用的 EDI 系统是带有图形资料自动传输功能的自动传输 EDI 系统。最常见的是计算机辅助设计（Computer Aided Design，CAD）图形的自动传输。例如，设计公司完成一个厂房的平面布置图，将其平面布置图传输给厂房的主人，请主人提出修改意见。一旦该设计被认可，系统将自动输出订单，发出购买建筑材料的报告。在收到这些建筑材料后，自动开出收据。再如，美国一个厨房用品制造公司——Kraft Maid 公司，使用 CAD 设计厨房的平面布置图，再使用 EDI 传输设计图纸、订货、收据等。

5.1.3 EDI 系统过程

1. 工作过程

EDI 系统的工作过程如下。
① 发送方将要发送的数据从信息系统数据库提出，转换成平面文件（亦称中间文件）。
② 将平面文件翻译为标准 EDI 报文，并组成 EDI 信件。接收方从 EDI 信箱收取 EDI 信件。
③ 将 EDI 信件拆开并翻译成平面文件。
④ 将平面文件转换并送到接收方信息系统中进行处理。

2. 数据接入方式

EDI 平台的数据接入方式主要有以下几种。

① 具有单一计算机应用系统的用户接入方式。拥有单一计算机应用系统的企业规模一般不大，这类用户可以利用电话交换网，通过调制解调器直接接入 EDI 中心。

② 具有多个计算机应用系统的用户接入方式。对于规模较大的企业，多个应用系统都需要与 EDI 中心进行数据交换。为了减小企业的通信费用和方便网络管理，一般采用联网方式将各个应用系统首先接入负责与 EDI 中心交换信息的服务器中，再由该服务器接入 EDI 交换平台。

③ 普通用户接入方式。该类用户通常没有自己的计算机系统，当必须使用 EDI 与其贸易伙伴进行业务数据传递时，他们通常通过互联网或电话网拨号的方式接入 EDI 交换平台。

❓ 思考与分析

EDI 系统的工作过程有哪些？

5.2 EDI 系统结构

5.2.1 EDI 系统功能模型

在 EDI 系统中，EDI 参与者所交换的信息客体称为邮包。在交换过程中，如果接收方从发送方处得到的全部信息包括在所交换的邮包中，则认为语义完整，并称该邮包为完整语义单元（CSU）。CSU 的生产者和消费者统称为 EDI 的终端用户。

在 EDI 系统的工作过程中，所交换的报文都是结构化的数据，整个过程都是由 EDI 系统完成的。

1. 用户接口模块

业务管理人员可用此模块进行输入、查询、统计、中断、打印等工作，及时地了解市场变化，调整策略。

2. 内部接口模块

这是 EDI 系统和本单位内部其他信息系统及数据库的接口，一份来自外部的 EDI 报文，经过 EDI 系统处理之后，大部分相关内容都需要经内部接口模块送往其他信息系统，或查询其他信息系统才能给对方 EDI 报文以确认的答复。

3. 报文生成及处理模块

该模块有以下两个功能。

① 接收来自用户接口模块和内部接口模块的命令和信息，按照 EDI 标准生成订单、发票等各种 EDI 报文和单证，经格式转换模块处理之后，由通信模块经 EDI 网络发给其他 EDI 用户。

② 自动处理由其他 EDI 系统发来的报文。在处理过程中要与本单位信息系统相连，获取必要信息并给其他 EDI 系统答复，同时将有关信息送给本单位其他信息系统。

如因特殊情况不能满足对方的要求，经双方 EDI 系统多次交涉后不能妥善解决的，则把这一类事件提交用户接口模块，由人工干预决策。

4. 格式转换模块

所有的 EDI 单证都必须转换成标准的交换格式，转换过程包括语法上的压缩、嵌套、代码的替换以及必要的 EDI 语法控制字符。在格式转换过程中要进行语法检查，对于语法出错的 EDI 报文应拒收并通知对方重发。

5. 通信模块

该模块是 EDI 系统与 EDI 通信网络的接口，包括执行呼叫、自动重发、合法性和完整性检查、出错报警、自动应答、通信记录、报文拼装和拆卸等功能。

除了以上这些基本模块，EDI 系统还必须具备一些基本功能，如命名和寻址功能。EDI 系统的终端用户在共享的名字当中必须是唯一可标识的。命名和寻址功能包括通信和鉴别两个方面。在通信方面，EDI 系统是利用地址而不是名字进行通信的，因而要提供按名字寻址的方法，这种方法应建立在开放系统目录服务 ISO 9594（对应 ITU-T X.500）基础上。在鉴别方面，有若干级必要的鉴别，即通信实体鉴别、发送方与接收方之间的相互鉴别等。

5.2.2 EDI 系统的安全

1. 存储控制

在一个计算机化的系统中，口令代替了签名。因为在任何给定系统中，总有一些不许你看或者你可以看但不能改变的数据。有些是允许你增加或者可以修改的数据。这是任何计算机都具有的一种基础安全措施，在 EDI 或其他需要签名的实用领域你可以使用辨别码，就像发出口令一样，它能够提供多个要求的授权。如果一个授权的执行者在电子数据传送中加入适当的密码，那样的数据就与执行者在纸张文件上的签名一样完好。

2. 保持信息追踪

保障 EDI 系统安全的最重要机制是一旦发出信息，系统就跟踪数据以确保信息被收到。实际上，EDI 系统几乎比任何其他通信方式都能传递更多种数据，这个系统不仅能查证信息是否收到，而且也能与发出的信息进行比较。

几乎每一种形式的数据通信都包括一些错误检查协议，因此需要保持信息追踪。保持信息追踪的典型的运作流程如下：

① 发送方通过软件集合一堆数据并通过电话线将其传输过去；
② 接收方的软件确认收到，并与原始数据对比；
③ 接收方的系统发出收到确认信号（ACK）或未收到信号（NAK）；
④ 如果发送方的系统不能检测到 ACK，它将再次发出数据；
⑤ 如果系统检测到太多的 NAK，它将结束传递；
⑥ 如果接收方的系统不能发回 ACK，它应送回一个报警号给发送方。而接收方应该将错误信号从系统中删除，并等待发送方重新发送；一旦系统接收了全部的没有错误的传输信息，接收方应检查内容的完整性、精确性和正确性。

3. 密封信封

那些能发送 ACK、NAK 和类似信息的密码是建立在基本通信协议中的，有电子信封和另外的保护措施。接收方可以通过以下方式检查。

相同的口令应该出现在头部和尾部之间，接收方的软件应当检查这些口令。应检查尾部的项目数同群组内的实际项目是否一致。

任何一方不符都表明接收方没有接收完整的传输文件，则应当重复进行这一过程，明确每一个内部交换单元、功能组和处理部分。

5.2.3 EDI系统的通信、网络与服务

EDI通信环境（EDIME）由一个EDI通信系统（EDIMS）和多个EDI用户（EDIMG）组成。EDI系统模型如图5-5所示。

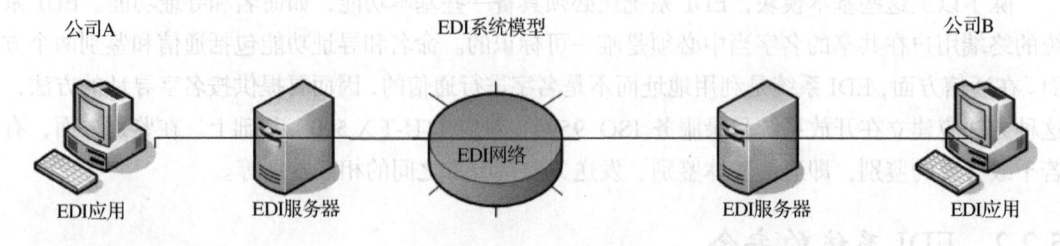

图 5-5 EDI系统模型

EDI系统的开发、应用是通过计算机通信网络实现的，它主要有以下三种方式。

1. 点对点方式

点对点（Point To Point，PTP）方式即EDI系统按照约定的格式，通过通信网络进行信息的传递和终端处理，完成相互的业务交往。早期的EDI通信一般都采用此方式，但是它有许多缺点，如当EDI用户的贸易伙伴不再是几个而是几十个甚至几百个时，这种方式很耗费时间，需要许多次重复发送。同时，这种通信方式是同步的，不适用于跨国家、跨行业之间的应用。

近些年来，随着科学技术的进步，这种PTP方式的通信在某些领域中仍然在用，但会有所改进。新方法采用的是远程非集中化控制的对等结构，利用基于终端开放型网络系统的远程信息业务终端，用特定的应用程序将数据转换成EDI报文，实现国际间的EDI报文互通。

2. 增值网方式

增值网（Value-Added Network，VAN）方式是那些增值数据业务（Value-Added Data Service，VADS）公司利用已有的计算机与通信网络设备进行通信，除了完成一般的通信任务，还增加了EDI的服务功能。VADS公司提供给EDI用户的服务主要是租用信箱及协议转换，后者对用户是透明的。信箱的引入实现了EDI通信的异步性，提高了效率，降低了通信费用。另外，EDI报文在VADS公司自己的系统（即VAN）中的传递也是异步的，即支持存储/转发。

VAN方式尽管有许多优点，但是因为各VAN的EDI服务功能不尽相同，VAN系统并不能互通，从而限制了跨地区、跨行业的全球性应用。同时，此方式还有一个致命的缺点，即VAN只实现了计算机网络的下层，相当于OSI参考模型的下三层。而EDI通信往往发生在各种计算机的应用进程之间，这就决定了EDI系统的应用进程与VAN的联系相当松散，效率很低。

3. 信息处理系统方式

信息处理系统（Message Handing System，MHS）是ISO和ITU-T联合提出的有关国际间

电子邮件服务系统的功能模型。它建立在 OSI 开放系统的网络平台上，适应多样化的信息类型并通过网络连接，具有快速、准确、安全、可靠等特点。它是以存储转发为基础的、非实时的电子通信系统，非常适合作为 EDI 的传输系统。MHS 为 EDI 创造了一个完善的应用软件平台，减少了 EDI 系统设计开发上的技术难度和工作量。ITU-T X.435/F.435 规定了 EDI 的信息处理系统和通信服务，把 EDI 系统和 MHS 作为 OSI 应用层的正式业务。EDI 系统与 MHS 互联，可将 EDI 报文直接放入 MHS 的电子信箱中，利用 MHS 的地址功能和文件传输服务功能，实现 EDI 报文的完整传送。

EDI 信息处理系统由信息传送代理（MTA）、EDI 用户代理（EDI-UA）、EDI 信息存储（EDI-MS）和访问单元（AU）组成。MTA 完成建立接续、存储/转发，由多个 MTA 组成信息传送系统（MTS）。

EDI-MS 存储器位于 EDI-UA 和 MTA 之间，它如同一个资源共享器或邮箱，帮助 EDI-UA 发送、投递、存储和取出 EDI 信息。同时 EDI-MS 把 EDI-UA 接收到的报文变成 EDI 报文数据库，并提供对该数据库的查询、检索等功能。为有利于检索，EDI-MS 将报文的信封、信首、信体映射到 MS 信息实体的不同特征域，并提供自动转发及自动回送等服务。

EDI-UA 是电子单证系统与传输系统之间的接口。它的任务是利用 MTS 的功能来传输电子单证。EDI-UA 将它处理的信息对象分作两种：一种称为 EDI 报文（EDIM），另一种称为 EDI 回执（EDIN）。前者是传输电子单证的，后者是报告接收结果的。EDI-UA 和 MTS 共同构成了 EDIMS，EDIMS 和 EDIMG 又一起构成了 EDIME。

EDI 与 MHS 结合，大大促进了国际 EDI 业务的发展。为实现 EDI 的全球通信，EDIMS 还使用了 X.500 系列的目录系统（DS）。

DS 可为全球 EDI 通信网的补充、用户的增长等目录提供增、删、改功能，以获得名址网络服务、通信能力列表、号码查询等一系列属性的综合信息。EDI、MHS 和 DS 的结合，使信息通信有了一个新飞跃，为 EDI 的发展提供了广阔的前景。

5.3 EDI 标准

5.3.1 EDI 标准体系的发展历程

20 世纪 60 年代末，欧洲和美国几乎同时提出了 EDI 的概念。早期的 EDI 只是在两个商业伙伴之间，依靠计算机与计算机直接通信完成。70 年代，数字通信技术的发展大大加快了 EDI 技术的成熟和应用范围的扩大，也带动了跨行业 EDI 系统的出现。80 年代，EDI 标准的国际化又使 EDI 的应用跃入了一个新的里程。

欧洲使用 EDIFACT 标准。1991 年，欧洲汽车业、化工业、电子业和石油天然气业已全部采用 UN/EDIFACT 标准。此外，其建筑、保险等行业也宣布将转而采用 UN/EDIFACT 标准。

北美洲则使用 ANSI X.12 标准，X.12 标准已遍及北美各行业，已有 100 多个数据交易集。亚太地区使用的主要是 EDIFACT 标准。

EDI 标准体系的发展经历了三个大的阶段。

1. 产业标准阶段（1970 年—1980 年）

此阶段开始于 20 世纪 70 年代，美国几家运输行业的公司联合起来，成立了运输数据协调委员会（TDCC）。该委员会的目的是开发一种传输运输业文件的共同语言或标准，1975年公布了它的第一个标准。继TDCC之后，其他行业也陆续开发了它们自己行业的EDI标准，如杂货行业的标准（UCS）、仓储行业的标准（WINS）等。

2. 国家标准阶段（1980年—1985年）

当产业标准应用成熟后企业界发现，维持日常交易运作的对象并不局限于单一产业，国家性标准由此诞生。在1979年，美国国家标准协会（ANSI）授权ASCX12委员会依据TDCC的标准，开始开发、建立跨行业且具有一般性的EDI国家标准ANSI X.12。

3. 国际通用标准阶段（1985年至今）

在欧洲、美国两大区域的EDI标准制定、试行几年后，1985年，北美ASCX12与欧洲GTDI开始广泛接触与合作，进行国际间EDI通用标准的研究发展。联合国欧洲经济委员会负责国际贸易程序简化的工作小组（UN/ECE/WP.4）承办了国际性EDI标准制定的任务，并于1986年正式以UN/EDIFACT(United Nations/Electronic Data Interchange For Administration, Commerce and Transport)作为国际性EDI通用标准。另一方面，ANSI于1992年决定在ANSI X.12第四版标准制定后，不再继续发展维护，全力与UN/EDIFACT标准结合，因此全世界将趋于统一的EDI标准。

UN/EDIFACT标准是相对成熟的标准，由于EDI是将商业往来文件转换成标准格式传输，因此除了现有的报文标准，也不断应新的需求而有新的报文标准的发展与制定。

5.3.2 EDI标准的国际化

EDI标准的国际化成为人们日益关注的焦点之一。早期EDI使用的大都是各处的行业标准，不能进行跨行业的EDI互联，严重影响了EDI的效益，阻碍了全球EDI的发展。比如美国就存在汽车工业的AIAG标准、零售业的UCS标准、货栈和冷冻食品贮存业的WINS标准等，日本有连锁店协会的JCQ行业标准、全国银行协会的Aengin标准和电子工业协会的EIAT标准等。

为了促进EDI的发展，世界各国都在不遗余力地促进EDI标准的国际化，以求最大限度地发挥EDI的作用。目前，在EDI标准上，国际上最有名的是联合国欧洲经济委员会（UN/ECE）下属第四工作组（WP.4）于1986年制定的《用于行政管理、商业和运输的电子数据互换》标准——United Nations Electronic Data Interchange For Administration, Commerce and Transport（UN/EDIFACT）标准。UN/EDIFACT已被ISO接收为国际标准，编号为ISO 9735。同时还有广泛应用于北美洲地区的，由ANSI授权ASCX12委员会于1985年制定的ANSI X.12标准。

UN/EDIFACT标准和ANSI X.12标准在语义、语法等许多方面都有很大区别。另外，ANSI X.12标准目前只可使用英语。而UN/EDIFACT标准则可使用英语、法语、西班牙语、俄语等，日耳曼语系或拉丁语系均可使用该标准的语义、数据字典等。所谓拉丁语系，是指可用26个字母和10个数字表示的语言系统。日耳曼语系可以认为是拉丁语系的一个派系。亚洲部分国家和地区的EDI标准使用情况，如表5-1所示。

表 5-1　亚洲部分国家和地区的 EDI 标准使用情况

国家或地区	使用标准	运营公司
新加坡	UN/EDIFACT	SNS
中国香港特别行政区	UN/EDIFACT	HKT-CSL,INET,Gazatlenet
日本	N/A	NTT Data,NEC,IBM,AT&T
韩国	ANSI X.12	Dacom,KT-Net
中国台湾	N/A	DGT,TTN
中国内地	UN/EDIFACT	中国电信、中国网通

EDI 的迅猛发展影响全球。但是目前存在的 UN/EDIFACT 和 ANSI X.12 两大标准在某种程度上制约了 EDI 全球互通的发展。例如，当一个美国的公司要与它在欧洲或亚洲的子公司或贸易伙伴联系时，因双方所采用的 EDI 标准不同，就要进行复杂的技术转换才能达到目的。虽然绝大多数翻译软件的制造厂商都支持这两大标准，但是仍会给用户或厂商造成一些不必要的麻烦。

为了在国际贸易中更快、更省、更好地使用 EDI，世界各国特别是工业发达国家，都在强烈要求统一 EDI 国际标准，即"讲一种语言，用一种标准"。

UN/EDIFACT 标准成为统一的 EDI 国际标准已是大势所趋。我国有关部门和专家也一致认为，我国的 EDI 标准应积极向国际标准靠拢，采用 UN/EDIFACT 标准。

思考与分析

EDI 国际标准体系有哪些？

5.3.3　EDI 标准体系的意义

在全球前 1000 家大型跨国企业中，约有 95%的企业应用 EDI 与客户和供应商联系。用纸面订单订货做成一笔生意平均需要 55 美元，用 EDI 订货只需要 27 美元。美国政府全部采用 EDI 方式进行政府采购，新加坡 95%以上的贸易申报表格已由 EDI 进行处理，所需时间可由 3~4 天降为 10~15 分钟，每份文件的处理成本从 5 美元降至 0.8 美元。

EDI 作为当代先进技术与先进生产力的一种代表，强烈地冲击着传统经济和人类生活的各个领域，引起了组织结构、管理模式、思维方式和工作方法的重大变革。UN/EDIFACT 系列标准的广泛应用已清楚地表明：EDI 不仅可以在贸易领域应用，而且随着 EDI 技术的发展，其还将在各行各业得到广泛应用。EDI 是国民经济信息化的主要内容之一，是未来信息化社会的组成元素，或者说是一种新的文化，是人类从事社会活动和生产活动、进行信息交换的一种崭新的方式和工具。EDI 的深入应用，不仅孕育着一场全球性的产业革命，而且还将促进全球信息化社会的早日到来。

5.4　物流 EDI 技术应用

5.4.1　EDI 在物流中的应用优势

EDI 在物流中的应用优势在于，供应链组成各方基于标准化的信息格式和处理方法，通过 EDI 共同分享信息、提高流通效率、降低物流成本。其应用优势主要表现为以下几个方面。

1. 节省时间和资金，提高工作效率和竞争力

采用 EDI 之后，在全球范围内发送一份电子单证最快只需要几秒钟。发票能在更短的时间内投递，数据能立即进行处理。订购、制造和货运之间的周期被大大缩短，减少了库存开销。

EDI 意味着更准确的数据，实现了数据标准化及计算机自动识别和处理，消除了人工干预和人工错误，减少了劳动力和纸张方面的支出。

2. 改善对客户的服务

EDI 也是一种改善对客户的服务的手段，它巩固了 EDI 贸易伙伴之间的市场和分销关系，提高了办事效率，加快了对客户需求的反应。

3. 消除纸面作业和重复劳动

经济的增长伴随着各种贸易单证、文件数量的激增。有关统计显示了以下用纸量超速增长的规律：年国民生产总值每增加 100 亿元，用纸量就会增加 8 万吨。此外，在各类单证中有相当大的一部分数据是重复出现的，需要反复地录入。重复录入浪费人力、浪费时间、降低效率。纸面贸易文件成了阻碍贸易发展的一个比较突出的因素，EDI 能够有效地解决以上两个问题。

4. 扩展了客户群

许多大的制造商和零售商都要求它们的供应商应用 EDI。当它们评估选择一种新的产品或一个新的供应商时，EDI 实施能力是一个重要考察因素。由于 EDI 的应用领域很广，一个具有 EDI 实施能力的公司无疑会扩大其客户群，引来更多的生意。

EDI 在诞生之初应用成本较高，一是因为通过 VAN 进行通信的成本高，二是制定和满足 EDI 标准较为困难。但是近些年来，虚拟专用网（Virtual Private Network，VPN）及互联网的迅速普及，为物流信息活动提供了快速、简便、廉价的通信方式，为企业实施物流 EDI 提供了坚实的基础。

5.4.2 物流 EDI 的应用

EDI 是供应链物流系统中进行数据交换和管理的主要信息技术手段。一个比较理想、完整的基于 EDI 技术的供应链系统如图 5-6 所示，其中的 EDI 服务中心由一个或多个相互认证的服务中心构成。

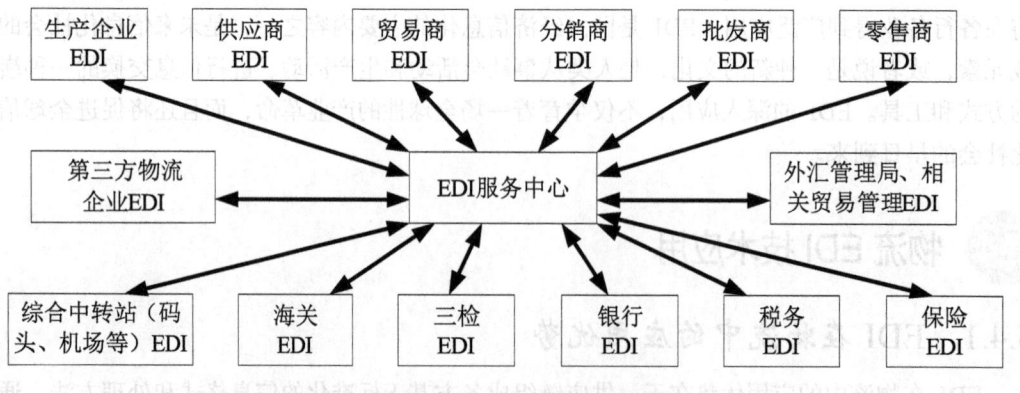

图 5-6 基于 EDI 技术的供应链系统

EDI 最初在美国企业间的应用主要是电子订货业务活动,后来,它的应用范围逐渐向其他领域扩展,如 POS 销售信息传送、库存管理、发货送货信息和支付信息的传送等。EDI 在物流系统中的应用,通常被称为"物流 EDI"。

这里以货物发送方、货物承运方、货物接收方组成的一个物流模型为例,介绍基于 EDI 技术的物流系统的运作步骤。

① 货物发送方(如生产商)接到订货后制订货物运送计划,并通过 EDI 把货物运送清单及运送时间安排等信息发送给货物承运方和货物接收方(如零售商),以便货物承运方、货物接收方分别预先制订车辆调配计划和货物接收计划。

② 货物发送方依据客户的订货要求和货物运送计划下达发货指令、分拣配货,把印有条码的货物标签贴在货物包装箱上,同时,通过 EDI 把所运送货物的品种、数量、包装等信息发送给货物承运方和货物接收方,向货物承运方发出运送请求信息。

③ 货物承运方在从货物发送方处收取货物时,利用车载扫描仪读取货物标签上的条码信息,并与先前收到的货物运输数据进行核对,确认所运货物品种与数量等的正确性。

④ 货物承运方在物流中心对货物进行整理、集装,制作送货清单,通过 EDI 向货物接收方发出送货信息。在运送货物时进行相应的货物跟踪管理,并在货物交给货物接收方之后,通过 EDI 向货物发送方传送完成运送业务信息和运费请示信息。

⑤ 货物接收方在收取货物时,利用扫描仪读取货物标签上的条码信息,并与先前收到的货物运输数据进行核对确认,开出收货单,货物入库。通过 EDI 向货物承运方和货物发送方发送收货确认信息。

再以由生产商和零售商组成的一个物流模型为例,它的运作步骤如下。

① 生产商通过 EDI 服务中心将其产品或销售目录报文,发送给零售商,以便将产品的有关信息传递给零售商。

② 若零售商对生产商的某种产品感兴趣,则通过 EDI 向生产商发出一个报价请求报文,了解生产商的产品价格与交货条款等信息,生产商以报价报文来回答零售商。

③ 若零售商能够接受生产商的产品价格以及交货条款等内容,零售商就可以向生产商发出订购单报文,生产商则可以通过 EDI 使用订购单应答报文对零售商的订购单报文进行答复。

④ 若生产商对零售商的订购答复是肯定的,生产商便可以立即开始备货,备齐货后就可以向零售商发货。为了预先通知零售商货物已发出,生产商通过 EDI 向零售商发出发货通知。

⑤ 零售商收到货物后,通过 EDI 向生产商发出一份收货通知报文,说明自己对货物的接收情况。

⑥ 当生产商接到收货通知后,可以向零售商发出发票报文,申请对货物的支付,零售商收到发票报文经确认后,通过 EDI 发出一份汇款通知报文,以说明即将付款的通知,然后便是款项的实际支付。

⚠ 课堂案例

上海联华超市股份有限公司的 EDI 应用

1. 上海联华超市股份有限公司概况

上海联华超市股份有限公司(以下简称"联华超市")是当前国内连锁零售业的领军企业,

总部设在上海，连锁门店已经扩张到全国各个区域。1991年，联华超市成立。1997年，联华超市发展多元业态连锁经营，成立了上海联华便利商业公司，首批5家联华便利店同时开业。1997年至2001年，联华超市连续5年位列全国超市业第一；1999年至2001年，连续3年蝉联中国零售业榜首。2003年5月份，联华超市、一百集团、友谊集团、华联集团和物资集团被纳入上海百联集团，一个月之后，联华超市成为香港主板上市的第一只零售股。

联华超市成立的最初10年里，围绕铸造中国连锁商业品牌，将发展战略创新、经营创新、管理创新和技术创新贯穿始终，初步实现了做大做强连锁品牌的目标。当然，联华超市并不满足于此，它还有更宏伟的目标：把联华超市办成一个真正的全国性超市公司！一艘巨大的本土商业航母隐约浮出水面。

在这些广为人知的荣誉背后，联华超市一直致力于使用最先进的管理技术来锻造企业的核心竞争力——基于EDI的高效供应链管理。利用外部供应链管理，联华超市可以实时处理与其可依赖的固定供应商及客户之间的交易流程和业务信息管理；而通过内部供应链系统，联华超市能解决企业总部与分支机构、下属门店、分公司、代理商之间的业务管理问题。

2. EDI在联华超市的应用

1）EDI应用前的联华超市

联华超市在成立之初就拥有了统一采购、统一配送等现代连锁商业企业的特征，但是与国际商业巨头相比，可以说是形似而神不似。例如，从联华超市门店的订货到总部配送完全依靠手工操作，手续繁复，效率低下。曾有位联华超市的门店店长说，下大雨时雨伞卖得断档，当你及时发出订货单后，雨伞根本不会在半天内送到，伞到了，雨早停了。作为鲜明的对比，沃尔玛等世界商业巨头则早已开始利用卫星传输信息，使用EDI进行供应链的管理，跨国商品的调配就像在本地医院一样迅捷。

当联华超市的经营规模越来越大时，相应的管理工作变得越来越复杂。因此，公司领导很早就意识到必须加强高科技的投入，增强计算机网络的应用。从1997年开始，公司成立了总部计算机中心，完成经营信息的汇总、处理。配送中心也完全实现了订货、配送、发货的计算机管理，各门店的计算机应用由总部统一配置、统一开发、统一管理。配送中心与门店之间的货源信息传递通过上海商业高新技术发展有限公司的商业增值网以文件方式（E-mail）完成。联华超市计算机系统结构图如图5-7所示。

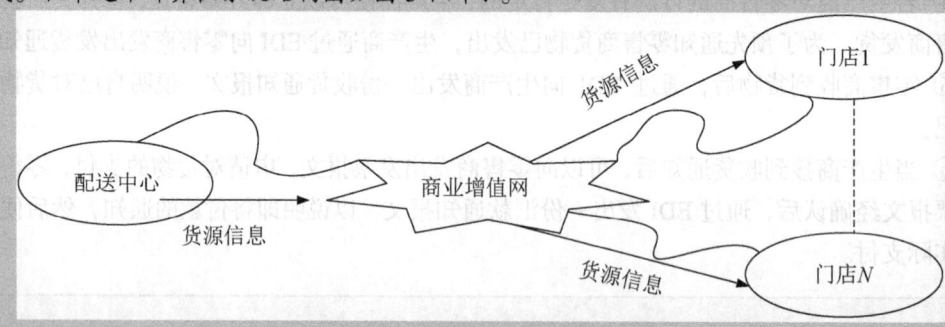

图 5-7 联华超市计算机系统结构图

每天中午12点钟，配送中心将商品的库存信息以文件形式发送到增值网上，各门店计算机系统从自己的增值网信箱中取出库存信息，然后根据库存信息和自己门店的销售信息制作"要货单"。要货单信息并没有通过网上传输，而是从计算机中打印出来，通过传真形式传送到配送中心，配送中心的计算机工作人员再将要货信息输入计算机系统。这样做的结果既导致了数据二次录入可能发生的错误和人力资源的浪费，也体现不出网络应用的价值和效益。

2）EDI 在联华超市的应用

联华超市作为原国家科委（现"科学技术部"）"九五"科技攻关项目"商业 EDI 系统开发与示范"的示范单位之一，从 1998 年 3 月开始，与原北京商学院（现"北京工商大学"）、原杭州商学院（现"浙江工商大学"）、上海商业高新技术发展有限公司合作开发自己的 EDI 应用系统，该 EDI 应用系统结构图如图 5-8 所示。这个 EDI 应用系统包括了配送中心和供应商之间、总部与配送中心之间、配送中心与门店之间的标准格式的信息传递，信息通过商业增值网中的 EDI 服务中心完成。

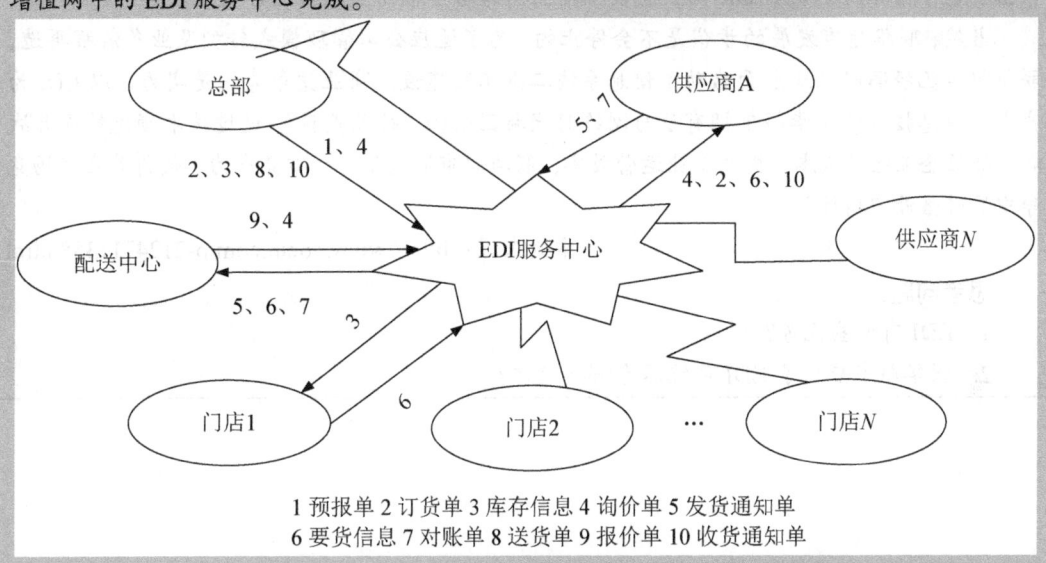

1 预报单 2 订货单 3 库存信息 4 询价单 5 发货通知单
6 要货信息 7 对账单 8 送货单 9 报价单 10 收货通知单

图 5-8 联华超市 EDI 应用系统结构图

采用 EDI 之后，配送中心直接根据各门店的销售情况和要货情况产生订货单并发送给供应商。供应商供货后，配送中心根据供应商的发货通知单直接去维护库存，向门店发布库存信息。这样做的结果使得信息流在供应商、配送中心、门店之间流动，所有数据只有一个入口，保证了数据传递的及时、准确，降低了订货成本和库存费用。联华超市 EDI 应用系统信息流流程图如图 5-9 所示。

EDI 自动订货系统的应用解决了联华超市采购、财务部门等与 3000 多家供应商之间的业务和资金往来问题。

图 5-9 联华超市 EDI 应用系统信息流流程图

联华超市有一个投资 6000 多万元兴建的生鲜食品加工配送中心。每天，联华超市的各门店使用客户端计算机通过 EDI 服务中心发出生鲜食品要货指令，配送中心的计算机系统自动接收后，产生两条指令清单：一条指令会直接提示采购部门按具体的需求安排采购；另一条指令会即时发送给各加工车间中控制价格流水线的电脑控制系统,按照当日的需求进行食品加工,并且根据每个门店的要货时间和地点远近,自动安排生产次序,自动加工、包装。这样就能够可靠地保证生鲜食品当日加工、当日配送和当日销售,从而强化了生鲜食品配送中心最重要的竞争优势——新鲜。据称,这种做法可以满足联华超市1000家门店的配送工作。

在供应链管理系统中,总部可以通过网络即时了解各门店的销售情况;供应商可以通过联华超市的网络轻松地看到自己商品的销售、库存与周转,以便及时组织货源;门店实现了网上要货,所有账目自动生成,减轻了手工记账等的劳动强度。实施供应链管理,使联华超市的总成本下降了10%;供应链上的节点企业生产效率提高了10%以上。此外,联华超市还推出了电子商务——联华OK网,将实体商业网络与虚拟商业网络结合起来。

当然,联华超市发展的步伐是不会停止的。为了适应公司管理模式转型及业务流程再造,联华超市已经高起点地全面启动了信息系统二期工程建设。商业竞争靠的是实力,以EDI为代表的信息技术使联华超市拥有了与网络时代相匹配的"新式武器"。通过技术领先的提升战略,降低企业经营成本,提高企业运营效率,联华超市锻造了其核心竞争力,使得其在市场竞争中显得格外"精神"。

案例来源:http://www.docin.com/p-2124711358.html

思考问题:
1. EDI有哪些优势?
2. 联华超市应用了EDI系统后有哪些变化?

第 6 章

GPS 技术和 GIS 技术

知识目标

- 掌握 GPS 的概念与特点；
- 掌握 GPS 的构成及工作原理；
- 掌握 GIS 的概念、构成及功能；
- 了解 GPS 在物流领域的应用；
- 了解 GIS 在物流领域中的应用。

能力目标

- 会使用 GPS 和 GIS 软件；
- 能利用 GPS 和 GIS 软件对实际地形地貌进行分析与操作。

素养目标

- 培养学生的职业认同感，激发学生对 GPS 和 GIS 专业知识和技能的学习兴趣；
- 通过对 GPS 和 GIS 的学习，激发学生对信息化事业的兴趣；
- 培养学生协调沟通与交流合作的意识和能力。

引导案例

应用卫星定位技术对三江平原地区古遗址的全面勘测

黑龙江省文物保护部门于 2020 年首次应用卫星定位技术对三江平原地区古遗址进行全面勘测，目前已在集贤县完成了 60 余处古遗址的勘测。据悉，这样大范围地应用高新技术进行古遗址勘测在黑龙江省尚属首次。有关测量成果已被省科技厅列为重点发展项目，并得到省考古界专家的认定和好评。

> 黑龙江省三江平原地区汉魏遗址较多。这里的城址、祭坛址、瞭望台址等均保存较好，遗址中的半地穴式房址等遗迹清晰可见。而以往的遗址勘测通常只进行遗址平面图的测绘，测绘误差较大、精度较低，难以准确反映遗址的全貌。
>
> 黑龙江省文物保护部门此次利用 GPS 技术接收卫星信号，精确定位遗址位置，并用全站仪将遗址地形匹配信息、数据参数输入计算机中，形成了遗址群的彩色平面图系。整个测量过程不受气候等因素影响，既节省了人力、物力，又使测量数据更加准确可靠。
>
> 黑龙江省文物管理局的人士介绍说，三江平原地区古遗址勘测除了包括汉魏遗址勘测，还将包括渤海、辽金城址勘测及渤海长城、金界壕边堡勘测等多项内容。通过勘测将搞清三江平原地区重要古遗址的数量、位置、规模范围和分布规律，将全面反映遗址的文化内涵及面貌，进而可以深入研究黑龙江古代城址的产生、演变、发展过程。
>
> 资料来源：https://wenku.baidu.com/view/906f03fb48fe04a1b0717fd5360cba1aa8118c6a.html
>
> 请问：黑龙江省文物古迹管理对全球定位系统技术的成功应用有哪些值得借鉴的地方？

6.1 GPS 概述

6.1.1 GPS 基本概念

全球定位系统（Global Positioning System，GPS）是一个由覆盖全球的 24 颗卫星组成的卫星系统，其卫星图如图 6-1 所示。这个系统可以保证在任意时刻、地球上任意一点都可以同时观测到 4 颗卫星，以保证卫星可以采集到该观测点的经纬度和高度，以便实现导航、定位、授时等功能。这项技术可以用来引导飞机、船舶、车辆以及个人安全、准确地沿着选定的路线准时到达目的地。

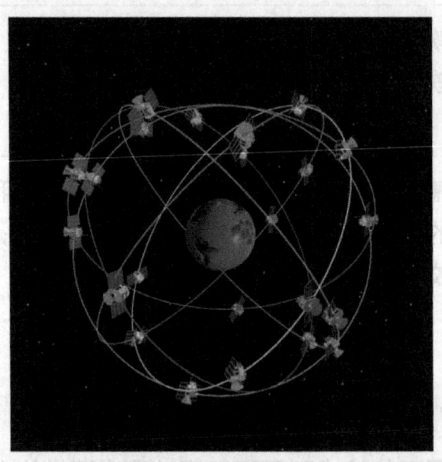

图 6-1　GPS 卫星图

全球定位系统是 20 世纪 70 年代由美国陆、海、空三军联合研制的新一代空间卫星导航定位系统，其主要目的是为陆、海、空三大领域提供实时、全天候和全球性的导航服务，并用于情报收集、核爆监测和应急通信等一些军事目的，是美国全球战略的重要组成部分。经过 20 余年的研究实验，耗资 300 亿美元，到 1994 年 3 月，全球覆盖率高达 98%的由 24 颗 GPS 卫星组成的星座布设完成。

GPS 技术具有定位精度高、高效率和低成本的优点，使其在各类大地测量控制网的加强改造和建立以及在公路工程测量和大型构造物的变形测量中得到了较为广泛的应用。

6.1.2 GPS 特点

1. 定位精度高

应用实践已经证明，GPS 相对定位精度在 50km 以内可达 10~6m，100~500km 范围内可达 10~7m，1000km 以内可达 10~9m。此外，GPS 可为各类用户提供连续的高精度的三维位置、三维速度和时间信息。

2. 观测时间短

随着 GPS 的不断完善以及软件的不断更新，目前，20km 以内的相对静态定位测量仅需 15~20 分钟；快速静态相对定位测量时，当每个流动站与基准站的距离在 15km 以内时，流动站观测时间仅需 1~2 分钟，然后可以随时定位，每站观测仅需几秒钟。GPS 的实时定位速度快，GPS 信号接收机的一次定位和测速工作在一秒甚至更小的时间内便可完成，这对高动态用户来讲尤其重要。

3. 执行操作简便

GPS 信号接收机经过不断改进，自动化程度越来越高，有的已经达到"傻瓜化"的程度；接收机的体积越来越小，重量越来越轻，极大地减轻了测量工作者的工作紧张程度和劳动强度，使野外工作变得轻松愉快。

4. 全球全天候作业

由于 GPS 卫星数目较多且分布合理，所以在地球上任何地点均可连续同时观测到至少 4 颗 GPS 卫星，从而保障了全球、全天候连续实时导航与定位的需要。目前，GPS 观测可在一天 24 小时内的任何时间进行，不受阴天黑夜、起雾刮风、下雨下雪等气候的影响。

5. 功能多、用途广

GPS 不仅可用于测量、导航，还可用于测速、测时。测速的精度可达 0.1m/s，测时的精度可达几十毫微秒。其应用领域不断扩大，GPS 应用如图 6-2 所示。

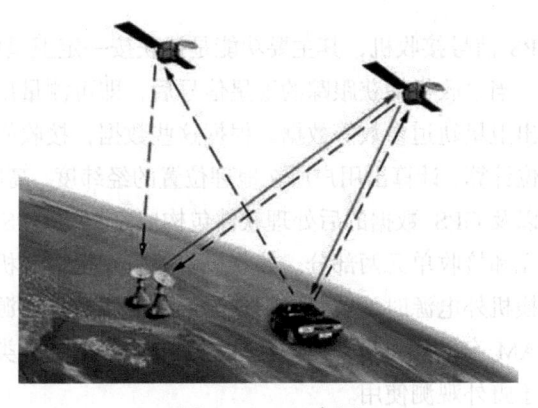

图 6-2 GPS 应用

6. 抗干扰性能好、保密性强

由于 GPS 采用了伪码扩频技术，因而 GPS 卫星发送的信号具有良好的抗干扰性和保密性。

思考与分析

GPS 还有哪些特点？

6.2 GPS 构成与工作原理

6.2.1 GPS 构成

1. 空间部分

GPS 的空间部分是由 24 颗工作卫星组成的，它们位于距地表 20 200km 的上空，均匀分布在 6 个轨道面上（每个轨道面 4 颗），轨道倾角为 55°。此外，还有 4 颗有源备份卫星在轨运行。卫星的分布使得人们在全球任何地方、任何时间都可观测到 4 颗以上的卫星，并能保持良好定位解算精度的几何图像，这就提供了在时间上连续的全球导航能力。GPS 卫星产生两组电码，一组称为 C/A 码（Coarse/Acquisition Code），一组称为 P 码（Procise Code），P 码因频率较高，不易受干扰且定位精度高，因此受美国军方管制，并设有密码，主要为美国军方服务。C/A 码主要开放给民间使用。

2. 地面控制部分

地面控制部分由 1 个主控站，5 个全球监测站和 3 个地面控制站组成。监测站均配装有精密的铯钟和能够连续测量所有可见卫星的接收机。监测站将取得的卫星观测数据（包括电离层和气象数据）经过初步处理后，传送到主控站。主控站从各监测站收集跟踪数据，计算出卫星的轨道和时钟参数，然后将结果送到 3 个地面控制站。地面控制站在每颗卫星运行至其上空时，把这些导航数据及主控站指令注入卫星。这种注入操作对每颗 GPS 卫星每天一次，并在卫星离开注入作用范围之前完成最后的注入。如果某地面控制站发生故障，那么在卫星中预存的导航信息还可使用一段时间，但导航精度会逐渐降低。

3. 用户设备部分

用户设备部分即 GPS 信号接收机，其主要功能是捕获按一定卫星截止角选择的待测卫星，并跟踪这些卫星的运行。当接收机捕获跟踪的卫星信号后，即可测量出接收天线至卫星的伪距和距离的变化率，解调出卫星轨道参数等数据。根据这些数据，接收机中的微处理计算机就可按定位解算方法进行定位计算，计算出用户所在地理位置的经纬度、高度、速度、时间等信息。接收机硬件和机内软件以及 GPS 数据的后处理软件包构成完整的 GPS 用户设备。GPS 信号接收机的结构分为天线单元和接收单元两部分。接收机一般采用机内和机外两种直流电源。设置机内电源的目的在于更换机外电源时不中断连续观测。在使用机外电源时机内电池自动充电。关机后，机内电池为 RAM 存储器供电，以防止数据丢失。目前各种类型的接收机体积越来越小，重量越来越轻，便于野外观测使用。

6.2.2 GPS 的工作原理

GPS 导航的基本原理是测量出已知位置的卫星到用户 GPS 信号接收机之间的距离,然后综合多颗卫星的数据就可计算出接收机的具体位置,如图 6-3 所示。卫星的位置可以根据星载时钟所记录的时间在卫星星历中查出。而用户到卫星的距离则通过记录卫星信号传播到用户所经历的时间,再将其乘以光速得到[由于电离层的干扰,这一距离并不是用户与卫星之间的真实距离,而是伪距离(PR)]。当 GPS 卫星正常工作时,会不断地用 1 和 0 二进制码元组成的伪随机码(伪码)发射导航电文。GPS 使用的伪码一共有两种,分别是民用的 C/A 码和军用的 P(Y)码。C/A 码频率为 1.023MHz,重复周期为 1 毫秒,码间距为 1 微秒,相当于 300 米。P 码频率为 10.23MHz,重复周期为 266.4 天,码间距为 0.1 微秒,相当于 30 米。Y 码是在 P 码的基础上形成的,保密性能更佳。导航电文包括卫星星历、工作状况、时钟改正、电离层时延修正、大气折射修正等信息,它是从卫星信号中解调制出来,以 50b/s 调制在载波上发射的。导航电文每个主帧中包含 5 个子帧,每帧长 6s。前 3 帧各 10 个字码,每 30 秒重复一次,每小时更新一次,后 2 帧共 15 000b。导航电文中的内容主要有遥测码、转换码、第 1、2、3 数据块,其中最重要的则是卫星星历数据。当用户接收到导航电文时,提取出卫星时间并将其与自己的时钟做对比便可得知卫星与用户的距离,再利用导航电文中的卫星星历数据推算出卫星发射电文时所处位置,用户在 WGS-84 大地坐标系中的位置、速度等信息便可得知。

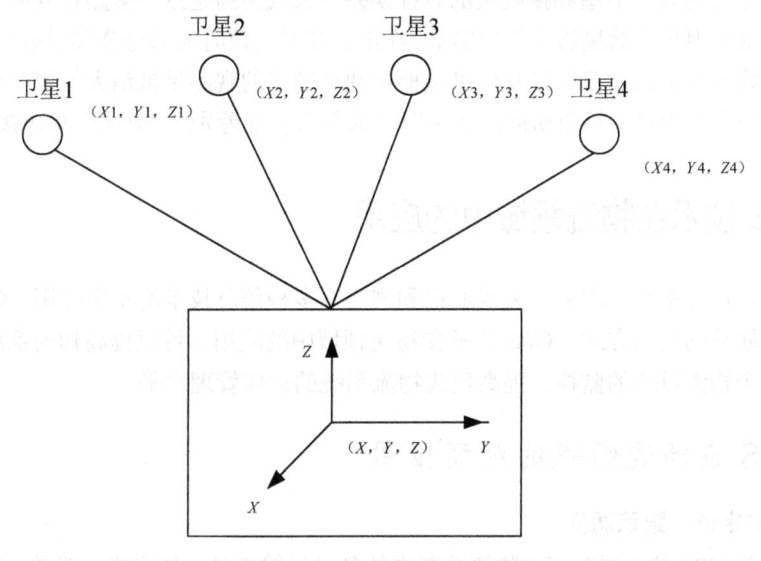

图 6-3 GPS 导航的基本原理

可见 GPS 卫星的作用就是不断地发射导航电文。然而,由于用户 GPS 信号接收机使用的时钟与卫星星载时钟不可能总是同步,所以除了用户的三维坐标 X、Y、Z 外,还要引进一个 Δt(即卫星与接收机之间的时间差)作为未知数,然后用 4 个方程将这 4 个未知数解出来。所以,如果想知道接收机所处的位置,接收机至少要接收到 4 颗卫星的信号。

GPS 信号接收机可接收到可用于授时的准确至纳秒级的时间信息、用于预报未来几个月内卫星所处概略位置的预报星历、用于计算定位时所需卫星坐标的广播星历(精度为几米至几十米,各个卫星不同,随时变化),以及 GPS 的系统信息(如卫星状况)等。

GPS信号接收机通过对电码的量测就可得到卫星到接收机的距离，由于量测过程存在接收机时钟与卫星星载时钟的误差及大气传播误差，故该距离称为伪距。对C/A码测得的伪距称为UA码伪距，精度约为20米，对P码测得的伪距称为P码伪距，精度约为2米。

GPS信号接收机对收到的卫星信号进行解码，或采用其他技术将调制在载波上的信息去掉后，就可以恢复载波。严格来说，载波相位应被称为载波拍频相位，它是收到的受多普勒频移影响的卫星信号载波相位与接收机本机振荡产生信号相位之差。一般在接收机时钟确定的历元时刻量测，保持对卫星信号的跟踪，就可记录下相位的变化值，但开始观测时的接收机和卫星振荡器的相位初值是未知的，起始历元的相位整数也是未知的，即存在整周模糊度，只能在数据处理中作为参数解算。相位观察值的精度高至毫米，但前提是解出整周模糊度，因此只有在相对定位、并有一段连续观察值时才能使用相位观察值，而要达到优于米级的定位精度也只能采用相位观察值。

按定位方式，GPS定位分为单点定位和相对定位（差分定位）。单点定位就是根据一台接收机的观测数据来确定接收机位置的方式，它只能采用伪距观测值，可用于车船等的概略导航定位。相对定位（差分定位）是根据两台及以上接收机的观测数据来确定观测点之间的相对位置的方法，它既可采用伪距观测值也可采用相位观测值，大地测量或工程测量均应采用相位观察值进行相对定位。

GPS观测量中包含了卫星和接收机的时钟误差、大气传播延迟、多路径效应等误差，在定位计算时还要受到卫星广播星历误差的影响，在进行相对定位时大部分公共误差被抵消或削弱，因此定位精度将大大提高。双频接收机可以根据两个频率的观测量抵消大气层中电离层误差的主要部分，在精度要求高、接收机间距较远时（大气有明显差别），应选用双频接收机。

6.3 GPS技术在物流领域中的应用

通过与地理信息系统（GIS）、无线通信和网络等多种信息技术的集成应用，GPS为现代物流系统带来了崭新的运营方式。GPS技术在物流领域中的应用，可以提高物流系统的客户满意度，加强对整个物流过程的监控，提高现代物流系统的运作管理水平。

6.3.1 GPS在物流领域的典型应用

1. 汽车自定位、跟踪调度

三维导航是GPS的重要功能，物流系统中的各种运输工具，如飞机、船舶、车辆等，以及步行者都可利用GPS导航仪进行导航。车辆导航是GPS应用的主要领域之一。

车载GPS导航跟踪系统接收GPS卫星（3颗以上）信号，求出该点的经纬度坐标、速度、时间等信息。通常采用差分GPS技术，可以提高汽车导航定位精度。通过GPS与GIS、无线电通信网络以及车辆计算机管理信息系统的结合，可以实现车辆跟踪和交通管理等许多功能，比如出行路线规划和导航、信息查询、话务指挥以及紧急援助等。

车载GPS导航跟踪系统一般可以应用于以下领域。

1）对特种专用车辆的定位跟踪

在中国，类似运钞车、救护车、消防车、公安巡逻车、迎宾车等的特种车辆约有几十万辆。

对这些车辆配置 GPS 可以实现全程监控、调度和指挥。例如，在急救车上装备 GPS 卫星定位调度系统之后，医院可以很快从调度中心的 GIS 上找到离病人最近的救护车并且可以指挥救护车以最快的速度接送病人，从而可以极大地提高急救效率、替病人挽回宝贵的时间。

2) 城市出租车管理

对于大量的城市出租车来讲，装上 GPS 导航跟踪系统，不仅可以大大增强防盗防劫的能力，而且十分有利于出租车的运营管理。出租车公司在给其下属的所有出租车装上 GPS 导航跟踪系统后，可以对出租汽车进行实时调度，不但可以增加出租车司机的营业额，更重要的是可以减少大量出租车为了寻找客户而进行的漫无目的的空驶。这对降低城市的车流量和减少汽车废气对城市的污染具有十分重要的意义。

3) 公交系统管理

为城市公交系统配备 GPS 导航跟踪系统可以大大提高其运营管理的智能化水平。为公交车装备 GPS，就可以对公交车的运营情况，包括何时发车、何时经过某个车站、何时到达终点站、何时返回、每辆车的实际每趟运行里程等进行详细准确的登记和统计，并且可以使用电子站牌，实时动态地显示公交车的运营状况。

4) 长途运输

GPS 不仅对城市交通的意义十分重大，对长途运输而言也有很大的意义。在长途货运车上装载 GPS 导航跟踪系统，一方面可以保障司机和货物的安全，另一方面可以使长途货运车业主随时掌握车辆的运营情况，及时进行调度，还可以随时与司机通话。这对加速货物运输和缩短空驶里程十分有效。

2. 铁路运输管理

基于 GPS 的铁路计算机管理信息系统，可以通过 GPS 和计算机网络实时收集全路列车、机车、车辆、集装箱及其所运货物的动态信息，实现对列车、货物的追踪管理。只要向计算机管理信息系统输入货车的车种、车型、车号等，就可以立即从流动于庞大的铁路网上的几十万辆货车中找到该货车，还能获知该货车何时在何处运行或停靠，也能获知所有车载货物的发货信息。运用这项技术后，铁路系统可以大大提高其路网及运营的透明度，为货主及合作伙伴提供更高质量的物流服务。

3. 军事物流

GPS 在军事物流中的应用相当普遍，如后勤装备的保障等。美国部署在世界各地的大量军队无论是在战时还是在平时都对后勤补给有着很高的要求，通过综合应用 GPS 和其他顶尖技术，美军实现了强有力、可见的后勤保障，为维护美国的全球利益做出了贡献。各主要军事大国都很重视 GPS 在军事物流中的应用。

4. 物流运输的辅助管理

通过 GPS 辅助管理物流运输，可以实现集装箱的全自动装运，大大加速集装箱的周转速度，提高码头的自动化管理水平。在运货的车船到达以前，人们可以利用各种通信网络或其他信息来源获取到货清单，包括集装箱编号、铅封号、货主信息、内件清单以及其他与货物有关的操作要求等，并将这些信息传入计算机信息系统。车船到港后，集装箱系统上塔吊，塔吊上的数码相机则自动将集装箱的影像反馈传输给计算机信息系统。计算机信息系统会根据这一影像识别出该集装箱的编号，从而对该集装箱内货物的分类、流向及货物堆放做出相应的决策，并通过 GPS 实时控制吊车的运动，将此集装箱运往某一具体的货位（该货位是一组带安置方位的三维坐标），同时打印或传输相应的物流信息，或等待合适的时机做出转运的安排。

6.3.2 GPS 在现实生活中的应用

随着科学技术的发展，GPS 的应用范围也越来越广。目前，我们可以应用 GPS 进行海陆空的导航定位、大地测量以及工程测量的精密定位、授时和测速等。在现实生活中，应用得最为广泛的应该就是人们耳熟能详的 GPS 定位、GPS 导航功能，除此之外，GPS 还在我们的现实生活中有哪些应用呢？

1. 建筑垃圾清运车装 GPS 监控垃圾去向

重庆市印发的《重庆市建筑垃圾管理规定》，将在清运建筑垃圾的车辆上装载 GPS 纳入其中，旨在通过车辆定位监控建筑垃圾最后的去向。

2. 交通执法车辆安装 GPS 远程监控

张家港市交通局为交通执法车辆安装 GPS，24 小时定位执法车辆的准确位置，从而加强道路的巡查能力，提高交通执法的处理能力。

3. GPS 测控车辆，定位小偷、匪徒

有过这样一个案例，某年某月某日，受害人张某驾车外出购物，当日下午，张某丈夫久等未归，拨打张某电话也未接通，于是通过车上安装的 GPS 设备对车辆定位，发现车辆在青岛到胶州的路上异常运行，张某丈夫怀疑张某遭遇不测。张某丈夫随即拨打 110 报警。公安局 110 报警服务台接报后，启动了 110 堵控预案，经周旋，民警从被堵控的车辆中将受害人成功解救。

4. 采用 GPS 征管土地使用税

辽阳市地税局曾给全系统内的税务所配备了 GPS 卫星测量仪，采用先进的 GPS 技术对全市农村、城乡接合部、采选矿厂、建材加工、大型工矿区等范围内的无土地使用证企业进行测量，强化土地使用税税源动态管理，大大提高了土地使用面积核查的准确性，堵塞了企业瞒报、漏报应税面积的渠道。

5. GPS 定位腕表有望替代传统监狱

在西班牙、比利时和美国的一些地方，人们尝试使用一支 GPS 定位腕表来代替传统的监狱。例如，GPS 脚铐主要被使用在获准假释的家庭暴力罪犯身上。根据西班牙监狱系统的规定，获准假释的家庭暴力罪犯通常不得进入受害者周边 500 米的范围内。罪犯身上佩戴的 GPS 脚铐能发射一种特殊频率的电磁波，受害者也会佩戴一个电磁感应装置，一旦二者距离超过预设的警戒距离，电磁感应装置会立即向警方报警。

可以预见的是，GPS 的应用将是一个非常广阔的天地，尤其是在互联网+、车联网异军突起的信息化时代，GPS 一定会极大地改变我们的生活，让我们的生活、出行、交通变得更智能、更科学。

> **课堂阅读**
>
> **省油省时间的 GPS 技术为航空业带来便利**
>
> 第二次世界大战以来,美国的民用航空系统变化很少,随着时代的发展越来越显得落后。据统计,由于效率低下,美国航空业每年燃油方面的浪费就达到数十亿美元。
>
> 美国航空业需要 GPS 来提高运作效率。有人提出一项 35 亿美元的工程,想将现在的航空雷达系统改造成效率高的全球定位系统。支持者认为此举将使美国航空运输能力提高 3 倍,误点概率降低一半,有利于航空安全,还能减少温室气体排放。分析师认为在系统更新完成之后,美国航空业每年至少能节省 50 亿美元。

6.4 GIS 概述

6.4.1 GIS 含义

地理信息系统(Geograhpic Information System,GIS)在我国又称为"资源与环境信息系统"。GIS 是利用计算机存储、处理地理信息的一种技术与工具,是一种在计算机软、硬件支持下,把各种资源信息和环境参数按空间分布或地理坐标,以一定格式和分类编码输入、处理、存储、输出,以满足应用需要的人机交互信息系统。它通过对多要素数据的操作和综合分析,方便快速地把所需要的信息以图形、图像、数字等多种形式输出,满足各应用领域或研究工作的需要。

从技术和应用的角度看,GIS 是解决空间问题的工具、方法和技术;从学科的角度看,GIS 是在地理学、地图学、测量学和计算机科学等学科基础上发展起来的一门学科,具有独立的学科体系;从功能上看,GIS 具有空间数据的获取、存储、显示、编辑、处理、分析、输出和应用等功能;从系统学的角度看,GIS 具有一定的结构和功能,是一个完整的系统。

简而言之,GIS 是一个基于数据库管理系统(DBMS)的管理空间对象的信息系统,以地理空间数据为操作对象是 GIS 与其他信息系统的根本区别。

GIS 的定义可以分为两部分。一方面,GIS 是一门新兴的交叉学科,是描述、存储、分析和输出空间信息的理论和方法的学科;另一方面,GIS 是由计算机软件、硬件、地理数据和用户组成的,通过对地理数据的采集、输入、存储、检索、操作和分析,生成并输出各种地理信息,从而为工程设计、土地利用、资源管理、城市管理、环境监测、管理决策等应用服务的计算机系统,是计算机科学、遥感与航测技术、计算机图形学、计算机辅助设计、应用数学、地理学、地质学等学科综合发展的产物。

利用 GIS,可以提取地理系统各个不同侧面、不同层次的空间和时间特征,也可以快速地模拟自然过程的演变或思维过程的推理,实现地理预测或模拟实验结果,选择优化方案,用于管理与决策系统。

6.4.2 物流地理信息系统

物流地理信息系统（GIS for Logistics），又称为"空间物流信息系统"，是以 GIS、GPS 为代表的空间信息技术和现代物流管理技术飞速发展并集成应用的结果，它是现代物流管理发展的必然趋势。可以把物流地理信息系统理解为从地理分析或空间分析以及可视化管理的角度出发，把 GIS 作为基础平台，综合应用定位技术、通信技术和 Web 技术等，进行物流辅助作业和物流辅助决策的实时、动态的物流管理信息系统。

通过物流地理信息系统的应用，可以提高物流管理的可视化程度，实现大区域的分布式物流作业管理以及基于地理数据或空间数据和属性数据的物流分析；通过与 GPS、网络通信等技术的有效集成，实现对物流移动目标的时间与空间的实时动态监测；利用地理学仿真技术为物流复杂的分析模型提供一个很好的运行检测环境等。总之，通过把空间信息技术引入传统物流领域，能够从技术层面改变传统物流系统的运作模式，丰富传统物流系统在分析、辅助决策等方面的功能，提高解决物流系统问题的能力。

> ⚠ **课堂阅读**
>
> **谷地简介**
>
> 谷地（Goody Geographic Information System，GoodyGIS）是一款基于谷歌地球 API 开发的应用软件，旨在扩展谷歌地球的应用，辅助获取数据，提高工作效率。可应用于学术科研、工程、规划、设计等工作，在测绘、地质、交通、电力、水利、农业、林业、能源和旅游等领域应用广泛。
>
> 谷地不生产任何数据，也不提供任何数据，通过谷地获取的所有数据均来自互联网，谷地不对所获取数据的精度、准确度、有效性等负责。

6.5 GIS 构成、功能与工作流程

6.5.1 GIS 构成

从应用的角度看，GIS 由硬件、软件、数据、人员和方法五部分构成。硬件和软件为 GIS 建设提供环境；数据是 GIS 的重要内容；方法为 GIS 建设提供解决方案；人员是 GIS 建设中的关键和能动性因素，直接影响和协调其他几个组成部分。

硬件主要包括计算机和网络设备、存储设备、数据输入、显示和输出的外围设备，等等。

软件主要包括以下几类：操作系统软件、数据库管理软件、系统开发软件、GIS 软件等。GIS 软件的选择直接影响其他软件的选择，影响系统解决方案，也影响着系统建设周期和效益。

数据是 GIS 的重要内容，也是 GIS 的灵魂和生命。数据组织和处理是 GIS 应用系统建设中的关键环节，涉及如下许多问题。

- 应该选择何种（或哪些）比例尺的数据？
- 已有数据现势性如何？
- 数据精度是否能满足要求？

- 数据格式是否能被已有的 GIS 软件集成？
- 应采用何种方法进行处理和集成？
- 应采用何种方法进行数据的更新和维护？

方法指系统需要采用何种技术路线，采用何种解决方案来实现系统目标。方法的采用会直接影响系统性能，影响系统的可用性和可维护性。

人员是 GIS 的能动部分。人员的技术水平和组织管理能力是决定系统建设成败的重要因素。系统人员按不同分工有项目经理、项目开发人员、项目数据人员、系统文档撰写和系统测试人员等。各个部分齐心协力、分工协作是成功建设 GIS 应用系统的重要保证。

物流地理信息系统建设需要从以下五个方面着手。

1．计算机硬件系统

计算机硬件系统是物流地理信息系统的实际物理外壳，对物流地理信息系统的规模、精度、速度、功能及使用方法都有极大的支持或制约作用。它的基本组件包括中央处理器、用于保存数据的存储设备、显示以及输入输出的外围设备等。这些硬件组件协同工作，向计算机系统提供必要的信息，使其完成各种任务。

2．计算机软件系统

计算机软件系统是指物流地理信息系统运行所必需的各种程序。物流地理息系统的计算机软件系统可分为计算机系统软件、地理信息系统核心软件和物流地理信息系统应用软件三部分。

1）计算机系统软件

在物流地理信息系统中，计算机系统软件主要包括物流作业系统、数据库管理系统软件以及编译解释程序等。

2）地理信息系统核心软件

地理信息系统核心软件一般包括四个基本模块：数据输入子系统、数据存储与检索子系统、数据处理与分析子系统、数据输出子系统。

① 数据输入子系统执行数据的采集、预处理和数据的转换（主要指不同管理信息系统间的数据交流）功能。

② 数据存储与检索子系统组织和管理数据库中的数据，便于数据查询、更新与编辑处理。

③ 数据处理与分析子系统对数据库中的数据进行计算、分析和处理，比如，计算某一区域的面积、储量，进行物流配送的缓冲区分析和空间叠置分析等。

④ 数据输出子系统以表格、图形、图像方式将数据库中的内容和计算、分析结果输出到显示器、绘图纸或透明胶片上。

❓ 思考与分析

GIS 的功能及核心模块包括哪些？

3）物流地理信息系统应用软件

物流地理信息系统应用软件是指物流地理信息系统的开发人员或用户根据物流的某个专题或模型而特别编制的执行特定任务的程序，它与地理信息系统核心软件紧密相连，是系统软件的扩充和延伸。应用软件作用于地理专题数据或区域数据，构成物流地理信息系统的具体内容，这是用户最为关心的、真正用于物流系统地理分析的部分，也是从空间数据中提取物流地理信息的关键。物流地理信息系统应用软件的水平在很大程度上决定了该系统在实用性方面的优劣程度。

3．物流的地理空间数据

1）数据的含义

数据是对客观事物的符号表示。在计算机科学中，数据是指所有能输入计算机中并被计算机程序处理的符号的总称，可以是字母、数字或其他符号。数据项可以按目的组织成数据结构。

在物流地理信息系统中，由工作人员输入、系统存储的各种物流专题地图和统计表就是数据，系统软件中包含的代码是二进制数据，用户对物流地理信息系统发出的各种指令也是数据。

2）地理空间数据及其特征

地理空间数据由点、线、面构成，表达了地理空间实体的位置、大小、形状、方向以及拓扑集合关系，地理空间数据通过栅格和矢量两种方式表达。

地理空间数据一般具有如下三个基本特征。

① 空间特征数据。表示地理空间实体的位置或它们现在所处的地理位置以及它们的拓扑关系和几何特征。几何特征又称为定位特征，一般表示为坐标。

② 属性特征数据。这里的属性主要指专题属性，其特征数据是一种非定位数据。物流专题属性是指物流实体所具有的各种性质，如仓库的结构、高度、层数、储量，使用的主要建筑材料、功能等。专题属性可以用数字、符号、文本和图像等方式表达。常用的专题属性表达方式主要有两种：表格、图形或图像。

表格：通过固定的表格格式详细列出空间实体的参数或数据。一般情况下，表格数据比较精简、明了，易于理解。

图形或图像：无论是通过矢量还是栅格方式表达地理空间中的实体，如果其属性特征是通过属性值的级别来表达的，那么，就可以在同一级别的空间范围内填充一定的颜色或标注图例符号。例如，在绘制或显示配送中心的配送区域并划分专题图时，不同配送中心的配送区域就可以通过不同颜色来加以表示。以图形或图像表达的属性数据具有隐含的性质，必须通过图例或有关技术规范才能加以理解。

③ 时间特征数据。表示随时间变化的现象或物体的数据。按时间变化的周期划分，时间特征数据有超短期的、短期的、中期的、长期的或超长期的。

物流的空间特征数据和属性特征数据常常呈现相互独立的变化，即在不同的时间，物流的空间位置不变，但属性数据可能发生变化，或者相反。例如，某个仓库的空间位置不变，但其库存量随着时间的变化而不断发生着变化；又例如，某辆正在运货的集装箱卡车，它的最大载重量不变，但其空间位置却在运货过程中不断发生着变化。

对于现有的大量 GIS，由于它们并非是时态 GIS，所以，一般把专题属性和时间特征数据统称为属性数据。

4．地理数据库系统

地理数据库系统由数据库和数据库管理系统组成，地理数据库系统主要用于数据维护、操作和查询检索。物流的地理空间数据可以通过数字化仪、扫描仪、键盘等输入设备输入 GIS 中，通过 GIS 的输入处理模块按照一定的数据结构将其转化成标准的数据文件，存放到物流地理数据库中，由 GIS 对物流数据进行处理并提供给用户使用。物流地理数据库是物流地理信息系统的重要资源与基础，它们的建立和维护是一项非常复杂、需要许多技术与经验的工作，涉及许多步骤，必须投入大量的人、财、物资源，这也是物流地理信息系统应用项目开展的瓶颈之一。

5．专业人员和物流组织机构

人员是物流地理信息系统的重要构成因素。仅有计算机硬件系统、软件系统和地理空间数据还不能构成完整的物流地理信息系统，还需要有人来进行系统的组织、管理、维护、更新、扩充以及应用程序的开发。专业人员，特别是那些复合型人才（既懂物流又熟悉 GIS 的人才）是物流地理信息系统成功应用的关键，而强有力的组织是系统运行的保障。所以，对于物流地理信息系统，无论是需求分析、总体设计，还是专业功能的开发和应用，都离不开专业人员的参与，也离不开物流组织机构的支撑。

6.5.2 物流地理信息系统的基本功能

由于物流系统以及所采用的 GIS 软件往往各不相同，因此，物流地理信息系统所实现的功能以及所采用的技术也会不一样。但是，大多数物流地理信息系统都存在如下五个基本功能：物流数据的采集/检验、物流数据的编辑/转换、物流数据的存储/组织、空间查询/分析以及物流数据的输出/显示等。这些基本功能主要完成从物流数据准备到结果显示流程中不同阶段的数据转换工作。物流地理信息系统的数据流程如图 6-4 所示。

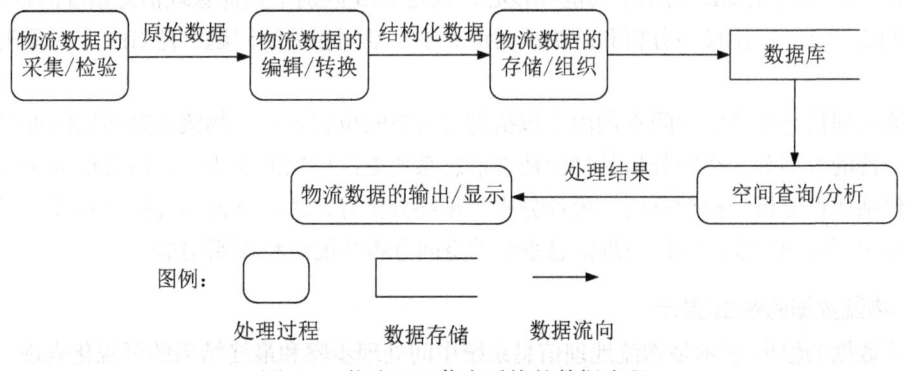

图 6-4　物流地理信息系统的数据流程

1．物流数据的采集/检验

物流数据的采集/检验主要是指获取物流数据，保证 GIS 数据库中数据内容的正确性、完整性、逻辑性和一致性等。用于物流地理信息系统数据采集的方法与技术有很多。GIS 的输入子系统可以将遥感数据、文本资料、图像文件、测量数据等转换成与计算机兼容的数字格式。此外，很多计算机辅助输入设备，如扫描仪、数字化仪、磁盘机、光盘驱动器、数字测量仪等都可以用于物流数据的录入。针对不同的仪器设备，GIS 应当有相应的软件，以保证得到规范后的物流数据。

2．物流数据的编辑/转换

物流数据的编辑/转换是指对采集到的物流空间数据和属性数据进行组织、修改等。属性数据的编辑主要是与关系数据库管理系统结合在一起完成的。空间数据的编辑是 GIS 提供的独特功能，是利用 GIS 的软件工具对已采集到的空间数据进行处理和再加工，主要包括空间数据拓扑关系的建立、图形编辑、图形变换、图形整饰和投影变换等内容。

物流数据的转换是指对具有不同数据结构的物流数据间的转换，包括数据格式转化、数据比例尺的变换。数据格式转化通常是指矢量数据和栅格数据间的转化，一般而言，矢量数据到栅格数据的转化要比其逆转化运算速度快且简单。数据比例尺的变换涉及数据比例尺缩放、平移、旋转等方面的操作。

3. 物流数据的存储/组织

物流数据的存储/组织是建立物流地理信息系统数据库的关键步骤，涉及空间数据和属性数据的组织。栅格模型、矢量模型或栅格矢量混合模型是常用的空间数据组织方法。空间数据结构的选择在一定程度上决定了系统所能执行的数据处理与分析功能。混合数据模型由于综合利用了矢量和栅格两种数据结构的优点，为现在的大多数 GIS 所采用。属性数据的存储/组织一般直接利用商用关系数据库管理软件来进行存储管理。在 GIS 的存储管理中最为关键的是如何将空间数据和非空间的属性数据融合为一体。现在的 GIS 大多数是将两者分开存储，通过地理标识码来进行关联，但是这种组织方式带来的缺点是数据定义与数据操作相分离，无法有效地反映事物在时间维度上的变化。

4. 空间查询/分析

空间查询/分析是 GIS 的基本功能和核心，也是 GIS 区别于其他管理信息系统的根本标志。在 GIS 的支持下，运用模型分析和解决现实世界中与空间相关的问题，是 GIS 应用深化的重要标志。

物流地理信息系统的空间查询内容包括物流的空间位置查询、物流专题属性的查询以及空间拓扑结构的查询等。空间分析是物流地理信息系统更深层次的应用，其内容比空间查询更加广泛，包括属性分析、模型分析、统计分析、拓扑分析等，随着物流地理信息系统应用范围的扩大和应用深度的加强，物流地理信息系统的空间分析功能也将不断增加。

5. 物流数据的输出/显示

物流数据的输出/显示是物流地理信息系统中间处理步骤和最终结果的可视化表现。随着多媒体技术、信息技术日新月异的发展，物流空间地理数据的输出/显示方法和模式也多种多样，现在除了二维静态地图，已经出现了三维动态地图、图形数据和多媒体混合表现、网上地图以及虚拟现实技术等。物流地理信息系统为用户提供了许多用于输出/显示地理数据的工具，其既可以通过计算机屏幕显示，也可以是报告、表格、地图等。

6.5.3 几种常用的 GIS 软件

经过几十年的发展，目前世界上的 GIS 软件已有上百种，它们大小不一，风格各异。比较著名的有 ArcGIS、MapInfo、MGE、MapCAD、GenaMap、MicroStation、GeoGraphics 和 Maptitude 等。中国也相继推出了很多种的 GIS 软件，如武汉测绘科技大学的 GeoStar、中国地质大学的 MapGIS 和北京大学的 CityStar，等等。

ArcGIS 是 ERSI 公司的产品，它是目前功能十分完善、性能非常稳定的专业 GIS 软件平台之一，也是最庞大的 GIS 软件。它以工业标准的、开放的、统一的对象组件库（ArcObjects）

作为公共的技术基础，使其从低端平台产品到高端产品过渡和升级时，可以保证数据和应用功能（程序）无须做改动和转换就能平滑地进行。以 ArcGIS 9.2 为例，它包括了桌面 GIS（ArcReader、ArcView、ArcEditor 和 ArcGIS 扩展模块）、服务器 GIS（ArcIMS、ArcGIS Server 和 ArcGIS Image Server）、移动 GIS（ArcPAD 和 ArcGIS Mobile）和开发 GIS（为开发者提供的一系列组件，用于扩展 GIS 桌面、定制基于桌面和 Web 的应用，以及创建移动解决方案等，包括 ArcGIS 和 EDN 产品）。ArcGIS 系列产品已经实现全面开放，可以支持 SUN、IBM、HP-UX、Digital UNIX、SGI、Windows NT 和 Alpha NT 等多种平台；数据库可以支持 Oracle、Microsoft SQL Server、IBM DB2、Informix 等。ArcGIS 的二次开发模式主要有两种：利用 ArcGIS、AML（Arc Macro Language）和 ODE（Open Development Environment）来进行开发，利用 ArcGIS 的组件在通常的编程语言开发环境中进行开发，因此其开发语言除了软件所带的宏语言，还可以是 VB、C++和 Java 等大量其他的开发语言，其开发环境可以是 Microsoft Visual Studio、Eclipse、Sun ONE Studio 或 Borland JBuilder。ArcGIS 系列产品拥有很多的优秀品质，其可以支持海量数据的存储、长事务处理和版本管理，系统具有可伸缩性、开放性、集成性和安全性，支持面向对象的数据模型，提供大量的数据模型，可以离线编辑，支持移动 GIS 和网络 GIS 等。

MapInfo 是 MapInfo 公司开发的 GIS 产品，是目前比较流行的桌面 GIS 系统。MapInfo Professional 是其主要的软件产品；MapBasic 是为在 MapInfo 平台上开发用户定制程序的编程语言；MapInfo MapX 是其提供的强大的 ActiveX 组件式开发工具，通过标准的可视化程序工具，开发人员能很容易地把地图功能整合到任何应用中去；MapInfo MapXtreme Java 是 100%的纯 Java 地图服务器，兼容 J2EE 规范，可以在 Internet 或 Intranet/Extranet 环境中实现地理位置的智能应用；MapInfo SpatialWare 在数据库环境中实现了基于 SQL 的空间访问、分析和建模，支持大量空间数据的集中存储和管理，它允许基于位置的数据或空间数据与各种先进的商业数据库管理系统如 Microsoft SQL Server、IBM DB2、Oracle 和 Informix 等实现轻松的无缝整合。

MapGIS 是中国地质大学开发的 GIS 软件。6.1 版本以上的 MapGIS 是全组件化的地理信息系统。MapGIS 具备了许多优异的性能，比如高性能的空间数据库管理、完备的空间分析、DTM 分析、实用的网络分析和多源图像分析等。MapGIS 的二次开发环境可以是 VC++、VB 和 Delphi 等，并且提供对 API 函数层、C++类层和 ActiveX 组件层的支持。

基于 GIS 的物流信息系统一般应该具有如下特点：支持多种内容、类型、格式的数据和模型，并提供不同数据的操作功能；考虑到基于 GIS 的物流信息系统的分布式特点，根据用户的不同而提供不同的用户视图；提供基于 GIS 并针对物流作业的地理分析和空间分析功能，支持模型分析以及辅助决策；采用面向对象的思想，使平台具有良好的可继承性和可维护性，使用者可以透明地操作；提供标准的程序接口和通信服务机制，支持与其他系统的数据交换和功能调用，使平台具备一定的可拓展性；等等。

GIS 和物流系统的集成方法有很多，其实质是实现数据集成或功能集成。数据集成包括异构数据集成和同构数据集成。进行数据集成时，通常需要把异构数据转换成同构数据，或者把异构数据转变成同构过渡数据，以使各种格式的数据都能被系统使用，包括空间数据、非空间数据和影像数据等。功能集成则是根据物流系统的运营模式对其功能进行规划和重组。目前主流的集成模式有 GIS 和传统物流信息系统相独立的操作集成模式、基于 OLE 技术的集成模式、基于 COM 技术的集成模式、基于 XML 技术的集成模式、基于 CORBA 技术的集成模式以及基于 Agent 技术的集成模式等。

不同的 GIS 软件有着不同的特点，不同的物流信息系统也有着各自不同的差异，为了构建物流地理信息系统，需要挑选最合适的 GIS 软件。

> **⚠ 课堂案例**
>
> **陕西大件汽车运输有限责任公司 GIS/GPS 成功案例**
>
> **1. 企业概况**
>
> 陕西大件汽车运输有限责任公司成立于 1995 年，注册资金 5000 万元，2006 年年产值超过 1.2 亿元。主要经营国家重点工程成套设备运输和货运代理总承包运输业务；提供水路、公路、铁路多种方式联运业务；经营进出口货物的国际运输代理业务；可独立承担运输"长度在 40 米及以上，宽度在 6 米及以上，高度在 5 米及以上，重量在 300 吨以上"的货物；提供超限货物交通运输咨询监理及运输最佳方案设计业务；自营和代理各类商品的技术的进出口；精通电力工程建设项目的成套、大型设备运输业务。该公司是西北地区以公路运输超长、超宽、超重物件为主的大型运输企业。
>
> **2. 业务概况**
>
> 随着互联网的发展和通信技术的进步，跨平台、组件化的 GIS 和 GPS 技术的逐步成熟，基于 GIS/GPS 的应用将构造具有竞争力的透明物流企业。GIS 应用于物流分析，主要是指利用 GIS 强大的地理数据功能来完善物流分析技术。GPS 在物流领域的应用可以实时监控车辆等移动目标的位置，根据道路交通状况向移动目标发出实时调度指令。而 GIS、GPS 和无线通信技术的有效结合，再辅以车辆路线模型、最短路径模型、网络物流模型、分配集合模型和设施定位模型等，能够建立功能强大的物流信息系统，使物流变得实时并且成本最优。
>
> **3. 解决方案**
>
> ① GIS/GPS 的应用，必将提升物流企业的信息化程度，使企业日常运作数字化，包括企业拥有的物流设备或者客户的任何一笔货物都能用精确的数字来描述，不仅能够提高企业运作效率，同时能够提升企业形象，争取更多的客户。
>
> ② GIS/GPS 和无线通信技术的结合，使得流动在不同地方的运输设备变得透明而且可以控制。结合物流企业的决策模型库的支持，根据物流企业的实际仓储情况，并且由 GPS 获取的实时道路信息，可以计算出最佳物流路径，对运输设备进行导航，减少运行时间，降低运行费用。利用 GPS 和 GIS 技术可以对车辆进行实时定位、跟踪、报警、通信等，能够满足业主掌握车辆基本信息、对车辆进行远程管理的需要，能够有效避免车辆的空载现象，同时客户也能够通过互联网技术了解自己货物在运输过程中的细节情况。例如，在草原牧场收集牛奶的车辆途中发生故障，传统物流企业往往不能及时找到故障车辆而使整车的原奶坏掉，损失惨重，而 GIS/GPS 能够快捷地解决这个问题。另外，人的影响因素也处处存在，GIS/GPS 能够有效地监控司机的行为。
>
> ③ 通过对物流运作的协调，促进协同商务的发展，让物流企业向第四方物流职能转换。由于物流企业能够实时地获取每部车辆的具体位置、载货信息，因而物流企业能够使用系统

的观念运作企业的业务，降低空载率。随着职能的转变，物流企业如果为某条供应链服务，则能够发挥第四方物流的作用。物流企业通过 GIS/GPS、无线通信技术能够精确地获取运输车辆的信息，再通过互联网供企业内部和客户访问，从而把整个企业的运作、业务变得透明，为协同商务打下基础。将 GIS、GPS、WAP 与 Web 技术集成一体，应用于物流和供应链管理信息技术领域的前景十分广阔。

案例来源：https://www.soft78.com/article/201802/b0-7l_HrQ-ikIpJ_DdEJ0Q.html

思考问题：
1. GIS/GPS 导航系统具备哪些功能？
2. GIS/GPS 导航系统是如何对物流运作发挥作用的？

6.6 GIS 技术在物流领域中的应用

6.6.1 GIS 的应用领域

20 世纪 90 年代以来，GIS 得到了惊人的发展，广泛应用于资源调查、环境评估、灾害预测、国土管理、城市规划、邮电通信、交通运输、军事公安、水利电力、公共设施管理、农林牧业、统计、商业金融等几乎所有领域。

GIS 的典型应用领域如下。

1. 资源管理（Resource Management）

GIS 主要应用于农业和林业领域，解决农业和林业领域各种资源（如土地、森林、草场）分布、分级、统计、制图等问题。主要回答"定位"和"模式"两类问题。

2. 资源配置（Resource Configuration）

城市中各种公用设施的配置，救灾减灾中物资的分配，全国范围内的能源保障、粮食供应等在各机构、各地的配置等都是资源配置问题。GIS 在资源配置中的目标是保证资源的最合理配置和发挥最大效益。

3. 城市规划和管理（Urban Planning and Management）

空间规划是 GIS 的一个重要应用领域，城市规划和管理是其中的主要内容。例如，在大规模城市基础设施建设中如何保证绿地的比例和合理分布、如何保证学校、公用设施、运动场所、服务设施等能够有最大的服务面（城市资源配置问题）等。图 6-5 展示了 GIS 在城市规划中的三维应用。

4. 土地信息系统和地籍管理（Land Information System and Cadastral Applicaiton）

土地信息系统和地籍管理涉及土地使用性质变化、地块轮廓变化、地籍权属关系变化等许多内容，借助 GIS 技术可以高效、高质量地完成这些工作。

5. 生态环境管理与模拟（Environmental Management and Modeling）

在生态环境管理与模拟领域，GIS 可以有效支持区域生态规划、环境现状评价、环境影响评价、污染物削减分配的决策支持、环境与区域可持续发展的决策支持、环保设施的管理、环境规划等。

图 6-5　GIS 在城市规划中的三维应用

6．应急响应（Emergency Response）

在应急响应领域应用 GIS，可有效解决在发生洪水、战争、核事故等重大自然或人为灾害时，如何安排最佳的人员撤离路线并配备相应的运输和保障设施的问题。

7．地学研究与应用（Application in GeoScience）

地形分析、流域分析、土地利用研究、经济地理研究、空间决策支持、空间统计分析、制图等都可以借助 GIS 工具完成。

8．商业与市场（Business and Marketing）

商业设施的建立充分考虑其市场潜力。例如，大型商场的建立如果不考虑其他商场的分布、待建区周围居民区的分布和人数，建成之后就可能无法实现预期的市场和服务面，甚至商场销售的品种和市场定位都必须与待建区的人口结构（年龄构成、性别构成、文化水平）、消费水平等结合起来考虑。GIS 的空间分析和数据库功能可以解决这些问题。房地产开发和销售过程中也可以利用 GIS 的功能进行决策和分析。

9．基础设施管理（Facilities Management）

城市的地上地下基础设施（电信、自来水、道路交通、天然气管线、排污设施、电力设施等）广泛分布于城市的各个角落，且这些设施明显具有地理空间数据特征。它们的管理、统计、汇总都可以借助 GIS 完成，而且可以大大提高工作效率。

10．选址分析（Site Selecting Analysis）

根据区域地理环境的特点，综合考虑资源配置、市场潜力、交通条件、地形特征、环境影响等因素，在区域范围内选择最佳位置，是 GIS 的一个典型应用领域。选址分析充分体现了 GIS 的空间分析功能。

11．网络系统分析（Network System Analysis）

建立交通网络、地下管线网络等的计算机模型，研究交通流量和交通规则，处理地下管线突发事件（爆管、断路）等应急处理，警务和医疗救护的路径优选、车辆导航等也是 GIS 网络系统分析应用的实例。

12．可视化应用（Visualization Application）

在可视化应用领域，GIS 可以以数字地形模型为基础，建立城市、区域或大型建筑工程、著名风景名胜区的三维可视化模型，实现多角度浏览。模型可广泛应用于宣传、城市和区域规划、大型工程管理和仿真、旅游等领域。

13．分布式地理信息应用（Distributed Geographic Information Application）

随着无线通信网络和互联网技术的发展，运行于 Intranet 或 Internet 环境下的 GIS 应用类型的目标是实现地理信息的分布式存储和信息共享以及远程空间导航等。

6.6.2 GPS 和 GIS 的综合应用

由于 GPS 提供的是经纬度格式的大地坐标，导航需要平面坐标及其在地图上的相对位置，这样以数字地图、GIS 和 GPS 为基础的计算机智能导航系统便应运而生。智能导航系统是指安装在各种载体（如车辆、飞机、舰船）上，以计算机信息为基础，能自动接收和处理 GPS 信息，并显示载体在电子地图上的精确位置的技术系统。车载 GPS 导航系统和移动目标定位系统是智能导航系统的具体应用。

在 GPS 与 GIS 深入结合应用的同时，现代通信技术也发生着天翻地覆的变化，嵌入式手持设备也迅速普及。目前，移动手持设备如移动电话和掌上电脑（PDA）已经有了非常广泛的使用。新技术的发展为 GPS+GIS 的应用带来了一些新的问题和需求。

首先，在公安、交通、电力、电信、石油、市政、林业、农业等行业的导航与监控应用中，又有了更进一步的应急处理系统，如在定位的同时，还需要了解当前位置的周边地理情况、所需资源能否满足要求、设施设备的状态、当前位置到目标位置的最佳路径等，以便能更好、更快地进行应急处理，这样，作为 GPS 移动目标表现载体的 GIS 不仅需要提供基本的 GPS 移动目标的地图化表现，还要提供更进一步的基于位置的分析功能，从而提供合理的决策支持依据。

其次，GPS 导航、监控以及应急处理系统的不同，以及监控中心、监控分中心等的规模、业务范围、应用阶段的不同，对服务器的性能以及终端设备操作系统平台的需求也不尽相同，因此，相应的 GIS 也必须能够提供满足 Windows、UNIX、Linux 等多种系统应用的解决方案。

再次，在 GPS 导航、监控以及应急处理系统中，移动终端的载体又有许多不同的情况：行驶在大街上、在野外、在地下、在空中、在水上（水中）；控制中心可能在室内，也可能在户外。这样，硬件需求就千差万别，有传统的车载单元、PDA、移动电话、普通 PC 等。针对不同的硬件设备，必须有与之匹配的软件解决方案。

从次，从各个行业的不同应用来看，由于不仅仅局限于定位、导航，还要为决策支持提供强有力的参考依据，因此，GPS+GIS 的应用不仅仅有道路交通、行政区划等基本地图信息，还需要有与本行业密切相关的地图数据以及属性数据，这样的数据量是相当大的，从而必须提供海量数据管理的有效机制。

最后，随着网络带宽的迅速提高，GPS 与 GIS 相结合应用模式从传统的单机版或 C/S 方式向 B/S 方式转变已经是大势所趋，因此提供基于 WebGIS 的应用解决方案也是势在必行。

解决了以上问题的 GPS+GIS 平台则能够以空间位置信息作为其智能化业务处理的基础，从而对各种相关数据进行分析、评估以及做出决策。此类平台的应用领域可以包括以下几处。

1. 信息检索查询

① 地图显示：缩放、平移、地图图层控制、图例定义。
② 通过定义查询条件，对各类属性数据进行查询。
③ 根据点、线、面等特点，按照相关性关系进行关联查询。
④ 对距离、周长、面积等进行量算。

2. 多媒体信息输出

将用户关注的各类数据信息，以文字、数据报表、图片、专题图等形式输出，以满足不同分析决策工作的需要。

3. 周边情况查询

移动终端和控制中心均可对该终端周围的设施以及某设施中提供服务的详细信息进行查询，甚至是对信息进行交互式的处理。

4. 决策及事件响应

移动设备或者指挥中心设备能够预先装入相关的决策分析模型，现场移动设备或者指挥中心设备根据出现的状况，自动提供建议采用的解决方案，以备工作人员参考，确定科学合理的决策或计划。

5. 指挥监控调度跟踪

控制中心可以及时了解移动终端的位置和状态信息，从而对资源进行有效的跟踪，以保障安全；或者对资源进行合理的调配，以保障生产作业的效率。

6. 导航/路径计算

根据移动终端当前的位置和目的地的位置，进行最优路线分析，并按照预先设定的条件和规则，生成前往目的地的建议路线，同时提供沿途的关键性信息。

GPS 和 GIS 的综合应用平台，通过移动通信、互联网和空间信息的技术与手段，以电子地图为依托，以移动终端的位置数据为基础，让使用者可以获取各种与当前位置相关的信息，从而为工作的进一步开展提供参考的依据。

> **课堂案例**
>
> **海尔的 GPS 与 GIS 系统**
>
> 1. 企业背景
>
> 海尔集团（以下简称"海尔"）的服务质量有目共睹，但是这并不意味着它们要为高质量付出很高的成本，那么，它是怎么有效控制成本的呢？服务成本在哪里？
>
> 海尔的顾客服务实行网上派工制，电话中心收到客户信息后，利用全国联网的派工系统

在5分钟之内将信息同步派送到离用户距离最近的专业维修服务网点。

2. 用户报修的流程

在海尔的服务管理中，用户报修的流程如下所述。

首先，用户打电话报修，之后登记用户信息，关键是用户所处的位置，然后工作人员手工选择离用户最近的维修网点，手工网上分派任务，最后维修工程师上门服务。

乍一看流程非常完美，但仔细看却有不少漏洞。在登记用户信息时，接线员可能一点儿都不熟悉该地址，他怎样才能快速、准确地定位用户的位置？而在手工选择离该用户最近维修网点的环节，该接线员又怎样知道哪个网点离报修地点最近？

海尔按照距离为上门维修的服务商配发津贴，而怎样确定距离？凭服务商报，是不是有很大的漏洞？

这些漏洞用常规手段解决很困难。刚开始，海尔使用的是人海+人脑的战术。先记住各个城市网点的分布情况，然后根据用户提供的信息，将维修任务派送到业务员认为最近的网店。之后，业务员使用纸质地图量出用户点至维修网点的大概距离进行费用结算。纸质地图本身存在较大的测量误差，同时，当手工量出15千米时，会有服务商说量的路是直的，而实际路是弯的，要求多加5千米。维修费就这样多出去了……很显然，这种通过手工方法得到的信息，在准确性、正确性和详细程度上都有很大问题，同时，人海战术直接带来的是成本的上升。

3. 纳入GIS全自动堵漏

海尔引入了由中科院旗下超图软件股份有限公司（简称"超图公司"）的SuperMap GIS的空间分析功能，在售后服务系统中增加了地理信息处理能力。

GIS包含了全国所有的县级道路网和200个城市的详细道路信息，还记录了全国100多万条地址信息。

在如此海量的地理信息基础上，售后服务系统可以在很短时间内计算出距离用户最近的网点，以及网点到用户家的详细路径描述和距离，并及时将这些信息派送到最合理的服务网点。

4. 应用GIS之后的海尔售后服务流程

用户打电话报修，之后接线员登记用户信息，关键是位置信息。接线员登记后，系统自动匹配用户地址，计算出距离用户最近的网点，之后自动将维修信息派送到网点，网点维修工程师再上门服务。

整个地址匹配和服务商挑选工作由系统自动完成，不需要手工操作，堵住了服务漏洞。同时，系统的快速响应也远不是手工能比的，以前要花几十秒甚至几分钟翻阅信息，现在系统自动匹配，每次处理的时间缩短到0.1秒以内，大大提高了客服部门的效率。在GIS的支持下，海尔客服部门每天可以处理10万次左右的服务请求，得以满足全国用户的需求。

作为海尔售后服务GIS的平台软件供应商，超图公司统计软件事业部总经理安凯博士认为，因为数据量和计算量很大，因此，类似海尔这样的用户在选择GIS平台时要充分考虑系统性能和稳定性。从性能上来说，如果输入数据很久都查不出相关信息，GIS反而会成为负担，影响客服质量；稳定性不高更可怕——该到派单时派不出去，影响的就不仅仅是客服质量，甚至会遭遇投诉问题了。

5. 海尔物流监控调度系统

海尔物流监控调度系统采用全球定位系统（GPS）、全球移动通信系统（GSM）、地理信息系统（GIS）等高新技术，是基于互联网的、针对物流车辆监控调度的系统。

使用该系统，物流调度人员在监控调度中心能够监控全国范围内的所有海尔物流车辆，实现车辆实时定位、运单动态跟踪、远程调度等。该系统的应用能够提升货运车辆的安全性，提高物流的管理水平和效益，为物流的全面计算机化和社会化提供技术保障。

系统主要功能包括：运单自动生成、车辆智能调度、车辆定位与跟踪、报警及处警、消息收发、第三方业务自动调配、车辆运量运费统计、车辆行程记录、信息查询等。

物流车辆监控系统可分为以下几个子系统。

① GPS 定位和通知子系统：完成和移动单元的通信沟通任务。
② 地图数据库服务子系统：完成地图表达、存储和路径优化运算等任务。
③ WebGIS 系统：是客户监控查询子系统和监控调度子系统的基础，负责通过基于 Web 的方式提供地图浏览器界面，利用数字地图实现网上信息服务。
④ 客户监控查询子系统、监控调度子系统：分别为客户和海尔物流监控中心提供服务界面。

6. 基于 GIS 的智能物流解决方案

21 世纪是国际化物流大发展的时代，物流的发展离不开新技术的应用，以信息化、网络化、智能化为核心的 IT 技术在物流领域的应用将大大提高企业的效率，从而使其在行业中的竞争力大为增强。

本系统以 GIS 技术为核心，从实际运用出发，主要为客户提供地理定位、订单与服务网点自动匹配、货物配载配送线路规划以及订货商品结构成本分析，从而在客户服务响应速度服务的准确性订单处理成本等方面获得根本性的改善，也使物流配送企业品牌竞争力得到很好的提高。

案例来源：https://wenku.baidu.com/view/d4566a23be23482fb5da4c02.html

思考问题：
1. 海尔的 GIS 给其带来了哪些好处？
2. 海尔物流监控调度系统包括哪些功能？

第7章

POS

知识目标

- 掌握 POS 的概念与作用；
- 掌握 POS 的组成及特点；
- 掌握 POS 的结构与运行机理；
- 了解 POS 的开发过程；
- 了解移动 POS 在物流管理中的应用。

能力目标

- 会使用 POS 进行熟练操作；
- 能对各种业务模块的 POS 进行操作。

素养目标

- 培养学生的职业认同感，激发学生对 POS 专业知识和技能的学习兴趣；
- 通过对 POS 的开发与导入的学习，激发学生对信息化事业的兴趣；
- 培养学生协调沟通与交流合作的意识和能力。

引导案例

泛微 POS 销售管理系统应用惠普案例

惠普公司是全球著名的 IT 公司。惠普（中国）有限公司[以下简称"惠普（中国）"]作为中国著名的企业和家庭计算机、影像产品和服务供应商之一，正在努力利用互联网和各种衍生的电子化服务进一步提高企业竞争力。

在高端企业系统市场，强大的客户关系经常决定了谁能成为市场领导者。及时和准确的销售数据帮助企业更好地了解客户的需求和企业在市场中的地位。

惠普（中国）采用泛微POS销售管理系统，提高了销售队伍的工作效率和对市场的掌握程度。

通过泛微POS销售管理系统，企业内部能迅速获得第一手的销售数据，如销售数量、价格、订单、存货、市场趋势和竞争者的有关信息。同时，这个系统也让公司管理层加强了对散布在全国各地的经销商和销售代表的管理，在任何销售事件发生时就对之有了第一时间的了解。

惠普（中国）对销售管理系统提出了以下三个核心标准：使用简便、配置简便、个性化简便。

泛微POS销售管理系统提供了以下主要功能，包括客户信息管理、价格管理、运货单管理、报价管理、销售发票管理、销售报告分类、销售报告价格预测、竞争对手销量报告等。

惠普（中国）的管理层积极参与该项目的实施，从实施前的需求了解到最后的人员培训，并最终使该项目成功实施。

在实施泛微POS销售管理系统后，惠普（中国）深切感受到了该系统对整个企业带来的积极影响。

惠普（中国）销售负责人认为："泛微POS销售管理系统带给惠普最直接的影响是（打造了）一支更有效率的销售队伍。这个系统让我获得第一手销售数据，让我们对付市场更游刃有余。对销售信息的全面掌握真的很有价值。""我们的销售队伍也因此获得了一个非常有竞争力的武器，直接获得自己关心的销售信息，包括销售方法等。"

资料来源：http://cio.zhiding.cn/cio/2010/1223/1972358.shtml

7.1 POS 概述

7.1.1 POS 的概念

销售时点系统（Point of sale，POS），在欧洲又称为EPOS，它是一种广泛应用在零售业界的电子设备，主要功能在于统计商品的销售、库存与顾客购买行为，零售业界可以通过此系统有效提升经营效率，可以说POS是现代零售业界经营上不可或缺的工具。

随着计算机系统的进步，零售业界开始尝试使用计算机来管理店面商品。在20世纪70年代，确立了商品的条码规格，制造商在商品出厂时直接印制条码，店家便可以利用此条码来管理商品，这便是POS的主要功能。

POS除了配置计算机软件，通常还要配置以下硬件设备：收款机、计算机主机、激光扫描器、打印机等。此外，不同的零售业者为了管理方便也会采用许多不同的装置，比如PDA或者其他特殊规格的手持式装置，通常也配有网络以随时将信息传输至企业总部。

当顾客结账时，商家通过激光扫描器阅读条码，条码数据可以向收款机提供商品信息，收款机可以通过商品信息计算价格，计算机主机便可以统计商品的销售状况；有些业者还会要求职员输入顾客的信息，比如年龄、性别等，也可以结合信用卡、会员卡等来管理顾客信息，从而了解顾客的行为，为经营管理提供情报。

POS 通常与电子订货系统（Electronic Ordering System，EOS）、电子数据交换（EDI）系统、计算机会计系统相结合，可以给业者带来巨大的效益。

7.1.2 POS 的作用

1．提高作业水平

1）收银台业务的省力化

① 缩短商品检查时间。

② 高峰时期的收银作业变得容易。

③ 输入商品数据的出错率大大降低。

④ 职工培训教育时间缩短。

⑤ 店铺内的票据数量减少。

⑥ 现金管理合理化。

2）数据收集能力大大提高

信息发生时，POS 强化了数据收集的省力化、迅速化和实时化。

2．提高店铺营运水平

1）店铺作业的合理化

① 提高收银台的管理水平。

② 粘贴商品标签和价格标签，以及改变价格标签的作业更加迅速。

③ 随时把握销售额和现金额，检查输入数据的作业更加简便，店铺内票据减少。

2）提高店铺运营的效率

① 把握库存水平，实现人员配置效率化、作业指南明确化。

② 容易测定销售目标的实现程度。

③ 容易实行时间段减价。

④ 容易生成销售报告。

⑤ 把握畅销商品和滞销商品的信息。

⑥ 货架商品陈列、布置合理化。

⑦ 发现不良库存。

⑧ 对特殊商品进行单品管理成为可能。

3．提高企业经营管理水平

1）提高资本周转率

POS 可以提前避免出现缺货现象，实现库存水平合理化，提高商品周转率。

2）商品计划的效率化

① 有效的销售促进方法的效果分析。

② 把握顾客购买动向。

③ 按商品品种进行利益管理。

④ 基于销售水平制订采购计划。

⑤ 有效的店铺空间管理。

⑥ 基于时间段的广告促销活动分析。

思考与分析

POS 的作用有哪些？

7.2 POS 的组成及特点

7.2.1 POS 的组成

POS 包含前台 POS 和后台 MIS 两大基本部分。

在商场建立、完善前台 POS 的同时，也应建立商场的管理信息系统（Management Information System，MIS），MIS 实际是 POS 网络的后台管理部分。这样，在商品销售的任何过程中的任一时刻，商品的经营决策者都可以通过 MIS 了解和掌握 POS 的经营情况，实现商场库存商品的动态管理，使商品的存储量保持在一个合理的水平，减少了不必要的库存。

1. 前台 POS

前台 POS 是指通过自动读取设备（主要是扫描器），在销售商品时直接读取商品销售信息（如商品名称、单价、销售数量、销售时间、销售店铺、购买顾客等），实现前台销售业务的自动化，对商品交易进行实时服务和管理，并通过通信网络和计算机系统将信息传送至后台，通过后台计算机系统的计算、分析与汇总等掌握商品销售的各项信息，为企业管理者分析经营成果、制定经营方针提供依据，以提高经营效率的系统。

2. 后台 MIS

后台 MIS 负责整个商场进、销、调、存系统的管理以及财务管理、库存管理、考勤管理，分析统计各种销售报表，快速准确地计算成本与毛利，也可以对售货员、收款员业绩进行考核，是分配员工工资、奖金的客观依据。因此，在商场现代化管理系统中，前台 POS 与后台 MIS 是密切相关的，两者缺一不可。

7.2.2 POS 的硬件构成

POS 的硬件构成主要有收款机、收银软件、微型票据打印机、条码标签打印机、条码阅读设备、卡片读写设备等，此外，不同的零售业者为了管理方便也会采用许多不同的装置，比如 PDA 或者其他特殊规格的手持式装置。如图 7-1 ~ 图 7-5 所示为 POS 的一些典型硬件。

图 7-1　POS 机

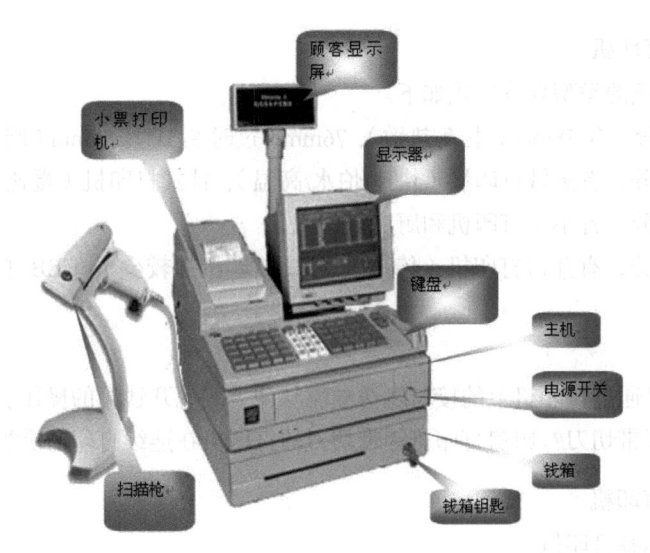

图 7-2 POS 机构成

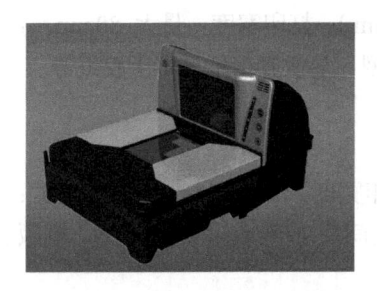

图 7-3 全尺寸双窗扫描仪　　图 7-4 手持式条码扫描器　　图 7-5 无线手持 POS

1．收款机

收款机可分为一类、二类、三类，其中一、二类为电子收款机，三类为 PC 收款机。

一类收款机是能够管理少量商品单品的收款机。只能单机使用，不可以联网，存储数据极为有限，目前已被淘汰。

二类收款机具有商品管理能力和联网通信功能。屏幕一般较小、处理能力弱、反应速度慢、扩展能力弱、售价低廉。收款机处理程序固定在收款机内且不可改变，功能简单。

三类收款机是基于 PC 的电子收款机，由计算机主机、显示器、钱箱、高速打印机、标准键盘等组成，具备标准计算机接口。三类收款机既有计算机的通用接口，可以连接多种网络，又有适用于商业环境的专用接口，如磁卡阅读器、钱箱、条码阅读器外设接口等，管理软件完全可以根据具体需要进行设计。

2．收银软件

POS 机上运行的收银软件一般为商业管理软件的前台（只负责销售业务）；收银软件与负责信息和业务单据录入的后台组合成完整的商业 MIS。收银软件可按以下方式划分。

按品牌划分，有海信商用、思迅软件等。

按行业划分，有零售、餐饮、专卖等管理软件。

按架构划分，有 C/S 软件、B/S 软件。

3. 微型票据打印机

微型票据打印机的类型划分方式如下。

按纸张宽度划分，有58mm（主流/热敏）、76mm（过时/针式）、80mm（厨打/热敏）等规格。

按打印方式划分，有热敏打印机（快速/怕水/高温）、针式打印机（慢速/复写长久）。

按使用场合划分，有小票打印机和厨房打印机。

按接口类型划分，有并口打印机（传统）、串口打印机（较少）、USB打印机（主流）、网络打印机（厨打）。

其他说明：

① 打印票据时通过打印机上的接口发送电流脉冲，实现开钱箱的操作。

② 打印机是否带切刀？厨房打印机等带切刀的打印机在连续打印时更加方便。

4. 条码标签打印机

1）热敏条码标签打印机

此类型打印机的参数如下。

打印方式：直接行式热敏打印；分辨率：203dpi（8点/mm）；打印宽度：最大80mm；打印速度：3~5ips（76~127mm/s）；接口类型：USB；纸张类型：热敏卷筒纸、不干胶纸等。

2）热转印条码标签打印机

此类型打印机的参数如下。

打印方式：热敏/热转印；分辨率：203dpi（8点/mm）；打印宽度：最大104mm；打印速度：2~3ips（51~76mm/s）；接口类型：USB；纸张类型：连续或间距/成卷或风琴折/热感、铜版、布标/吊牌、标签和票据等。

5. 条码阅读设备

条码阅读设备可按以下方式划分。

按扫描模式分为：手动/自动。

按连接方式分为：有线/无线。

按激光数量分为：单线/多线。

按扫描技术分为：激光/红外。

按条码类型分为：条码/二维条码。

具体地，激光条码扫描枪（常用）用于识别标准商品包装上的条码。红外二维扫描枪（新型）用于识别移动终端屏幕上的条码/二维条码。激光扫描平台是一种自动、多线扫描的条码阅读器。盘点机/条码采集器是一种自带条码阅读功能的手持移动终端，可通过与电脑通信交换数据，加载或保存条码、数量等信息，用于采购点货或库存盘点等。

6. 卡片读写设备

1）磁卡读卡器

磁卡特点：卡片背面有磁条，需要做刷卡动作，价格最便宜，安全性不高（易被复制）。

2）ID卡读卡器

ID卡特点：内置芯片电路，感应式/非接触式读卡，仅读取出厂预置ID号，用于安全性不高的身份标识。

3）IC 卡读卡器

IC 卡特点（非接触式 M1 卡）：内置芯片电路，感应式/非接触式读卡，可存储写入信息，有读写校验，安全性较高。

7. 其他周边硬件

1）键盘

除了标准 PC 键盘，还有可编程键盘，可自定义键位功能，能够更加快速方便地使用，能够降低对计算机基础较弱的操作员的要求。

2）收银机箱

收银机箱即钱箱，它的特点是标准大小、多币位存放零钞、硬币、支票等，与销售联动，买单时自动打开（通过打印机联动）。也支持手动打开、上锁。

3）顾客显示屏

它是向顾客显示单价/金额等信息的小屏幕，一般与收款机集成。现在的双屏收款机则直接提供一个大屏幕，综合显示销售信息和展示图片、视频信息等。

4）电子通信秤

它与计算机连接，将重量实时传送至计算机，实现边称重边收银的快速收银。

5）标签电子秤

它用来称重并打印标签，收银机扫描标签条码获取商品、重量或价格信息，实现先称重后收银。多用于大中型超市。

6）点菜宝

点菜宝的运作原理类似手机信号，用于餐饮点菜等操作，价格便宜、小巧、耐用、移动方便，适合场地宽阔、服务人员较多的场合。点菜宝需要配套一个基站连接电脑通信。

7）平板电脑

基于安卓或 iOS 系统的平板电脑，用于高档餐厅点菜或高档零售、专卖店销售。

思考与分析

POS 的组成包括哪些部分？

7.2.3 POS 的特点

POS 能够对商品进行单品管理、员工管理和客户管理，并能适时自动取得销售时点信息和集中管理信息，它紧密地连接着供应链，是供应链管理的基础，也可以说是物流信息管理的起点。POS 的特点如下。

1. 分门别类管理

POS 的分门别类管理不仅可以针对商品，而且可以针对员工和顾客。

① 单品管理。零售业的单品管理是指对店铺陈列展示销售的商品以单个商品为单位进行销售跟踪和管理的方法。由于销售时点信息即时准确地记录了单个商品的销售信息，因此 POS 的应用使高效率的单品管理成为可能。

② 员工管理。员工管理是指通过 POS 终端机上的计时器的记录，依据每个员工的出勤状况和销售状况（以月、周、日甚至小时为单位）对员工进行考核管理。

③ 顾客管理。顾客管理是指在顾客购买商品结账时,通过收款机自动读取零售商发行的顾客 ID 卡或顾客信用卡来记录每位顾客的购买品种和购买额,从而对顾客进行分类管理。

2. 自动读取销售时点信息

在顾客购买商品结账时,POS 通过扫描器自动读取商品条码标签或光学字符识别(OCR)标签上的信息。在销售商品的同时获得实时的销售信息是 POS 的最大特征。

3. 集中管理信息

在各个 POS 终端获得的销售时点信息以在线联结方式汇总到企业总部,与其他部门发送的有关信息一起由总部的信息系统加以集中并进行分析加工,如把握畅销商品和滞销商品以及新商品的销售倾向,对商品销售量和销售价格、销售量和销售时间之间的相关关系进行分析,对商品上架陈列方式、促销方法、促销期间、竞争商品的影响进行相关分析,等等。

4. 连接供应链的有力工具

供应链的参与各方合作的主要领域之一是信息共享,而销售时点信息是企业经营中最重要的信息之一,通过它能及时把握顾客的需求信息,供应链的参与各方可以利用销售时点信息并结合其他的信息来制订企业的经营计划和市场营销计划。目前,领先的零售商正在与制造商共同开发一个完全的物流系统——联合预测和库存补充系统(Collaboration Forecasting and Replenishment,CFAR),该系统不仅分离销售时点信息而且一起联合进行市场预测,分享预测信息。

7.2.4 POS 的功能

1. 促进营业额及利润增长

应用 POS 的企业供应的商品众多,其单位面积的商品摆放数量是普通企业的 3 倍以上,吸引顾客且自选率高,这必然带来营业额及利润的相应增长,仅此一项,POS 即可给应用 POS 的企业带来可观的收益。

2. 节约大量人力、物力

由于仓库管理是动态管理,即每卖出一件商品,POS 的数据库中就相应减少该商品的库存记录,免去了商场盘存环节,节约了大量人力、物力;同时,企业的经营报告、财务报表以及相关的销售信息,都可以通过 POS 及时提供给经营决策者,以保持企业(主要来自商场)等的快速反应。

3. 缩短资金流动周期

实行 POS 管理,仓库库存商品的销售情况每时每刻都一目了然,商场的决策者可将商品的进货量始终保持在合理水平,可提高有效库存,使商场在市场竞争中占据更有利的地位。据统计,商场在应用 POS 之后,商品有效库存可增加 35%~40%,资金的流动周期也将缩短。

4. 提高企业的经营管理水平

首先,企业在应用了 POS 后,可以提高资本周转率。通过应用 POS,企业可以提前避免出现缺货现象,使库存水平合理化,从而提高商品周转率,最终提高资本周转率。

其次，企业在应用了 POS 后，可以进行销售促进方法的效果分析，把握顾客购买动向，按商品品种进行利益管理，基于销售水平制订采购计划，有效地进行店铺空间管理和有利时间段的广告促销活动分析等，从而使商品计划效率化。

7.3 POS 的结构与运行

7.3.1 POS 的硬件结构

结合商业企业的特点，POS 的硬件结构可分为以下三类：单个收款机，收款机与微机相连构成的 POS，收款机、微机与网络构成的 POS。企业大多采用第三种类型的 POS，它的硬件结构如图 7-6 所示，主要包括收款机、扫描器、显示器、打印机、网络、微机与硬件平台等。

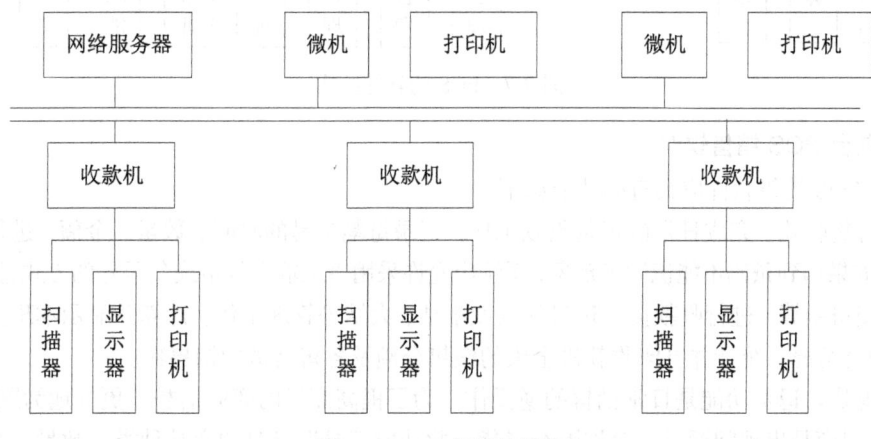

图 7-6 POS 的硬件结构

1. 收款机

收款机即 POS 机，可采用具有顾客显示屏和微型票据打印机、条码扫描器的 XPOS、PROPOS、PC-BASE 等机型。收款机共享网络中的商品库存信息，保证了企业对商品库存的实时处理，便于后台随时查询销售情况和进行商品的销售分析与管理。可根据商品的特点选用手持式或台式条码扫描器，以提高数据录入的速度和可靠性。

2. 网络

我国大多数商场的信息交流现状是内部信息的交换量一般很大，而对外的信息交换量则很小，因此，商场的计算机网络系统采用的通常是以高速局域网为主、电信系统提供的广域网为辅的整体网络系统。考虑到系统的开放性及标准化要求，计算机网络系统选择 TCP/IP 协议较为合适，操作系统选用开放式标准操作系统。

3. 硬件平台

大型商业企业的商品进、存、调、销的管理很复杂，账目数据量大且需要频繁地进行管理和检索，选择较先进的客户机/服务器结构等硬件平台，可大大提高商业企业的工作效率，保证数据的安全性、实时性及准确性。

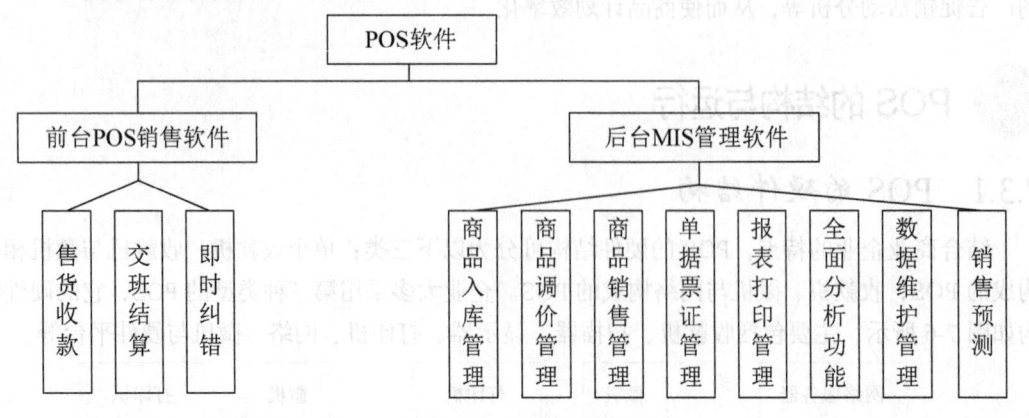

7.3.2 POS 的软件结构

POS 的软件结构如图 7-7 所示。

```
                            POS软件
                ┌─────────────┴─────────────┐
          前台POS销售软件                后台MIS管理软件
        ┌──────┼──────┐       ┌──────┬──────┬──────┬──────┬──────┬──────┬──────┐
       售货   交班   即时    商品   商品   商品   单据   报表   全面   数据   销售
       收款   结算   纠错    入库   调价   销售   票证   打印   分析   维护   预测
                            管理   管理   管理   管理   管理   功能   管理
```

图 7-7 POS 的软件结构

1. 前台 POS 销售软件

前台 POS 销售软件应具有的功能如下。

① 售货收款。完成日常的售货收款工作，记录每笔交易的时间、数量、金额，进行销售输入操作。如果遇到条码不能识读等现象，系统应允许采用手工输入价格或条码号的方式进行查询。

② 交班结算。进行收款员交班时的收款小结、大结等管理工作，计算并显示本班交班时的现金及销售情况，统计并打印收款机全天的销售金额及各售货员的销售额。

③ 退货。退货功能是日常销售的逆操作。为了提高商场的商业信誉，更好地为顾客服务，在顾客发现商品出现问题时，允许顾客退货。此功能记录退货时的商品种类、数量、金额等，便于结算管理。

④ 支持各种付款方式。可支持现金、支票、信用卡等不同的付款方式，以方便满足不同顾客的要求。

⑤ 即时纠错。在销售过程中出现错误时能够立即修改更正，保证销售数据和记录的准确性。

2. 后台 MIS 管理软件

后台 MIS 管理软件应具有的功能如下。

① 商品入库管理。对入库的商品进行输入管理，建立商品数据库，以实现对库存的查询、修改、报表及商品入库验收单的打印等功能。

② 商品调价管理。由于有些商品的价格会随季节和市场等情况的变动而变动，系统应具备对这些商品进行调价管理的功能。

③ 商品销售管理。根据商品的销售记录，对商品的销售、查询、统计、报表等进行管理，并能对各收款机、收款员、售货员等进行分类统计管理。

④ 单据票证管理。实现商品的内部调拨、残损报告、变价调动、仓库验收盘点报表等各类单据票证的管理。

⑤ 报表打印管理。报表打印内容包括：时段销售信息表、营业员销售信息报表、部门销售统计表、退货信息表、进货单信息报表、商品结存信息报表等。后台系统可实现商品销售过程

中各类报表的分类管理功能。

⑥ 全面分析功能。POS 的后台 MIS 管理软件应具备全面分析功能，分析内容涵盖进、销、调、存过程中的所有主要指标，同时以图形和表格方式提供给管理者。

⑦ 数据维护管理。完成对商品资料、营业员资料等数据的编辑工作，如完成商品资料的编号、名称、进价、进货数量、核定售价等内容的增加、删除、修改，完成营业员资料的编号、姓名、部门、班组等内容的编辑，完成商品进货处理、商品批发处理、商品退货处理，实现收款机、收款员的编码、口令管理，支持各类权限控制，等等，并且具有对本系统所涉及的各类数据进行备份和交易断点的恢复功能。

⑧ 销售预测。可实现包括畅销商品分析、滞销商品分析、某种商品销售预测及分析、某类商品销售预测及分析等操作。

7.3.3 POS 的运行步骤

POS 的运行步骤如下。

① 店头销售商品都贴有表示该商品信息的条码标签或 OCR 标签。

② 在顾客购买商品结账时，收银员使用扫描器自动读取商品条码标签或 OCR 标签上的信息，通过店铺内的微型计算机确认商品的单价，计算顾客购买总金额等，同时返回给收款机，打印出顾客购买清单和付款总金额。

③ 各个店铺的销售时点信息通过 VAN 以在线联结方式即时传送给总部或物流中心。

④ 在总部，物流中心和店铺利用销售时点信息进行库存调整、配送管理、商品订货等作业。通过对销售时点信息进行加工分析来掌握消费者购买动向，找出畅销商品和滞销商品，并以此为基础，进行商品品种配置、商品陈列、价格设置等方面的作业。

⑤ 在零售商与供应链的上游企业（批发商、生产厂家、物流业者等）结成协作伙伴关系（也称为战略关系）的条件下，零售商利用 VAN 以在线联结的方式把销售时点信息即时传送给上游企业。这样上游企业可以利用销售现场的最及时准确的销售信息制订经营计划、进行决策。例如，生产厂家利用销售时点信息进行销售预测，掌握消费者的购买动向，找出畅销商品和滞销商品，对销售时点信息和订货信息进行比较分析来把握零售商的库存水平，以此为基础制订生产计划和零售商库存连续补充计划。

> ⚠️ **课堂案例**
>
> ### 利用 POS 机非法套现的案例
>
> **1. 案例背景**
>
> 某单位以"贷款"名义转入单位法人个人账户数万元。监测员通过交易对手和历史明细查询分析，发现该单位主要资金来源是银联 POS 清算转入的数笔资金，金额共计数百万元，资金全额通过网上银行、业务集中处理平台等渠道转入单位法人及其妻子的个人结算账户过渡，最终通过 POS 刷卡消费、ATM 取现、网银等渠道转入多个往来账户及多个个人账户，账户无实质性业务往来且不留余额，具备利用 POS 特约商户消费功能违规为他人刷卡套现的行为特征。

2. 案例分析

① 资金损失风险。信用卡作为新兴的支付工具，为人们消费支付带来了便捷，但无真实交易背景、违规套取现金、恶意透支的行为极易导致资金不能及时收回，最终造成银行资金损失。

② 外部监管风险。银行对特约商户POS交易行为负有监管职责，如果其违规为他人刷卡套现行为提供便利并产生不良后果，银行将因监管不力承担资金损失并受到银监局处罚。

3. 案例启示

银行应加强POS特约商户签约准入及使用环监管，严格执行客户身份识别制度，核实客户是否有正规的营业场所，对交易行为可疑的特约商户进行跟踪核实，必要时取消其特约商户资格，防范违规套现、洗钱行为。

案例来源：https://wenku.baidu.com/view/443300a6f01dc281e43af0e7.html

思考问题：

应如何规避POS机非法套现的风险？

7.4 POS的导入与开发

POS的导入与开发对于零售业的单品管理、配送管理、订货管理而言具有十分重要的意义，同时，其也是建立零售商物流体系的最为基础的工作。下面以日本7-11公司的实践来解读POS的导入与开发。

7.4.1 POS的开发

20世纪80年代以后，日本的零售业发生了戏剧性的变化，这种变化反映为消费市场从原来的卖方市场转变为买方市场，消费者的购买行为有了极大的改变，他们不再随意购买大量的产品，而是在必要的时间购买必要品种、必要数量的产品。在这种状况下，日本的零售业遇到了前所未有的挑战和困难，日本7-11公司作为零售业的代表也不例外，从1981年开始，它的销售额和利润的增长遇到了阻碍。产生这种经营钝化的主要原因是加盟店的盲目订货使商品积压和库存增加，销售和顾客需求之间开始出现不协调，因此，要排除危害7-11公司发展的因素，消除当时各店铺中弥漫的悲观情绪和对便利业的失望，让7-11公司重焕青春，就必须彻底排除滞销品，压缩商品库存，实行单品化管理。而当时7-11公司所实施的第一次店铺综合信息系统着重的只是订货数据的管理，而销售数据和销售状况却并没有在信息系统中反映出来。由于不同的店铺的所在场所不同，面对的顾客层次不同，因此，如果不能掌握各店铺商品销售的情况、不同时间段销售的情况和不同层次顾客的需求情况，无疑难以使7-11公司真正解困。基于这个原因，7-11公司把信息系统发展战略的重点放在了如何把握各店铺、各种商品的销售状况上。

从信息系统发展战略的总体思路上来看，要想确实把握商品的销售状况，靠人力来收集、整理信息是不现实的，这不仅费力、费时，而且由于处理过程存在长期性和市场反应存在延迟性，人力方式的效果也不会太好，所以，革新的出发点还得是在从事商品销售的同时将销售信息传输给有关管理部门，即要靠POS来实现，可以说没有POS，就不可能实现单品化的管理。

7-11公司是从1982年开始着手实施第二次店铺综合信息系统的构筑的，主要以POS为中心建立起加盟店、地区管理部、企业总部、合作生产企业之间的开放信息系统，该系统除了积极导入POS，还在硬件上更新了大量的强调"操作性""小型化""低成本"和"扩展性"的设备，如可携带的电子订货终端（Electronic Order Booking Terminal，EOB）就是在这一时期产生的。

7-11公司的第二次店铺综合信息系统主要由三个部分组成，一是店铺控制器（Store Controller），该装置是由7-11公司与NEC公司共同开发而成的，一般设置在7-11公司的店铺内，它与POS机、计算机和EOB等装置相连。店铺控制器必须使用磁盘，主要有M型和T型规格的两种磁盘。M型磁盘主要记录7-11公司总部的主文件和一部分控制程序，店铺指导员每周将磁盘送到店铺，并收回旧磁盘。T型磁盘原是空白磁盘，专门用来储存POS数据，每两周店铺指导员会带来一张新的T型磁盘，并回收录入数据的旧磁盘。加盟店和7-11公司总部通过这种店铺控制器，可以立即获得当天各商品的销售数量、销售金额和顾客属性等数据。第二次店铺综合信息系统的另一个重要组成部分是POS机，这也是7-11公司与NEC公司共同开发的，一般每个店铺有两台POS机，都带有扫描装置，它是记录和存储销售数据的重要工具。第三个重要组成部分是EOB，每个店铺拥有两台EOB，它的最大特点是作业非常简便、可携带性强，手持部分只有12mm厚。EOB的上部是液晶显示屏，显示订货商品的各种信息，主要有订货商品的进货期限、销售期限、最低库存量、总利润率、配送名称、总部建议零售价、订货单位、最低发货量、发货数量等，EOB还能显示过去一周商品的订货情况、到货数量和销售状况。借助于这些系统，订货数据从店铺控制器经ITDM传输到信息处理中心，再由信息处理中心向生产企业发出订单。店铺POS数据一周在7-11公司总部汇总一次，公司总部根据不同商品进行分析后，将分析结果打印出来并由店铺指导员带到各店铺去，供各店铺下一周经营决策参考。一般这些分析结果内容包括不同店铺、不同日期的商品库存一览表、商品报告书和商品销售动向（商品原价、回扣、销售额、销售构成、总利润率）等。除此之外，店铺指导员还要借助计算机做成月店铺借贷对照表和利润计算表。与此同时，从1993年开始，7-11公司在共同配送中心开始实施数码备货，从而大幅度降低了生产企业小包装分拣作业的工作量。

7.4.2 双向POS机的导入

1985年，7-11公司又开始建立第三次店铺综合信息系统，这次信息革命的主要内容是在店铺内全面导入能以图形形式进行信息处理的计算机系统，从而进一步推动POS数据的灵活运用，提高加盟店订货的精度。具体来讲，构成第三次店铺综合信息系统的主要设备有图形信息分析计算机、双向POS机和EOB。图形信息分析计算机的特点是将销售数据以图形的形式表现出来，从而使信息分析更加具有直观性。可以用图形表示的信息一共有11类，分别是日商品销售时间一览表、不同时间段不同顾客层次销售状况、商品废弃分析信息、不同商品10日内销售趋势、不同日期不同时间段单品销售信息、不同信息分类不同时间段销售分析表、不同信息分类单品分析、不同信息分类滞销品一览表、不同信息分类10日内趋势图、杂志销售信息和业绩变革业务分析。通过以上图形化的信息，每个加盟店可以迅速掌握某个时间、谁在购买多少数量的哪些商品，可以说，图形信息分析计算机成了7-11公司单品管理的中枢系统。双向POS机由一台主POS机和两台子POS机组成，主POS机与店铺控制器相连。由于主POS机能存储各种商品销售的信息，因此不必再查询店铺控制器就可以获得所需数据和资料，从而使信息处理速度大大提高，而且即使店铺控制器出故障，主POS机仍然能应对各种信息管理活动。同样地，主

POS 机出了问题，子 POS 机也能正常工作，显然，这些信息设备连接而成的网络大大分散了经营管理的风险。除此之外，POS 机的操作键盘与公司主机也是联网的，POS 机所得来的数据能立即在公司的主机上反映出来，而且主机与店铺控制器和 POS 机能做到双向通信，这样大大提高了 7-11 公司对店铺的指导能力，强化了 7-11 公司商品开发的能力。从具体运作上来看，各店铺根据 7-11 公司规定的顾客分类标准，及时收集各层次顾客的数据，并通过网络将这些数据传输到公司总部，公司总部借助掌握的当时、当地的商品销售情报进行分析，及时调整商品开发和商品库存。

7.4.3 店铺综合信息系统的确立

从 1990 年开始，7-11 公司又开始了第四次店铺综合信息系统的初期建设。第四次店铺综合信息系统的主要特点在于，7-11 公司重新构筑了一个 ISDN（Integrated Services Digital Network，综合业务数字网）网络系统，同时订货设备从 EOB 转为 GOT（Graphic Order Terminal，图形订货终端），与此同时，7-11 公司与 NEC 公司合作开发了 ST（Scanner Terminal，扫描仪终端），并提高了双向 POS 机的能力。此外，公司总部的信息系统也得到了完善，重新建立了一个由主机、数据库服务器、工作站三部分组成的信息处理中心，真正实现了店铺的数据能及时传输给公司总部，公司总部能赶在市场环境变化之前将分析结果和建议反馈给各店铺。

具体地，在第四次店铺综合信息系统中发挥重要作用的主要设备有 SC（Store Computer，店铺计算机）、GOT、ST 和 POS 机。SC 是整个店铺系统的控制设备，配备有显示器。该设备可以以彩色图形显示各店铺前一天的销售情况，主要信息有不同时间不同顾客类型的销售情况、10 日内单品销售趋势、不同时段单品销售情况、新产品销售情况、商品废弃分析、备货评价、不同信息类型不同时间段销售分析、不同信息类型单品分析、不同信息类型销售分析、不同信息类型 10 日内销售趋势分析、不同信息类型销售增长率信息、销售顾客分析和贡献度分析等。由于该设备具有人工智能属性，因此可以做到即时（Real-time）信息更新，此外，订货、店铺内部设备的监视等工作都可以同步进行，店铺与企业主机的联系是通过 SC 进行的。ST 是用于进货商品管理的设备，当所订购商品运抵店铺时，利用该设备进行扫描，将数据传输到 SC 和 GOT，这样相关管理人员能够及时掌握店铺商品的动态和进货情况。通过 ST，管理人员还可以清楚地掌握商品所在的货架和摆放的位置，从而为商品销售规划管理提供决策依据。新型的 POS 机内藏有计算机，信息处理能力比以往增强了 5 倍，而且在面向店员和顾客的两侧都设置了 9 英寸的液晶显示屏，这样顾客可以很方便地看到企业主机提供的各种商品信息，POS 机与企业主机之间通过 ISDN 连接，完全可以实现大容量、快速的信息传输，据统计，应用 ISDN 后，7-11 公司的数据信息的传输速度比以前提高了 30 多倍。

从整个作业流程来看，无论配送中心、合作生产企业等外部组织，还是地区管理部等内部组织全部通过 ISDN 相互连接，从而完全实现了建立在信息共享基础上的即时生产、即时物流和即时经营。总之，经过四次店铺综合信息系统的革新，7-11 公司基本完成了以尖端设备为基础的现代化信息网络建设，同时真正确立起了 JIT 经营体制。

7.4.4 POS 信息分析的高度化

1997 年，7-11 公司推出了举世瞩目的第五次店铺综合信息系统。

第五次店铺综合信息系统在 7-11 公司总部、加盟店、地区管理部和合作企业中一共设置了约 53 000 台终端，从而构筑了更加先进、发达的信息网络。从系统组成上来看，第五次店铺综合信息系统包括店铺系统、订货物流合作系统、网络系统、多媒体信息传送系统、POS 信息系统和店铺新型 POS 机系统。

第五次店铺综合信息系统的最大特点是导入了卫星通信系统，从公司总部到地区管理部的信息传输通过卫星线路进行，而从店铺或地区管理部到公司总部的信息传输则通过 ISDN 进行，这种信息传输方式比第四次店铺综合信息系统快了 4~5 倍，通信费用降低了 20%。从总部发来的信息能够立即在店铺控制器和 GOT 中表示出来，店铺的订货信息和 POS 数据则通过 ISDN 传输给野村综合研究所横滨中心，由该中心来集中处理订货和销售信息，在大阪也设有一个类似的信息处理中心，这样做的目的在于防止因为故障或其他原因造成信息流中断。7-11 公司的店铺指导员都配备有笔记本电脑，他们与总部的联系、信息传递、店铺指导活动都是借助计算机进行的。

多媒体广告对商品销售具有很大的影响，但限于当时的条件，一般的多媒体广告都是在电视节目中播出的，几乎没有一个零售商会在店铺中播放多媒体广告。而 7-11 公司基于发达的第五次店铺综合信息系统，开始在店铺中导入多媒体广告，以促进商品的销售。除了将多媒体用于促销，7-11 公司还将这种新技术运用于店铺管理，比如，在商品陈列管理上，7-11 公司将一些成功的商品陈列方式拍摄成动画，通过卫星及时传输给各店铺，供各店铺在设计货架时参考。此外，由于气候对店铺销售也有影响，7-11 公司总部还将各地区的天气预测图、降水量、云层图等图片信息传输给店铺经营者，这样，7-11 公司的信息真正实现了多媒体化，更便于形象地、及时地开展店铺指导活动。

第五次店铺综合信息系统除了在公司总部和店铺之间的管理活动中发挥积极的作用，也促进了店铺内部人员之间的有效沟通。以往店长与店员之间常常通过面对面的形式进行沟通，一旦店长有事或外出，就容易发生信息沟通的障碍。新的信息系统为店铺人员之间的沟通提供了极大的便利，店长外出时可以利用语音交流，这样即使店员经验不足，也可以在店长的指导下开展各项经营管理活动。

第五次店铺综合信息系统还有一个重要特点是新型 POS 机的开发与全面推广。1998 年 7-11 公司与 NEC 公司和东芝公司进行合作，共同开发了新型 POS 机。7-11 公司之所以要导入和全面推广新型 POS 机，其主要目的有三个。一是提高顾客服务水准，即通过向顾客提供多媒体的信息，加上店员的服务构成完整的顾客服务体系，切实提高服务水准；二是提高店铺运营效率，这表现为双画面的 POS 机提高了操作的正确性和公正性，促进了信息分享，同时节省了店铺面积；三是有利于将来业务的扩展，7-11 公司通过这种新型的 POS 机导入了电话卡等各种卡的销售业务，与此同时，其内在的操作系统和硬件配置足以使店铺能够应对将来业务的扩展。

7.5 移动 POS 在物流管理中的应用

2012 年年底，中国金融移动支付技术标准的敲定，推动了国内移动支付的大爆发，移动 POS 得到了巨大的发展，移动 POS 机进入市场的高峰期，移动 POS 机的需求量及发货量十分巨大，快速的增长率超过了预期,相关产业的发展也十分迅速。

移动 POS 可以分为三层,即中心数据库层、PC 处理软件层以及移动 POS 处理层,三层紧密地联系在一起。其中移动 POS 处理层是最基本的一层。首先,所有的客户信息都是通过移动 POS 机采集的,比如,通过订货 POS 机可以获得客户完整的需求信息,这些信息是十分重要的;配货 PC 和跟踪 PC 根据此信息完成相应处理过程。将这些信息进行整理后就可以进行市场需求分析和市场预测。其次,简单的逻辑过程和运算过程可以通过移动 POS 现场完成,从而缩短整个物流过程的运行周期,提高运行效率。例如,在配货的支付过程中可以通过无线通信直接和银行数据库相联系,快捷地完成整个配货过程。在整个系统中,条码作为信息载体,起着举足轻重的作用。

订货配货处理是企业的核心业务流程之一,包括订单准备、订单传递、订单登录、按订单供货、订单处理状态跟踪等活动。订货配货处理是实现企业顾客服务目标最重要的影响因素。改善订货处理过程、缩短订货处理周期、提高订单满足率和供货的准确率、提供订货处理全程跟踪信息,可以大大提高顾客服务水平与顾客满意度,同时降低库存水平,降低物流总成本,使企业获得竞争优势。图 7-8 展示了移动 POS 在物流管理中的应用。

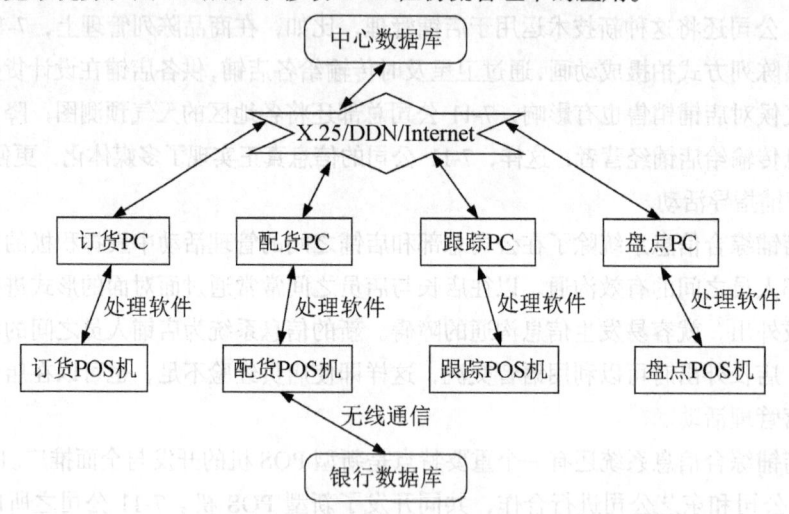

图 7-8 移动 POS 在物流管理中的应用

在移动 POS 中,订货 PC 从中心数据库中动态下载客户的基本信息,然后下载到订货 POS 机上,订货员通过订货 POS 机访问相应的客户,获得其订货信息,然后上传到订货 PC 上等待进一步处理。配货 PC 根据订货 PC 提供的信息,制定出合理的供货周期,将货物及时准确地送到客户手中。配货 POS 机将打印各种单据,并可以利用配货 POS 机的无线通信功能,实现实时支付,这样大大地方便了客户。最后把配货处理的信息上传到配货 PC 上做进一步处理。

对物流进行跟踪可以跨地域地掌握产品在整个市场的销售情况,然后通过全局统筹进行市场调整和预测,以获得最大的收益。另外,还可以使用移动 POS 机完成对产品本身的信息(条码信息,特别是二维条码的产品详细信息)的采集,通过与中心数据库的产品信息相对照,确定该产品的真伪性,从而真正地做到防伪保真,保障企业自身的利益。因此,跟踪 PC 必须准备相应的产品信息以供跟踪 POS 机对照,然后下载到跟踪 POS 机上;在对产品进行跟踪处理时，跟踪 POS 机通过本身的跟踪软件记录产品信息并对照相应的产品信息，从而确定该产品的真伪性。

库存管理可以分为出库发货和库存盘点。在出库发货时，根据配送中心的补货申请，由盘点 PC 对照库存的相应商品数量，制定出配送中心的补货明细表，将需要补货的商品集中后，使用已存储好该批出库数据的盘点 POS 机扫描商品的条码和确认出库的数量，完成后将盘点 POS 机数据传送至盘点 PC。库存盘点使用盘点 POS 机依次扫描仓库货架上的商品条码，并输入实际库存数量，操作完成后将实际库存数量传送至盘点 PC，然后做出各种库存损益报告和分析报告。这些信息将通过网络放入中心数据库中，以备使用。

第 8 章

EOS

知 识 目 标

- 掌握 EOS 的概念与特点；
- 掌握 EOS 的结构；
- 掌握 EOS 的操作流程；
- 了解 EOS 的实施过程；
- 了解 EOS 的应用与效益。

能 力 目 标

- 会使用 EOS 完成企业管理操作；
- 能对企业各部门管理进行操作。

素 养 目 标

- 培养学生的职业认同感，激发学生对 EOS 专业知识和技能的学习兴趣；
- 通过对 EOS 及物流信息技术的学习，激发学生对信息化事业的兴趣；
- 培养学生协调沟通与交流合作的意识和能力。

引 导 案 例

宁谷物配——订货系统怎么做商用食材供应链平台

宁夏最大的商用食材供应链平台宁谷物配的员工先是将检测后的新鲜食材运往宁谷物配自建的分拣中心，根据已有订单实行电子化分拣。然后，一辆接着一辆印有显眼的橘红色装饰的冷链车辆从分拣中心开出，按既定配送路线分区配送，将食材配送至许多家城市餐饮及团体膳食机构。

在喧闹的餐饮午市或晚市，这些新鲜的蔬菜便被做成一道道美味佳肴，出现在餐饮门店的餐桌上。

"基本上现在每10个银川人在外用餐，只要是在银川市内的，当中就会有3~4个人能吃上由宁谷物配配送的新鲜蔬菜。"宁谷物配创始人及总经理闫珅得意地分享道。

成立于2015年的宁谷物配是宁夏最大的互联网商用食材供应链平台，其主要商业模式是通过互联网在线下单，服务于城市餐饮、团体膳食及小超市客户，为他们提供综合化的互联网在线食材及农副产品供应链平台解决方案。

"我们的目标是为这座城市打造一个真正意义上的商用食材供应链！"闫珅强调道。

1. 生鲜电商竞争白热化，宁谷物配闯出一条"另类血路"

作为一个复购率高、市场空间极大的品类，生鲜电商从2012年开始便已经成为互联网企业的"必争之地"，如盒马鲜生、顺丰优选、中粮我买网到每日优鲜等。天猫、京东等电商大咖也在生鲜产品市场升级中展开了角力。

然而，受制于传统小农经济的作业形式，要想在生鲜电商领域有所发展难度很大。数据显示，在生鲜电商4000多家入局者当中，4%持平，88%亏损，7%巨额亏损，只有1%实现了盈利。2016年至2017年，就有14家生鲜电商企业先后宣布破产倒闭。

面对生鲜电商如此激烈的竞争，闫珅发表了他的看法："就我个人而言，我觉得生鲜行业千百年来变化都不大，还是很传统，还是在做非常传统的供应链模式。很多生鲜电商都在努力去想怎么改善人们的生活，通过改变他们下单的方式，从而改变我们的供应模式。虽然这些企业都做了不一样的探索，但是目前来讲，并没有实现质的突破。"

宁谷物配创始团队最初在宁夏从事光伏地面电站建设工作，上面是太阳能板，下面是蔬菜大棚，这样既可以有效利用农业土地，又可以做到光伏发电。在建设完两三个光伏地面电站之后，闫珅便发现他们积累了大量的农业种植面积，有一部分农产品种植出来却没有销路。所以，成立宁谷物配的初衷，便是希望建立一个销售性质的供应链平台。

食材的来源相对稳定，而且不会产生库存，闫珅及其创始团队便琢磨起了销售的渠道，B2C的生鲜需求虽然是高频需求，但并不稳定，闫珅便将目光投向了城市餐饮：一家餐厅单独采购并不经济，但是假如一千家餐厅一起进行采购的话，将会形成一个团购的基础，这也是一个城市餐饮对农产品需求量的整合。

"一方面可以帮助我们做农谷互补下的农业销售，另一方面可以给城市的餐饮商户提供一个综合化的采购解决方案，做到食有所用。"闫珅总结道。

这样"无心插柳"的做法，恰恰帮宁谷物配在众多生鲜电商当中开辟了一条与众不同的互联网商用食材供应链道路。仅用两年时间，宁谷物配已经对接了1192家城市餐饮、167家团体膳食以及140多家小超市，实现了从最开始每天只卖五六百块钱的农产品到现在可实现一年近1个亿销售额的绩效。

2. 注重安全+数据服务，宁谷物配的生鲜供应链进化之路

2015年5月18日，宁谷物配发出第一车货。仅用两年时间，宁谷物配便成长为宁夏最大的商用食材供应链平台。但闫珅明白，在这条"一步一个脚印"的商用食材供应

链发展道路上，关键着力点在于宁谷物配在成立初期，就已经牢牢抓住了商户对于商用食材的"软性需求"。

"在我们有了硬件之后，我们着重发力的地方就是我们的附加值。"闫珅分析道。这个早在 2015 年时就已明确的概念，和几年之后流行的消费升级理念有异曲同工之处，而宁谷物配比其他人更早一步把握了这一先机。

首先是风雨无阻的物流。在闫珅看来，城市餐饮比任何行业都需要农产品的准时送达和新鲜品质。宁谷物配组建了自有的物流体系，并配以自主研发的配送地理信息管理系统，2017 年时已有大型物流分拣中心 3 个、二级市区分配中心 12 个、自有冷链物流车辆 22 台。"我们没有一天停止配送的脚步，从大年三十的除夕夜到我们银川特大暴雨爆发的那天，路上跑的就是我们宁谷物配的车轮。我们保证时效，永远不可能让客户的餐桌没有菜。"闫珅满意地说道。

"除了硬件设施的安排与投放，宁谷物配在成立之初便已经开始了生鲜供应链摸索之路。我们觉得，用户在下单订货的时候，他的体验需要优于他选择其他软件的体验。"

正是基于这一大胆的尝试与选择，宁谷物配开启了在生鲜供应链领域的全新尝试。在商户看来，宁谷物配的下单体验明显是优于其他生鲜供应链企业的。"做餐馆其实是看着光鲜、但是异常考验意志力的创业行为。在选择宁谷物配之前，我们都要早上 5 点就起床去蔬菜批发市场挑选当日所需的食材，但现在只要手机下单，第二天一早，经挑选的优质食材便能直接送到店里，真正做到省时、省力。"宁谷物配下游商户徐先生分享道。

在决定与宁谷物配长期合作之外，徐先生很快又收到了另外一份由宁谷物配提供的红利：每月的数据报告。根据商户的下单情况，宁谷物配每月从"易订货"上导出商户的数据报表，并且针对这些数据进行相应的分析。"我们认为在采购这个层面上，对于客户来讲最重要的就是两点，第一把握采购质量，第二控制采购成本。质量方面我们会从源头上进行控制，完全可以向商户保证；另一点就是怎么量化商户的采购成本，让他们可以看到自己这个月的确节约了这部分的成本，那就是做数据对比和数据报告，与客户形成良好的互动关系。"闫珅解释道。

宁谷物配利用"易订货"搭建了与下游商户之间的生鲜供应链平台，另一方面，宁谷物配也将捋顺内部供应链管理流程的重任交给了"易订货"。

"到目前为止，在农产品配送行业，食品安全的概念贯彻得并不是太彻底。这个概念在食品生产加工或者流通环节贯彻得比较好，但是在农产品流通环节还是有所欠缺。"闫珅介绍道："我们是西北第一家做食货分离的供应链平台，最炎热的夏天，我们分拣中心的分拣库里找不到一只苍蝇。"

同时，宁谷物配在每个环节的流程管理上下了苦功夫。这家 100 多名员工的商用食材供应链企业，各类人力资源管理文件有 17 万字，保证整个商用食材流通环节在管理上的绝对安全。闫珅介绍道，这部分的操作流程均与"易订货"相结合，在哪个时间段需要做什么样的调整、打开"易订货"的哪个界面点击哪个功能、如何导出，都会以员工日记的形式来进行保存，最终食品安全的责任落实到每一位员工身上。"我们两年来没有产生一次失误，所有客户都对我们有非常高的质量评价。"

认清现实,避开生鲜电商路途上的种种"大坑",利用互联网工具将宁谷物配的生鲜供应链管控发挥到极致。这是宁谷物配在生鲜供应链发展进程中走的每一步,也正是因为这夯实的一步又一步,让宁谷物配把握了先机和生机。或许世界上原本没有那么多的创新,将原有的链路做到极致,便已是快人一步。

资料来源:https://www.hishop.com.cn/ydh/xitong/show_46542.html

请问:宁谷物配是怎么避开生鲜电商路途上的陷阱的?宁谷物配在生鲜供应链发展领域有哪些优势?能够给其他企业带来哪些值得借鉴的经验?

8.1 EOS 概述

8.1.1 EOS 的基本概念

电子订货系统(Electronic Ordering System,EOS)是指将批发、零售商场发生的订货数据输入计算机,通过计算机通信网络连接的方式将资料传送至总公司、批发商、商品供货商或制造商等处的系统。因此,EOS 能处理从新商品资料的说明直到会计结算等所有商品交易过程中的作业,可以说 EOS 涵盖了整个物流系统。在寸土寸金的情况下,零售业已经没有太多空间用于存放货物,在要求供应商及时补足售出商品的数量且不能有缺货的前提下,更有必要采用 EOS。EOS 包含了许多先进的管理手段,因此在国际上使用得非常广泛,并且越来越受到商业界的青睐。

EOS 采用电子手段完成供应链上从零售商到供应商的产品交易过程。一个 EOS 包含以下几个部分。

① 供应商:商品的制造者或供应者(生产商、批发商)。
② 零售商:商品的销售者或需求者。
③ 网络:用于传输订货信息(订单、发货单、收货单、发票等)。
④ 计算机系统:用于产生和处理订货信息。

EOS 按应用范围可分为企业内的 EOS(如连锁店经营中各个连锁分店与总部之间建立的 EOS)、零售商与批发商之间的 EOS 以及零售商、批发商和生产商之间的 EOS。

应用 EOS 的目的是结合条码及 EDI 技术,用来广泛地支持及时采购的经营战略。

8.1.2 EOS 的特点

EOS 通过网络提供的空间和媒体,将供应商、零售商所发生的订货数据录入计算机,将资料通过网络的方式传送到总部、批发商、生产商等处。EOS 处理包括新商品资料、原材料采购、物流配送、零售信息、会计结算等所有商品交易过程中的全部作业。在日益激烈的市场竞争条件下,连锁经营面临着高昂的商品存储费用以及库存商品数量不足时不能及时补货的问题,因此连锁经营公司必须采用 EOS。EOS 有如下特点。

① 商业企业内部计算机网络应用功能完善,能及时产生订货信息。
② POS 与 EOS 高度结合,产生高质量的信息。

③ 满足零售商和供应商之间的信息传递。
④ 通过网络传输订货信息。
⑤ 信息传递及时、准确。

EOS 是许多零售商和供应商之间的整体运作系统，而不是单个零售商和单个供应商之间的系统。EOS 在零售商和供应商之间建立起了一条高速通道，使双方的信息及时得到沟通，使订货过程的周期大大缩短，既保障了商品的及时供应，又加速了资金的周转，实现了零库存战略。

思考与分析

电子订货系统有哪些特点？

8.1.3 EOS 的意义

EOS 是企业提升综合竞争力的必要手段，帮助企业管理营销渠道、品牌维护、降低运营成本及提高工作效率建立完善的信息处理平台，帮助企业完成信息共享、流程控制、业务数据挖掘等信息化建设。

EOS 对企业经营管理而言意义重大。

1. 加大企业市场份额

EOS 可以根据企业自身产品特色建立符合客户需求的信息网页浏览咨询机制，企业可以及时有效地获得客户的反馈信息。EOS 还可以提升企业信息处理能力，利用信息优势加快企业内部商品、资金循环，加大企业市场份额。

2. 提高企业经济效益

EOS 把企业的市场需求与采购、销售、运输、生产、结算等一系列的经营活动有条理地结合在一起，简单且快速地完成了企业的经营过程，并且大大降低了企业的管理费用与运作成本方面的支出。EOS 快速、准确的信息传达，使得企业随时可以掌控市场动态与客户需求和满意度，降低了企业业务处理的错误率，降低了企业的管理成本，并且缩短了业务的交易时间，简化了业务流程，改善了服务质量，进而提高企业的经济效益。

3. 提高企业适应市场变化的能力

网络信息的快速传递和分析，为企业了解和掌控市场的需求提供了便利。EOS 把企业采购和销售活动紧密地结合在一起，并帮助企业决策者制定策略，大大提高了企业适应市场变化的能力，提升了企业的营销力。

4. 优化企业管理组织结构

EOS 的信息传递和交流，使得企业在经营和管理方式方法方面由原来的垂直管理结构模式转换为开放式的水平管理结构模式，信息传递的结构也由原来的金字塔模式转换为矩阵模式。信息的传递过程中不再需要中层管理者作为一个重要的信息传递途径，而是高层管理者可以直接与基层执行者联系，有效地保证了信息真实性，并且高层管理者也可以及时了解和分析实际经营情况，以便及时改善企业决策。细化分工的管理组织结构已经不能适应电子订货的发展，把相互关联的管理组织结构加以整合已经成为大的趋势，这种管理组织结构将使企业经营管理效率得到很大的提高。

8.2 EOS 的结构与流程

8.2.1 EOS 的结构

EOS 的结构包括订货系统、通信网络系统和接单计算机系统。就门店而言，只要配备了订货终端机和货价卡（或订货簿），再配上电话和数据机，就可以说是具备了一套完整的订货系统。就供应商而言，只要能接收门店通过数据机传送的订货信息，并可利用终端机设备系统直接作订单处理，打印出出货单和检货单，就可以说是已经具备了 EOS 的功能。但就整个社会而言，标准的 EOS 绝不是"一对一"的格局，即并非单个的零售商与单个的供应商组成的系统，而是"多对多"的整体运作，即许多零售商和许多供应商组成的大系统的整体运作方式。

根据 EOS 的整体运作程序来划分，EOS 大致可以分为以下三种类型。

1. 连锁体系内部的网络型 EOS

该类型的 EOS 是指连锁门店有订货系统，连锁总部有接单计算机系统，并通过即时、批次或电子信箱等方式传输订货信息。这是"多对一"与"一对多"相结合的初级形式的 EOS。

2. 供应商对连锁门店的网络型 EOS

该类型的 EOS 的具体形式有以下两种。一种是直接的"多对多"形式，即众多的不同连锁体系下属的门店对供应商，由供应商直接接单发货至门店。另一种是以各连锁体系内部的配送中心为中介的间接的"多对多"形式，即连锁门店直接向供应商订货，并告知配送中心有关订货信息，供应商按商品类别向配送中心发货，并由配送中心按门店的组织结构与人员配置向门店送货，这可以说是终极形式的 EOS。

3. 众多零售系统共同利用的标准网络型

该类型的 EOS 的特征是利用标准化的传票和社会配套的信息管理系统完成订货作业。其具体形式有以下两种。一种是地区性社会配套的信息管理系统网络，即成立由众多的中小型零售商、批发商构成的区域性社会配套的信息管理系统营运公司和地区性的咨询处理公司，为本地区的零售业服务，支持本地区 EOS 的运行。第二种是专业性社会配套的信息管理系统网络，即按商品的性质划分专业，从而形成各个不同专业的信息网络，这是高级形式的 EOS，必须以统一的商品代码、统一的企业代码、统一的传票和订货规范标准的建立为前提条件。

8.2.2 EOS 的操作流程

EOS 的操作流程如下。

① 零售商的终端利用条码阅读器获取准备采购的商品条码，并在终端机上输入订货信息（采购单），利用电话线通过调制解调器将订货信息传送到供应商的计算机中，实施下单。

② 供应商开出提货传票，并根据传票开出拣货单，实施拣货，然后根据送货传票进行商品发货。

③ 送货传票上的资料成为零售商的应付账款资料及供应商的应收账款资料，并传送到应收账款的系统中。

④ 零售商对送到的货物进行检验后，开出验收单，实施对账直至供应商收款，货物就可以陈列出售了。

在应用过程中需要制定 EOS 应用手册并协调部门间、企业间的经营活动。EOS 的操作流程如图 8-1 所示。

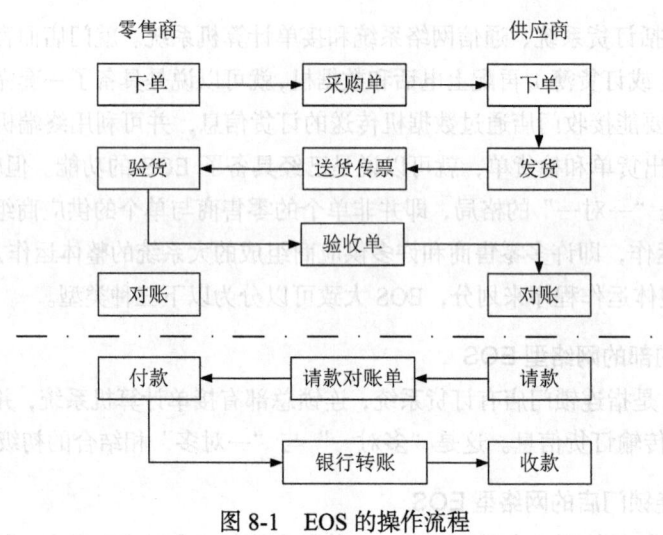

图 8-1　EOS 的操作流程

思考与分析

一个电子订货系统的运作流程包括哪些方面？

8.3 EOS 的实施

8.3.1 EOS 实施的关键要素

1. 决策层领导要素

决策层领导对 EOS 的支持是 EOS 成功实施的关键要素，企业在实施 EOS 时离不开决策层领导的充分支持和理解。决策层领导如果对 EOS 毫不关心，EOS 的实施将面临很多困难。决策层领导对 EOS 的支持除了口头承诺，还包括在实际行动上的督促、参与以及对整个 EOS 实施过程的关注和人、财、物的投入。决策层领导应该从观念上了解和重视 EOS 对于企业发展的必要性和意义，不仅要将 EOS 放到公司发展首要位置，更要参与 EOS 的战略制定。

2. 技术和业务要素

企业成功实施 EOS 将打破传统商务的时间、空间限制，提升企业部门之间以及企业与其合作伙伴之间和整个供应链之间的信息传递效率。EOS 是企业业务与技术的结合，技术是企业实现 EOS 的基础。企业成功实施 EOS 需要的技术和业务要素包括：良好的企业信息化基础、企业内部业务信息系统和业务专家、设计及维护 EOS 的能力。

3．企业战略要素

EOS 作为企业的运作方式和营销方式，不只是企业的局部行为，更要成为企业的全局行为。一方面 EOS 支持企业战略的实现，另一方面企业战略指导 EOS 的实施。

8.3.2　EOS 的配置

无论采用何种形式的 EOS，皆以门店订货系统的配置为基础。门店订货系统配置包括硬件设备配置与确立电子订货方式两个方面。

1．硬件设备配置

硬件设备配置一般由三个部分组成。

1）电子订货终端机

其功能是将所需订货的商品和条码及数量，以扫描和键入的方式暂时储存在记忆体中，在订货作业完毕时，再将终端机与后台计算机连接，取出储存在记忆体中的订货信息，存入计算机主机。电子订货终端机与手持式扫描器的外形有些相似，但功能却有很大差异，它们的主要区别是：电子订货终端机具有存储和运算等计算机基本功能，而手持式扫描器则只有阅读及解码功能。

2）数据机

它是传递订货主与接单主计算机信息资料的主要通信装置，其功能是将计算机内的数据转换成线性脉冲资料，通过专有数据线路，将订货信息从门店传递给商品供方，供方以此为依据发送商品。

3）其他设备

其他设备如个人计算机、价格标签及店内码的印制设备等。

2．确立电子订货方式

EOS 的运作除了要有完备的硬件设备，还必须有记录订货情报的货架卡和电子订货簿，并确立电子订货方式。常用的电子订货方式有以下三种。

1）电子订货簿

电子订货簿是记录包括商品代码/名称、供应商代号/名称、进/售价等商品资料的书面表示。利用电子订货簿订货就是由订货者携带电子订货簿及电子订货终端机直接到现场巡视缺货状况，再由电子订货簿寻找商品，对条码进行扫描并输入订货数量，然后直接接上数据机，通过电话线传输订货信息。

2）电子订货簿与货架卡并用

货架卡就是装设在货架槽上的一张商品信息记录卡，显示内容包括中文名称、商品代码、条码、售价、最高订量、最低订量、厂商名称等。利用货架卡订货，不再需要携带电子订货簿，而只需要手持电子订货终端机，一边巡货一边订货，订货手续完成后再直接接上数据机将订货信息传输出去。

3）低于安全存量订货法

低于安全存量订货法即将每次进货数量输入计算机，销售时计算机会自动将库存扣减，当库存量低于安全存量时，计算机会自动打印货单或直接将信息传输出去。

8.4 EOS 的效益和应用

8.4.1 EOS 的效益

1. EOS 对零售商的效益

EOS 根据货架标签或订货簿进行订货，由于操作方便，不需要查找供应商，任何人都可以完成订货作业。

EOS 可以促成订货作业的合理化、迅速化、正确化、简单化，除了降低处理成本，还可减少因订货错误造成的困扰。

EOS 可以实现小批量订货，符合少量多样化的趋势，并且可以提升货架陈列效果、降低库存备货和仓储空间。

EOS 可以弥补与供应商作业的时差，缩短订货前置时间，减少缺货，增进商品周转率，提高货架利用率，并可提高客户服务质量。

建立进货管理系统，将订货数据存于计算机内，进货时仅需修正与事先传来数据的差异，并可立即转入进货管理系统；同时，EOS 的应用可促成采购分析和应付账款制度的确立。

EOS 可以作为引入商店自动化的基础，并据此落实进销存管理，实现 POS、集成前后台管理系统，对数据进行综合和分析，作为管理者规划、控制、预测的参考。

EOS 可以作为跨企业网络通信的基础，加快业界的信息流通。

2. EOS 对供应商的效益

对于供应商而言，EOS 可以利用增值网（VAN）接收订单，将订货数据自动输入计算机系统；可以支持客户频繁下单的订货作业模式，从而准确掌握市场需求；减少订货错误，降低退货率；使库存调度合理化；可以据此开发供应商管理信息系统，逐渐建立高效的物流体系。

EOS 可以与管理信息系统集成，可以快速、准确地分析数据，为管理者提供决策参考；EOS 也可以作为跨企业网络通信的基础，加快业界的信息流通。

8.4.2 电子订货在企业物流管理中的应用

1. 企业应用 EOS 的基础条件

① 订货业务作业的标准化。这是有效利用 EOS 的前提条件。

② 商品代码的设计。在零售行业的单品管理方式中，每一个商品品种对应一个独立的商品代码，商品代码一般采用国家统一规定的标准。对于统一标准中没有规定的商品，则采用本企业自己规定的商品代码。商品代码的设计是应用 EOS 的基础条件之一。

③ 订货商品目录账册（Order Book）的做成和更新。订货商品目录账册的设计和运用是 EOS 成功的重要保证。

④ 计算机以及订货信息的输入和输出、终端设备的添置和 EOS 的设计也是应用 EOS 的基础条件之一。

2．EOS 在企业物流管理中的作用

① 相对于传统的订货方式，如上门订货、邮寄订货、电话订货、传真订货等，EOS 可以缩短从接到订单到发出订货的时间，缩短订货商品的交货期，减少商品订单的出错率，节省人工费用。

② EOS 有利于减少企业的库存水平，提高企业的库存管理效率，同时也能防止商品特别是畅销商品缺货现象的出现。

③ 对于生产商和批发商来说，通过分析零售商的商品订货信息，能够准确判断畅销商品和滞销商品，有利于企业调整商品生产和销售计划。

④ EOS 有利于提高企业物流信息系统的效率，使各个业务信息子系统之间的数据交换更加便利和迅速，丰富企业的经营信息。

3．EOS 的业务应用

1）订货

EOS 的订货流程的一般步骤如图 8-2 所示。

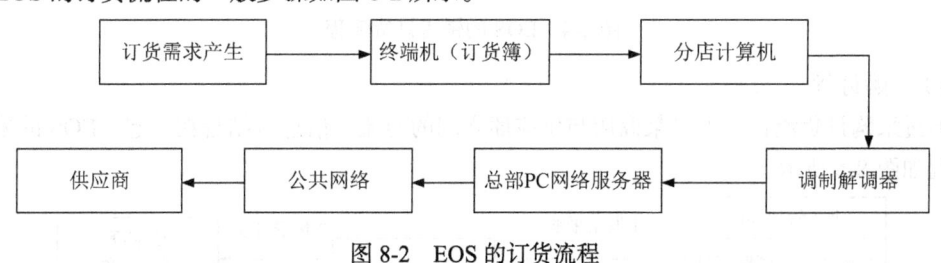

订货需求产生 → 终端机（订货簿）→ 分店计算机 → 调制解调器 → 总部PC网络服务器 → 公共网络 → 供应商

图 8-2　EOS 的订货流程

2）盘点

EOS 的盘点流程的一般步骤如图 8-3 所示。

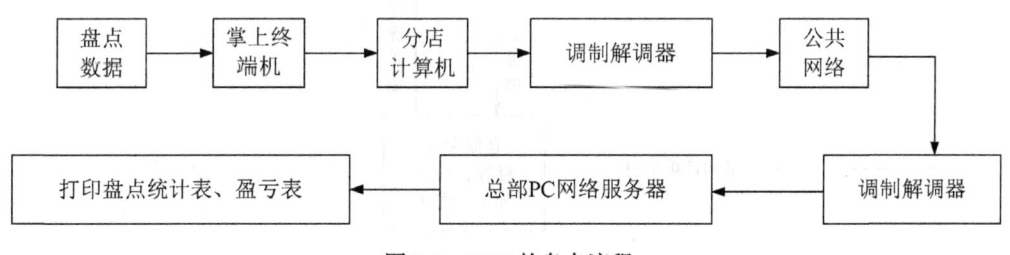

盘点数据 → 掌上终端机 → 分店计算机 → 调制解调器 → 公共网络 → 调制解调器 → 总部PC网络服务器 → 打印盘点统计表、盈亏表

图 8-3　EOS 的盘点流程

3）销售订货

通过销售订货流程，将某商店与同体系商店（店中非独立核算单位）、不同体系商店（店中独立核算单位）和社会网点之间的商流、信息流结合在了一起。EOS 的销售订货流程如图 8-4 所示。

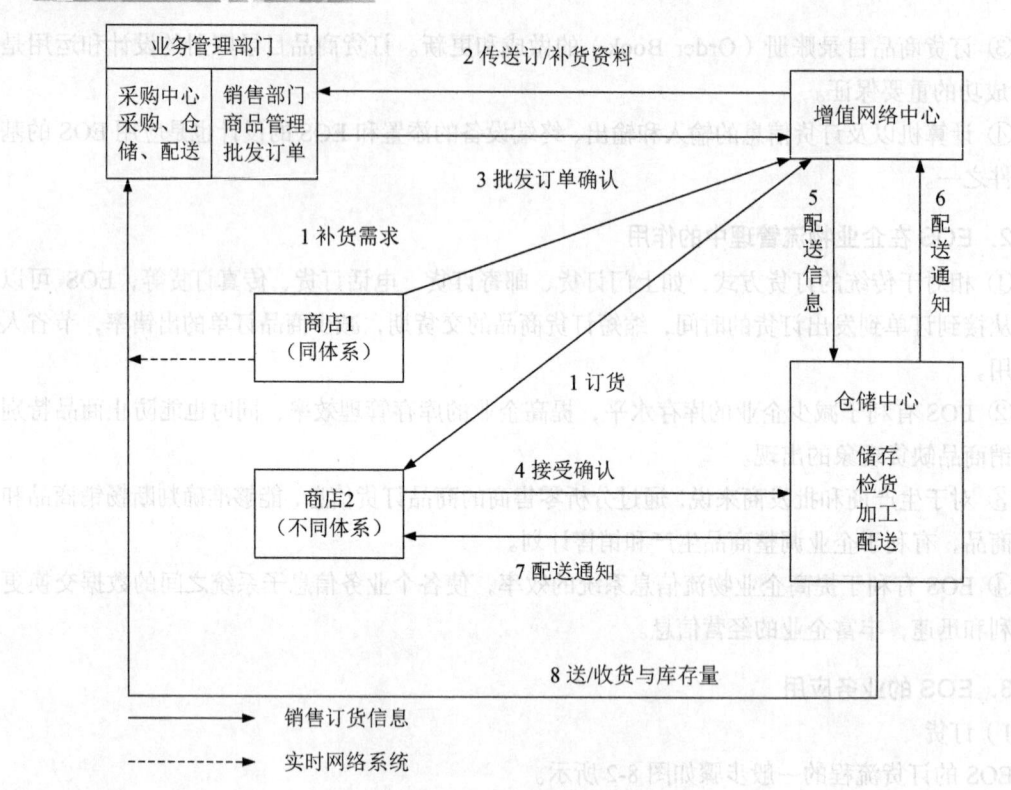

图 8-4 EOS 的销售订货流程

4）采购订货

通过采购订货流程，可将某商店与供应商之间的商流、信息流结合在一起。EOS 的采购订货流程如图 8-5 所示。

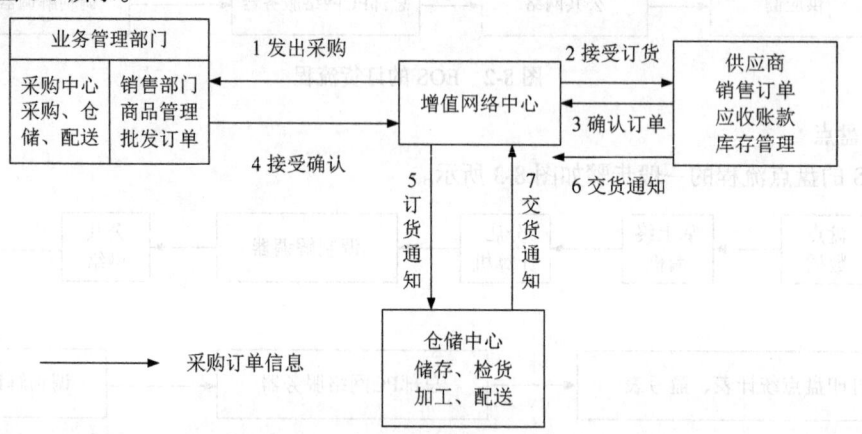

图 8-5 EOS 采购订货流程图

思考与分析

电子订货系统还有哪些其他应用领域？

> ⚠️ **课堂案例**
>
> ## 云计算在物流 EOS 中的应用研究
>
> **1. 可行性分析**
>
> 大型的物流企业 EOS 正在向着网络化与集成化的方向发展,而无论是货物等资源的分配还是订货信息均呈现高度的分散化。为了实现物流订货信息的有效配置,使其能够较好地促进物流企业的发展,许多物流企业开始利用云计算解决自身订货信息分散的问题,通过实现动态的信息计算,进而使企业、物流与消费者之间达到高度的信息共享,从而提高物流 EOS 自身的工作效率。
>
> **2. 数据采集与数据计算**
>
> 在云计算系统成功接收 EOS 发出的请求后,相关的硬件设备便以云计算请求中 EOS 的信息发送时间、信息来源以及具体的请求内容等场景信息为依据,自动生成基于订货信息的云计算服务原始单据。对于物流 EOS 而言,其本质是使来源于网络中的与货物相关的基本信息请求可以发挥其主动且双向控制作用的具体平台,因此,以当前物流企业是否具备足够的库存以及货物配送的速度为依据,物流 EOS 不仅能够为物流企业提供相关的货物订购数据,而且还能将此类数据及时反映到消费者的计算机终端。在此过程中,云计算中的数据计算模块以物流企业不同产品的订购情况和各类产品的库存情况为依据,对下一阶段内各类产品可能被购买的实际情况进行计算,进而形成较为全面的应采购产品与被消费账单,以供物流企业参考。
>
> **3. 数据更新与数据传输**
>
> 根据物流企业内各类产品的实际订购情况与库存情况,云计算中的虚拟平台将各类实体资源在云中进行虚拟,并将云中资源进行池化进而方便与货物订购相关的资源扩充与缩减。对于池化资源而言,一方面可以为 EOS 提供货物的真实订购信息,另一方面也提高了云端中下层资源的伸缩性。通过将已经产生的需求和实际的订货信息转化为电子订单,并将其发送至云计算服务中心以及物流 EOS,进而完成下一阶段的订货信息的数据更新与数据传输。
>
> **4. 管理配置及控制策略**
>
> 云计算对物流 EOS 的网络监控、告警管理以及用户权限和智能巡检等均是通过其自身应用层的 SOA(面向服务的体系结构)技术来实现的。在 SOA 技术的作用下,云计算可以向物流 EOS 提供用户接口,在此过程中,虚拟资源层交互以获取动态且分布程度较高的货物信息资源,从而实现系统的远程控制。云计算在物流 EOS 中的另一项工作是,对自定义的货物报表与数据进行管理,从而实现对整个系统的控制,比如,对货物供应商的选择策略进行合理的调整、实施具有较多层次的货物订购优惠方案等。
>
> **5. 业务拓展**
>
> 在用户将云计算的相关请求发送成功后,云计算服务单据的生成设备便将所订购货物原始单据的控制信息进行收录,并将其发送至云计算物流 EOS 的采集模块中完成格式化,从而

形成基于云计算服务的原始单据。通过将原始单据存储至云计算的单据对象中，一方面可以帮助物流企业向产品供应商提供运营数据，另一方面也可以为存有特殊需求的消费者定制所需货物的交易情况和评价情况，使其对供应商提供的产品性能做出全面了解。

案例来源：韩雪平. 云计算在物流电子订货系统中的应用研究[J]. 电子技术与软件工程，2015（07）：24.

思考问题：
云计算是如何在物流EOS中应用的？

第9章

物流管理信息系统

知识目标

- 掌握物流信息的特点;
- 掌握物流管理信息系统规划的方法;
- 掌握几种物流管理信息系统的开发方法;
- 了解物流管理信息系统的硬件及软件结构;
- 了解几种物流管理信息系统的功能。

能力目标

- 会使用企业系统规划法确定子系统;
- 能对各种物流管理信息系统进行操作。

素养目标

- 培养学生的职业认同感,激发学生对物流管理信息系统专业知识和技能的学习兴趣;
- 通过对物流管理信息系统开发方法的学习,激发学生对信息化事业的兴趣;
- 培养学生协调沟通与交流合作的意识和能力。

引导案例

京东商城的信息化管理

京东商城信息化管理现状非常好,主要信息管理工作由技术部负责规划和实施,据了解,技术部主要由营销研发部、运营研发部、职能研发部、数据分析部、移动研发部等部门组成。

从商城网站到物流配送,客服售后内部系统使用的都是自主研发的软件。京东的信息系统分为外部网站系统、内部系统、物流仓储系统三大部分。提供给商家、消费者、供应商以及用户的主要购买业务使用的是外部网站系统；京东内部各个部门主要使用的是内部系统，其功能主要包括财务、采购、报表等；配合销售业务、入库保存、配送的功能主要是依靠物流仓储系统完成的。

京东商城的网站是京东最重要的运行系统。该系统主要面对消费者浏览商品，拍下订单、网上支付、维护消费者个人信息等。公司最新的商品信息、促销活动、商品宣传也通过京东网站来处理。供应商的采购销售平台、销售商品的库存管理系统、促销和价格管理系统等二级系统构成了京东的采销存系统。采销存系统主要面向供应商和内部采购与销售人员。

面对卖家开放的平台系统是一个连接商家和供应商的系统。这个系统提供一个网上虚拟店铺，能够实现商家在京东网站上经营商家自己的店铺。该系统支持实物交易和虚拟产品交易，另外，团购业务也能在这个系统的工作下实现。目前京东的主要销售业务如服装、食品、电子产品、装饰品、彩票、团购、护肤品等都是通过卖家开放平台的服务来实现的。京东用户对京东商城的满意度相对较高，除了自身产品质量有保障的因素，还与京东利用自身强大的信息管理系统为用户提供创新且服务质量有保证密切相关。京东除了经营传统电商的网上销售，还推出了即时通信产品、京东导购平台等创新业务。京东导购平台会根据用户近期的购物行为推测用户的消费喜好以及一些日常消耗品的消耗，京东对这些消费者信息进行准确而高效的分析，大大提升了京东网站的交易成交量。在众多的信息管理系统中，主导京东完成销售活动的是模拟店铺系统，该系统能够完成促销活动的建立与推广、商家店铺的装饰美化、商家商品价格调整、订单信息反馈、售前售后客服沟通等。另外，京东即时通信产品也为卖家及买家提供了极大的便利，该产品支持 PC 客户端以及移动设备的即时沟通，这让卖家和买家不论在家还是在户外都能实现交易，大大提高了京东的交易量。有了这两个主要面对消费者和商家的系统，消费者对京东的满意度得到了大大的提升。京东财务系统主要提供京东的在线支付服务、货到付款、白条等其他付款方式，除了付款，京东财务系统还提供退款、供应商货款结算、发票保存等服务。对于公司内部而言，财务系统主要提供会计团队培训、会计电算化、财务数据分析管理等服务。

资料来源：https://wenku.baidu.com/view/b59f54ff5901020206409c3c.html

请问：与同类企业相比，作为大型电商企业的京东的消费者满意度很高，那么它在哪些方面有值得借鉴的地方呢？

物流管理信息系统作为信息系统的特殊系统具有其自身的独特性，同时还能为其他信息系统提供一些成功的应用模版。物流管理信息系统实现了物流决策、业务流程、客户服务的全程信息化，对物流进行科学管理。它是人机交互系统，具有物流信息的收集、存储、传输、加工整理、维护和输出功能，能为物流管理者及其他组织管理人员提供战略、战术及运作决策的支持，以达到组织的战略竞优，提高物流运作的效率与效益。因此，我们有必要学习物流管理信息系统的构成、功能及一些典型的物流管理信息系统。

9.1 物流管理信息系统概述

9.1.1 物流管理信息系统的概念及特点

1. 物流管理信息系统的概念

物流管理信息系统作为企业信息系统中的一类，可以理解为通过对与物流相关信息的加工处理来达到对物流、资金流的有效控制和管理，并为企业提供信息分析和决策支持的人机系统。它具有实时化、网络化、系统化、规模化、专业化、集成化、智能化等特点。物流管理信息系统以物流信息传递的标准化和实时化、存储的数字化、物流信息处理的计算机化等为基本内容。

2. 物流管理信息系统的特点

物流管理信息系统具有一般系统共有的特点，即整体性、目的性、环境适应性、相关性，同时还具有结构复杂、目标众多、规模庞大等大系统所具有的特点。

1）大跨度系统

物流管理信息系统是一个大跨度系统，主要体现在两方面，其一指时间跨度大，其二指地域跨度大。在现代经济社会中，企业间物流经常跨越不同地域，国际物流的地域跨度更大。企业通常采取储存的方式解决供需不平衡的矛盾，使得物流的时间跨度也会很大，大跨度系统意味着管理难度较大，对信息的依赖程度较高。

2）人机系统

物流管理信息系统是由人、设备及工具组成的，具体体现在物流操作者运用运输设备、装卸搬运机械、仓库、港口、车站等设施，作用于物资的一系列物流活动。在这一系列的物流活动中，人是系统的主体，因此，物流管理信息系统是要把人和物有机结合起来，作为不可分割的整体，对其进行考察和分析，并始终把如何发挥人的主观能动作用放在首位。

3）可分系统

物流管理信息系统无论规模多么庞大，都可以分解成若干相互联系的子系统。这些子系统的层次及逻辑关系是随着人们对物流的认识和研究的深入而不断扩充的。系统与子系统之间、子系统与子系统之间存在着时间和空间上及资源利用方面的联系，同时存在着目标、费用及运行结果等方面的相互联系。根据物流管理信息系统的运行环节，可以将其划分为以下子系统：运输系统、储存系统、包装系统、装卸系统、流通加工系统、回收复用系统、物资情报系统等。上述这些子系统，又可以分为下一层次的系统，如运输系统可分为水运系统、空运系统、铁路运输系统、公路运输系统及管道运输系统。物流子系统的组成并非一成不变，它是由物流管理目标和管理分工自成体系的。因此，物流子系统不仅具有多层次还具有多目标性。物流管理信息系统是一个复杂的社会系统，对整个国民经济的运行起着特别重要的作用。对物流管理信息系统的分析，既要从宏观层面去研究物流系统运行的全过程，也要从微观层面对物流系统的某一环节加以分析。

4）复杂系统

物流管理信息系统运行对象的"物"遍及全部社会物质资源，需要数以百万计的"人"的庞大队伍，财力上也需要大量的流动资金，物资供应点遍及全国城乡各地。如何使这些人力、物力、财力等资源得到合理的组织和利用，是一个非常复杂的问题。在物流活动的全过程中，物流信息贯穿始终。物流管理信息系统要把这些子系统有机地联系在一起，范围横跨生产、流通、消费三大领域。随着科学技术和网络技术的进步，物流技术不断发展，物流系统的范围也将不断向内深化、向外扩张。

5）动态系统

一般的物流管理信息系统用来连接多个生产企业、物流企业和用户，随着需求、供应、渠道、价格的变化，系统内的要素及系统的运行也会经常发生变化。社会物资的生产、需求变化、资源变化以及企业间的合作关系都随时随地地影响着物流系统，物流系统要满足社会需要、适应环境的动态变化，就需要对物流管理信息系统的各组成部分进行修改和完善，这就要求系统具有足够的灵活性和可改变性。当社会环境出现较大变化时，物流管理信息系统要重新进行系统的设计。

9.1.2 物流管理信息系统的计算模式

物流管理信息系统的计算模式是指相关软硬件的组成、联系、作用及存储中的相关逻辑结构。物流管理信息系统的计算模式是随着计算机、网络通信技术的发展而不断发展的。根据其发展历程，主要产生了四种模式：主机/终端模式、工作站/文件服务器模式、客户机/服务器模式和浏览器/服务器模式。

主机/终端模式由一台主机加上多台哑终端组成，又称"主从结构"。哑终端功能极弱，仅起到数据输入/输出的作用。数据库、数据库管理系统都放置于主机上，所有的数据处理工作都由主机完成。因此，主机负荷较重，但维护简单，最早期的信息系统通常采用这种结构。

工作站/文件服务器模式一般由一台服务器和若干台工作站组成。应用软件、数据库管理系统位于工作站上，数据库则驻留在服务器上。当需要运行应用系统时，用户运行驻留在工作站上的应用程序，输入数据，通过数据库管理系统，将数据存储到服务器上的相关数据库文件中；当需要数据库中的数据时，将相关数据库文件传输到工作站，由工作站上的应用程序对其进行处理，然后再传回服务器上的数据库。在这种计算模式下，数据的并发控制比较难，而且网络的数据传输量比较大，要求工作站配置较大的硬盘和较多的内存容量。

客户机/服务器模式是目前应用较广的一种计算模式。浏览器/服务器模式则随着互联网的普及、企业供应链管理和电子商务的发展呈现出蓬勃发展的趋势。下面主要介绍客户机/服务器模式（C/S 模式）和浏览器/服务器模式（B/S 模式）。

1. C/S 模式

C/S 模式由服务器和若干客户机组成。

大多数应用程序放置在客户机上，数据库、数据库管理软件以及少量的公共程序则驻留在服务器上。当客户调用服务器资源时，客户机将请求传送给服务器，并将服务器传回的处理结果进行相关的分析和处理，然后显示给客户。服务器同时承担着数据存储、数据处理工作。例如，某客户需要了解某种商品的库存状态，客户机就向服务器发送包含了商品编码等信息的数据查询指令，数据库服务器接收到指令并完成相关计算任务后，就把查询结果返回客户机，客户机就可以通过各种方式把结果显示出来。

在 C/S 模式下，客户机由功能一般的微机担任，服务器的配置要求就相对高一些；网络中的数据传输量相对较少,能处理大量的数据请求,交互性强,数据查询灵活;客户端应用程序的维护量较大。

2. B/S 模式

B/S 模式是以 Web 技术为基础的一种计算模式,它由浏览器、Web 服务器和数据库服务器组成。客户通过使用一个通用的浏览器完成所有的信息系统操作要求。Web 服务器通过 Http 协议接收来自浏览器的 Http 查询和其他处理请求,然后把查询和处理请求传送给数据库服务器,再把来自数据库服务器的查询或处理结果用 HTML 文件或 XML 文件形式,连同各种页面描述文件,一起返给客户的浏览器,由浏览器把各种文件处理结果显示给客户。

B/S 模式的好处主要是使用比较简单,容易维护,对客户端的软、硬件要求比较低,有利于电子商务的应用。B/S 模式的主要缺点是服务器负荷较重,尤其当系统存在大量较频繁的计算任务时,会极大地影响系统的性能。

思考与分析

物流管理信息系统的特点有哪些?

9.1.3 物流管理信息系统的作用

物流管理信息系统是由多个子系统组成的,各子系统通过物资实体的运动联系在一起。合理组织物流活动,就是使各个环节相互协调,根据总目标的需求,适时、适量地调度系统内的基本资源。物流系统中各个环节的相互衔接是通过信息的沟通实现的,而且基本资源的调度也是通过信息的查询实现的。

物流企业引进先进的信息处理技术,不仅会提高物流企业的自动化程度和信息共享度,提高工作效率,降低成本,更重要的是能从根本上改变物流企业的战略发展,使物流企业在经营和管理方式上上一个台阶。物流企业的物流管理信息系统可以统一信息的交流渠道,有效地促进物流企业各部门之间的协作,实现物流企业经营管理方式的转变。因此,建立高效、适用的物流管理信息系统,是物流企业管理功能和业务发展的必然要求。物流管理信息系统的作用主要表现在以下几个方面。

① 改善物流企业内部与企业间的信息交流方式,满足业务部门对信息处理和共享的需求,在物流企业管理和业务过程中,使物流企业信息更有效地发挥效力。

② 提高办公自动化水平,提高工作效率,降低管理成本,提高物流企业在市场上的竞争能力。

③ 通过对每项业务的跟踪监控,物流企业的各层管理者可以了解业务进展状况,掌握第一手资料;通过信息交流,及时掌握经营管理数据,增强对业务的控制,为决策提供数据支持。

④ 加强物流企业对员工的管理,随时了解所辖人员的背景资料和业务进展,合理调度资源,加强管理能力。

⑤ 推动物流企业实现信息共享,物流企业可以综合考虑企业物流的各个环节,采用最优化的理论,制定全局优化的物流策略。

> ⚠️ **课堂案例**

易通物流管理信息系统案例

1. 企业背景

易通物流管理信息系统是一个中小物流企业信息化的成功案例。易通交通信息发展有限公司易通物流分公司（以下简称"易通物流"）是一家快速成长的第三方物流企业。易通物流的快速发展，不仅得益于第三方物流市场需求的发展，更离不开信息系统的支持。易通物流对信息系统的需求经历了从单一到全面、从模糊到清晰的发展过程。

易通物流管理信息系统的应用从总体上来说分为四个阶段：①最初的系统只解决运单的录入和汇总数据的统计查询；②逐步涵盖委托、集货、调度、出入库、运输、配送、签收各环节的数据录入和统计查询；③达到调度、出入库、运输监控功能的完善和网上功能的实现；④进一步进行数据挖掘与系统对接。

2. 易通物流管理信息系统结构

该系统分为物流管理子系统、车辆运输管理子系统、出入库管理子系统和企业门户网站四大部分。

1）物流管理子系统

该子系统的内容包括：基础委托单信息的录入，支持电话、传真、互联网等多种形式；客户资料建档，包括客户业务信息、客户信用、客户投诉、客户基础信息、合作状况评价等；业务流转过程中相关数据的录入，包括在库相关信息、在途相关信息、费用信息，分别由不同岗位的责任人完成，便于出现问题时追究责任。

2）车辆运输管理子系统

该子系统的内容包括：司机、车辆基础档案的管理；车辆固定成本、可变费用的管理；行车安全管理；行车效率的管理（路单管理）。

3）出入库管理子系统

该子系统的内容包括：货物的入库数量、时间、完好情况的记录；货物的出库数量、时间、完好情况的记录；支持仓库网络分布情况下对货物的统计、汇总；支持针对不同权限的客户分库区、分品种的库存货物查询；实现上述各项功能的网上查询服务。

4）企业门户网站

作为物流公司对外界宣传和同客户沟通的工具，企业门户网站主要提供网上查询、网上委托、网上交易等服务。

3. 系统特点

1）体系

该系统的体系特点包括：采用 B/S+C/S 模式，n 层体系结构，全面支持 Internet 和移动通信；模块化设计，可根据不同的客户需求灵活配置各模块；界面友好统一，任何用户稍加培训就可以轻松上手；极高的数据处理能力，完善的数据备份机制，保证数据有效、准确；支持群集技术和离线处理，支持窄带（电话线）条件下的数据传输和实时应用；简单、集中的系统维护，保证系统稳定、安全运行，降低系统维护成本。

2）应用

该系统的应用特点包括：源于物流企业的实践，同时结合国内的实际情况，参照先进物流企业的管理思想和运作模式；完善的物流业务管理能力，支持各种成本核算方法、单品管理、票据全程跟踪和历史动态业务数据查询，支持工作流管理和各部门（如生产、销售、服务）之间的全面协同工作；全程无纸化作业，物流服务企业与发货方、供货方之间通过该系统都可以通畅迅捷地了解所需的数据信息；开放式接口，易于构建和管理国内外其他应用系统的动态数据交换。

4. 应用体会

1）首先要先用起来

根据易通物流实际应用情况，如果一开始公司就上一套很完善的物流管理信息系统，那这个系统中途夭折的可能性在95%以上。因为信息系统是企业业务的神经系统，它与企业的骨骼和肌肉（即业务和管理水平）是相互适应的，任何一方面的超前和落后都会阻碍企业的发展。易通公司信息技术应用事业部为想上信息系统的企业提供了企业诊断和最高限价的咨询服务。根据企业的业务状况、企业规模、管理层认知程度、基层计算机应用程度等，提出一期信息系统应用投资的最高限价，超过这个限价企业就面临着很大的价格风险。事先设定一期投入应用效果评估，在达到一期目标之后，管理层增强了信心，总结了经验教训，再考虑二期投入。

2）数据的积累和挖掘是企业提高管理水平的依据

没有准确数据的长期积累就谈不上科学的管理。有了一年以上的准确数据的积累，就可以进行各个层面的数据挖掘与分析。根据管理水平的不断提高，为自身企业设定一系列考核指标，根据指标随时监控企业的运行状况，做到提前预知事态发展，及时采取措施趋利避害。

3）软件良好的表现形式是系统成功应用的保障

信息系统的应用需要人们改变原来通过纸张进行阅览和传递信息的形式，因此要尽最大可能去适应操作人员特别是管理人员的习惯，以最简单、最直观的形式将各种信息展示出来。

5. 应用效果与效益

由于易通物流管理信息系统的应用与完善，易通物流在相关岗位的人力投入减少了50%以上，差错率降低了80%以上，整体效率提高了46%。另外，该系统的统计分析功能使得管理层能够及时准确地掌握发生的业务、流量和财务状况，从而为管理层的决策（战略决策和阶段休整决策以及突发事件决策等）提供了重要的数据支持。另外，系统对业务流程的再造和实施起到了重要的导向和保障作用，提高了企业的竞争力。专家点评易通物流管理信息系统具有成本低、简明实用的特点，并伴随企业的发展不断改进。该系统已经在信息的跟踪服务和数据挖掘应用等方面进行了有益的探索，认识到小企业的客户也会有先进的需求，只有提供更加适用的解决方案才能满足客户。易通物流利用本系统实现了物流全流程的整合，在图书市场的物流和配送领域实现了迅速成长，也成为该领域小企业信息化应用的一个成功案例。

案例来源：http://www.hhhttckd.com/wlal/4944.html

思考问题：

1. 指出该系统的哪些功能能够满足企业日常的业务需要？
2. 指出该系统能获得成功的原因是什么？

9.2 物流管理信息系统的开发

随着信息技术的迅速发展，其应用范围迅速扩大。几十年来，实际运行的信息系统越来越多，对社会和经济的影响日益深入。由于信息系统的多学科性、综合性等特点，使得开发一个成功的物流管理信息系统要经历很长的过程，并且技术人员、管理人员等要在物流管理信息系统的开发建设和实践过程中不断提高他们的认知程度。

9.2.1 物流信息与物流管理信息系统

1. 物流信息

1）物流信息的含义

对于不同的学科，信息具有不同的含义。对于物流管理信息系统中常用的信息，可以做如下解释：物流信息是经过加工后的物流数据，它能对接收方的行为产生影响，它对接收方的决策具有价值。图 9-1 表示了物流数据到物流信息的基本转换过程。

物流信息是人们或机器提供的关于现实物流系统新的知识，是数据、消息中所包含的意义，它不随载体的物理形式的改变而改变。

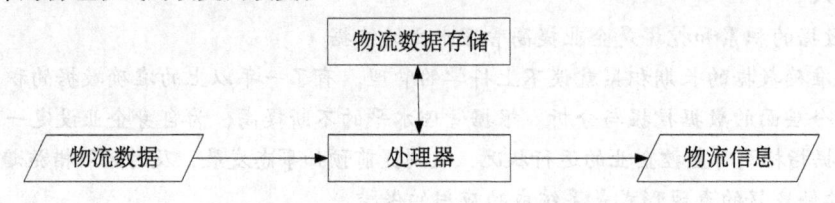

图 9-1 物流数据到物流信息的基本转换过程

2）物流信息的特点

物流信息具有以下特点。

① 是人类的劳动成果。物流信息是经过加工后的数据，是人类通过运算、推理、存储、检索等复杂的知识性劳动获得的。

② 具有真伪性。能真实反映客观世界的信息是真实信息，反之则为虚假信息。在物流系统的信息管理中，必须以真实物流信息作为系统运作的依据。不符合事实的物流信息不仅没有价值，反而可能价值为负。

③ 具有滞后性。由于数据经过加工后才能变为信息，因此，信息一般滞后于事实的发生。物流系统信息管理的一个重要目标就是尽量加快数据的加工处理速度，尽可能减少获取物流信息的时延，提高系统运作的效率与效益。

④ 具有时效性。信息通常在某一时刻或某一段时间内有价值。例如，物流系统如果不及时地处理得到的客户订单信息，就可能失去商机，丢掉客户。

⑤ 具有保密性。各种信息一般都有一个适合发布的范围。例如，新的物流服务创新策略在物流系统某一范围和某一时间段内通常是保密的。因此，信息可以根据保密程度划分为绝密信息、保密信息和一般信息等。

⑥ 具有等级性。对于同一问题，物流系统不同的管理层需要不同的物流信息。物流信息和

物流系统的管理层一样，通常分为战略级、战术级和执行级。一般来说，战略级信息来自物流组织外部，如物流组织的发展方向、目标等；战术级信息来自物流组织内部及外部，如新的商品品种、生产效益、与同行业的比较等；执行级信息大多来自物流组织内部，如职工的考勤记录、生产指标的完成情况等。

⑦ 具有扩散性。物流信息的扩散性是其本性，它力图冲破保密的非自然约束，通过各种渠道和手段向四方传播。

⑧ 具有传输性。物流信息可以借助各种工具和手段（如书籍、杂志、电话、电视、卫星等）传输到很远的地方。

⑨ 具有共享性。物流信息可以进行低成本、无差别的复制。物流信息在共享的过程中能不断升值，最终使所有的参与者都能从共享中得到最大的收益，使物流信息成为人类社会的重要资源。

⑩ 具有增值性。用于某种目的的物流信息可能随着时间的推移价值耗尽，但是对另一目的，物流信息的价值又可能增加。例如，对消费者购物偏好的分析处理，当前消费者有限的购物信息对于商品销售的预测可能没有多大的价值，但是，随着购物信息的增多，商家可以建立预测模型，从大量的可能杂乱无章的信息中得到消费者购物偏好的规律。

⑪ 具有可转换性。物流信息、能源、材料可以相互转换。通过能源和材料可以换取物流信息，而物流信息的大量使用又可以节省能源和材料。例如，利用遥感信息及相关处理技术调查地理地貌，可以节约大量的人力、物力。

⑫ 具有价值性。物流系统可以通过对物流信息的利用获得相关的效益。例如，通过市场调研分析获某地区的客户消费信息，物流系统就可以通过运用相关的决策模型合理配置配送中心，从而节约物流成本，提高客户的满意度。

物流信息的特殊性在于以下三点。第一，物流信息量大，信息分布范围较广，信息种类多。物流系统内部各环节有着大量不同种类的信息；物流活动存在的广泛性使得物流系统外的大量相关信息也必须得到及时收集；物流信息的产生、加工、传播和应用等在时间、空间上也存在较大差异。这就要求用系统的观点进行相关物流信息的处理，物流信息的收集、分类、筛选、统计、分析等的相关工作是具有一定难度的。第二，物流信息的实时性较强，动态性较强。因此，物流系统信息处理的及时性、灵活性显得很重要。第三，物流信息趋于标准化。通过物流信息的标准化，可以使物流信息在整个供应链中畅通无阻地流动、共享。因此，组织与组织间的物流信息交换一般尽量采用 EDI 标准，组织内的物流信息也拥有各自的数据标准。

3）物流信息的分类及信息处理要求

表 9-1 是根据不同的分类标准对物流信息所做的分类。

表 9-1 物流信息分类

分 类 标 准	物流信息分类
信息来源	内部信息、外部信息
信息的稳定程度	固定信息、流动信息
信息的性质（或管理职能）	市场信息、生产信息、物流信息、技术信息、经济信息、人事信息
管理层次	基层信息、中层信息、高层信息

物流信息的处理需要满足以下条件。

① 及时性。一方面，对数据的加工、检索、传递等的速度要快；另一方面，要及时对历史数据进行记录。由于信息的滞后性，物流系统中的信息流一般都要落后于物流，因此，只有努力提高物流信息处理的及时性，才能使系统中的物流与信息流趋于同步，满足物流系统正常运作的要求。

② 准确性。无论是物流系统的基本业务活动，还是物流系统的管理决策，都必须以真实信息为基础。虚假的物流信息必然导致物流系统的混乱。

③ 适用性。不同的物流业务活动、职能部门等需要的物流信息，比如内容、范围、详细程度、使用频率等都会存在巨大差异。因此，应科学地识别物流系统中存在的不同信息需要，选取合适的物流信息。

④ 经济性。物流信息的获得来自物流系统在人、财、物等方面的投入，因此，物流系统的信息处理应建立在经济性的基础上。在构建信息处理系统时，物流系统应进行相应的技术经济分析工作。

⑤ 可得性。可得性是指数据的迅速可得性以及随时随地的可得性。

2. 物流管理信息系统

1）物流管理信息系统的概念

物流管理信息系统是企业信息系统的一种，是对与物流相关的信息进行加工和处理来达到对物流、信息流以及资金流的有效控制和管理，对企业提供信息分析和决策支持的人机系统。

2）物流管理信息系统的特点

该系统具有集成化、网络化、规模化、系统化、实时化、专业化、智能化等特点。

3）物流管理信息系统的构成

① 硬件。硬件包括计算机主机、外存、打印机、服务器、通信电缆、通信设施等，它是物流管理信息系统的物理设备和硬件资源，是物流管理信息系统的基础。

② 软件。软件一般包括系统软件、实用软件和应用软件。

系统软件主要有操作系统、网络操作系统等，它控制、协调硬件资源，是物流管理信息系统必不可少的软件。

实用软件的种类有很多，对于物流管理信息系统而言，主要有计算机语言、国际互联网上的浏览器、数据库管理系统、各种开发工具等，主要用于开发应用软件、管理数据资源、实现通信等。

应用软件是面向具体业务的软件，与企业运作相关，具有实现辅助企业管理的功能。

图 9-2 所示为某一典型的物流管理信息系统的软件组成示例。

③ 数据库与数据仓库

数据库与数据仓库用来存放与应用相关的数据，是实现辅助企业管理和支持决策的数据基础。目前，大量的数据存放在数据库中。

④ 使用人员

物流管理信息系统的使用人员包括领导、信息主管、中层管理人员、业务主管、业务人员、系统分析人员、程序设计人员、系统维护人员等，随着大数据技术和机器学习的快速发展，信息分析人员将成为企业迫切需要的人才。

应用软件用于	库存	运输	配送	市场	客户	财务	人事	质量	知识	公用程序	
战略计划										模型库	
管理控制											
运行控制											数据库管理系统
业务处理										公用应用程序	
专用文件											
公用数据文件											

图 9-2 某一典型的物流管理信息系统的软件组成示例

9.2.2 物流管理信息系统规划内容及过程

1. 规划的内容

物流管理信息系统的规划由三方面的内容组成：方向和目标、约束和政策、计划和指标。

1) 方向和目标

方向和目标的设立工作往往是很困难的。作为企业组织的领导者，他们在设立方向和目标时，不得不考虑外部环境的影响和变化，同时受个人价值观念、工作风格等因素的影响，最后确定的目标往往不完全是个人意愿的表现，而是一个个人意愿和现实约束的综合体。

2) 约束和政策

在进行系统规划的过程中，有关约束和政策的规划多是对未来情况的考虑，即考虑现在并未出现的机会和目前正在寻找的资源条件。考虑约束和政策的目的是使企业组织能够最合理地安排生产，使企业组织能找到资源、环境与机会的最好的平衡点，以最快的速度、最高的效率实现企业组织的目标。

3) 计划和指标

计划和指标与前两项内容有一定的区别，主要是指近期的任务，考虑如何在目前或最近一段时间内充分利用企业组织的资源，抓住机会，更好实现企业组织的目标。

在企业组织内部，规划不仅存在于高层，也存在于中层和基层。总体规划的层次，依据企业组织管理的层次和职能，可以分为公司级、业务级和执行级。同规划的三方面内容相结合，横向排列规划的三个层次，纵向排列规划的三方面内容，可以构成如图 9-3 所示的规划的框架结构。

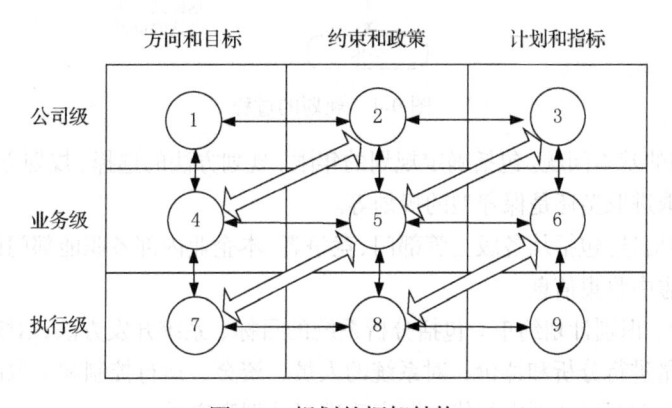

图 9-3 规划的框架结构

图 9-3 中，各元素之间上下、左右关联，左下与右上相关。约束和政策是由方向和目标引出的，计划和指标则是由约束和政策引出的；上级计划是由下级计划完成的，下级计划是在上级计划的指导下制订出来的。例如，业务经理在确定自己的目标④时，他要考虑公司的目标①，也要考虑公司的约束和政策②，同时，其目标需要通过执行级的目标⑦来完成，必须考虑目标应切合实际，不能太低或太高。

2．规划的过程

物流管理信息系统的规划可以分为以下步骤进行，其规划的过程如图 9-4 所示。

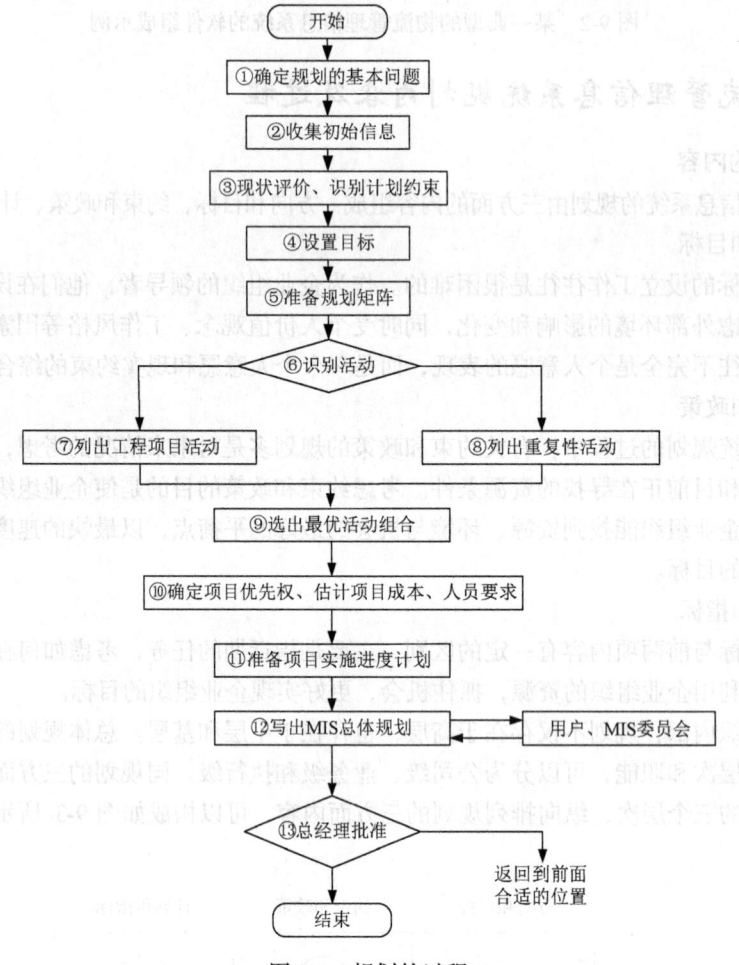

图 9-4 规划的过程

① 确定规划的基本问题。包括确定规划的年限、规划方法的选择、规划方式（集中或分散）的选择以及是采取进取型还是保守型的规划等。

② 收集初始信息。包括从各级主管部门、竞争者、本企业内部各职能部门以及从各种文件、书籍和报纸、杂志中收集信息。

③ 现状评价、识别计划约束。包括分析系统的目标、系统开发方法；对现行系统存在的设备、软件及其质量进行分析和评价；对系统的人员、资金、运行控制和采取的安全措施以及各子系统在中期和长期开发计划中的优先顺序等进行计划和安排。

④ 设置目标。由企业组织的领导和系统开发负责人，依据企业组织的整体目标来确定物流管理信息系统的目标，包括系统的服务质量和范围、人员、组织以及要采取的措施等。

⑤ 准备规划矩阵。根据物流管理信息系统的规划内容，依据相互之间的关系组成规划矩阵。

⑥~⑨ 用以识别各种活动。是对上面列出的各项活动进行分析，分为一次性的工程项目活动和重复性的要经常进行的活动，并指出需要优先进行的活动。由于受到资源的限制，各项活动和项目不可能同时进行，应该依据项目的重要性、风险的大小以及效益的好坏等，正确选择工程项目活动和重复性活动的组合，选出最优活动组合并排出执行的先后次序。

⑩ 确定项目优先权、估计项目成本、人员要求。

⑪ 准备项目实施进度计划。

⑫ 写出 MIS 总体规划。将物流管理信息系统开发的总体规划整理成规范的文档，在成文过程中要与用户、MIS 委员会、信息系统的开发人员及各级领导不断协商，交换意见。

⑬ 总经理批准。整理成文的 MIS 总体规划必须经过总经理批准才能生效，否则只能返回到前面合适的位置，重新再来。

9.2.3 物流管理信息系统规划方法

信息系统是物流组织计划的重要组成部分，它支持物流组织的总体规划。符合物流组织和信息系统两方面战略规划的具体项目一经确定，就可以制定出相应的物流管理信息系统规划。

为了制定一个有效的物流管理信息系统规划，物流组织必须对其长期和短期的物流信息需求有一个清晰的了解。通常制定物流管理信息系统规划的方法有多种，主要有关键成功因素（Critical Success Factors，CSF）法、战略目标集转化（Strategy Set Transformation，SST）法和企业系统规划（Business System Planning，BSP）法三种。

1. 关键成功因素法

关键成功因素（CSF）法的实施大致可分为确定企业目标、识别关键成功因素、确定关键信息需求三个步骤，如图 9-5 所示。

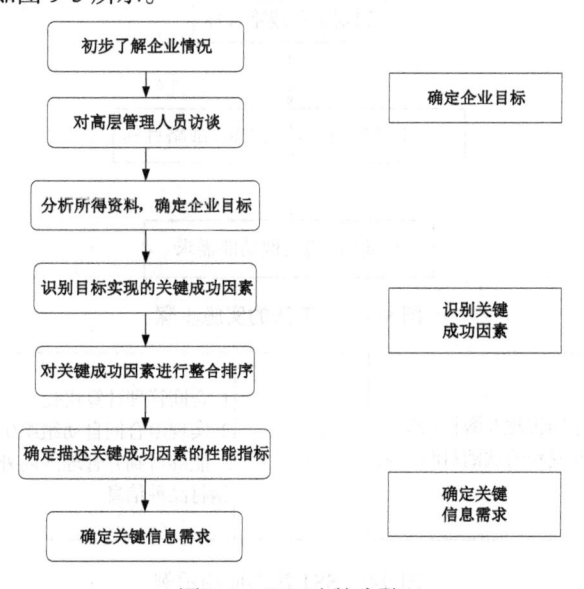

图 9-5 CSF 法的步骤

由于关键成功因素法的切入点是高层管理人员，因此关键成功因素法的目的是获取控制管理层的关键信息需求。

2. 战略目标集转化法

1978 年 William King 把组织的战略目标看成一个"信息集合"，即组织战略集，由使命、目标、战略和其他战略变量组成。战略目标集转化（SST）法是把组织战略集转化为 MIS 战略集的过程，如图 9-6 所示。

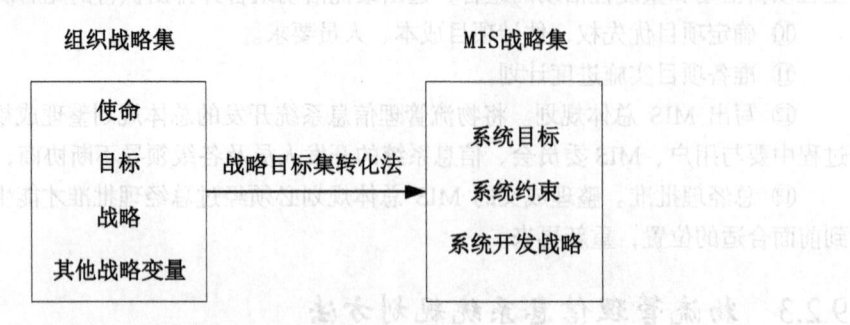

图 9-6 SST 法的原理

SST 法的第一步是识别组织战略集，先考查该组织是否有成文的战略或长期规划，如果没有，就要去构建这种战略集。

第二步是将组织战略集转化为 MIS 战略集，MIS 战略集应包括系统目标、系统约束以及系统开发战略。这个转化的过程为组织战略集的每个元素识别对应 MIS 战略集的相应元素，然后提出整个 MIS 的结构，最后，选出一个方案送总经理。

物流管理信息系统的 SST 法是把企业战略目标看成一个集合，通过将企业战略目标转化为 MIS 战略目标，进而确定 MIS 的关键功能需求。SST 法的实施步骤如图 9-7 所示。图 9-8 展示了一个 SST 法的应用示例。

图 9-7 SST 法的实施步骤

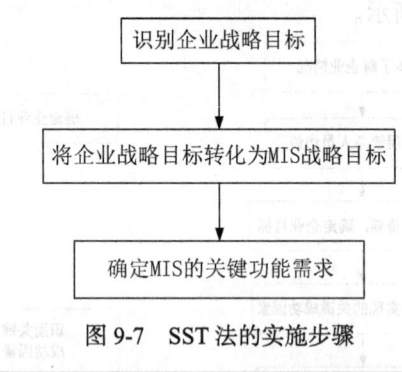

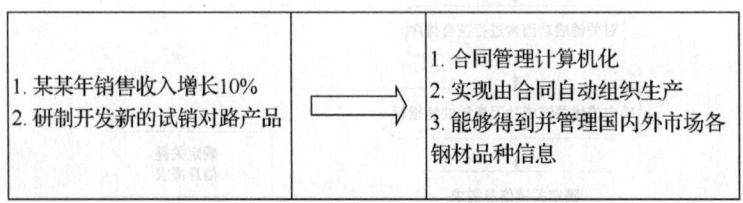

图 9-8 SST 法的应用示例

在该应用示例中我们将某供销公司的企业战略目标转化为其 MIS 战略目标，从而也就明确了该 MIS 的关键功能需求。

3．企业系统规划法

企业系统规划（BSP）法是由 IBM 公司于 20 世纪 70 年代提出的一种企业管理信息系统规划的结构化的方法论。它与 CSF 法相似，首先自上而下识别企业目标、识别企业过程、进行数据分析，然后自下而上设计系统，以支持系统目标的实现。BSP 法的原理如图 9-9 所示。

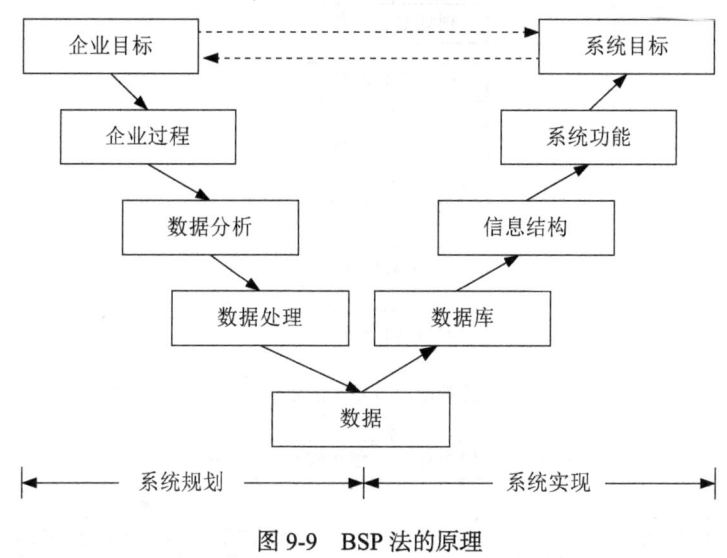

图 9-9　BSP 法的原理

1）主要步骤

BSP 法从企业目标入手，逐步将企业目标转化为 MIS 的目标和结构。它摆脱了 MIS 对原组织结构的依从性，从最基本的企业过程出发，进行数据分析与数据处理，分析决策所需数据，然后自下而上设计系统，以支持系统目标的实现。BSP 法的实施步骤如图 9-10 所示，其中的主要步骤如下。

研究开始阶段。成立规划组，进行系统初步调查，分析企业的现状、了解企业有关决策过程、组织职能和部门的主要活动、存在的主要问题、各类人员对物流管理信息系统的看法。要在企业各级管理部门中取得一致看法，使企业的发展方向明确，使物流管理信息系统支持这些目标的实现。

定义企业过程（企业过程又称业务过程或管理功能组）。定义企业过程是 BSP 法的核心。所谓企业过程就是逻辑相关的一组决策或活动的集合，如订货服务、库存控制等业务处理活动或决策活动。企业过程构成了整个企业的管理活动。定义企业过程可对企业如何完成其目标有较深的了解，可以作为建立物流管理信息系统的基础。按照企业过程建立的物流管理信息系统，其功能与企业的组织结构相对独立，因此，组织结构的变动不会引起物流管理信息系统结构的变动。

企业过程重组。在定义企业过程的基础上，分析哪些过程是正确的，哪些过程是低效的、需要在信息技术支持下进行优化处理，哪些过程不适合计算机信息处理、应当取消。检查过程的正确性和完备性后，按功能对过程分组，如经营计划、财务规划、成本会计等。

定义数据类。定义数据类是 BSP 法的另一个核心。所谓数据类是指支持企业过程的逻辑上相关的一组必要数据。例如，记账凭证数据包括了凭证号、借方科目、贷方科目、金额等。一个系统中存在着许多数据类，如顾客、产品、合同、库存等。数据类是根据企业过程划分的，即分别从各项企业过程的角度出发，按逻辑相关性将与企业过程有关的输入输出数据整理出来归纳成数据类。

```
确定项目
   ↓
规划准备工作
   ↓
研究开始阶段
   ↓
定义企业过程
   ↓
企业过程重组
   ↓
定义数据类
   ↓
分析现行系统
   ↓
确定管理部门对系统的要求
   ↓
评价企业的问题和效益
   ↓
评价信息资源管理工作    定义物流管理信息系统总体结构
                          ↓
                    确定子系统开发优先顺序
   ↓                      ↓
        开发建议书和行动计划
              ↓
          规划工作结束
```

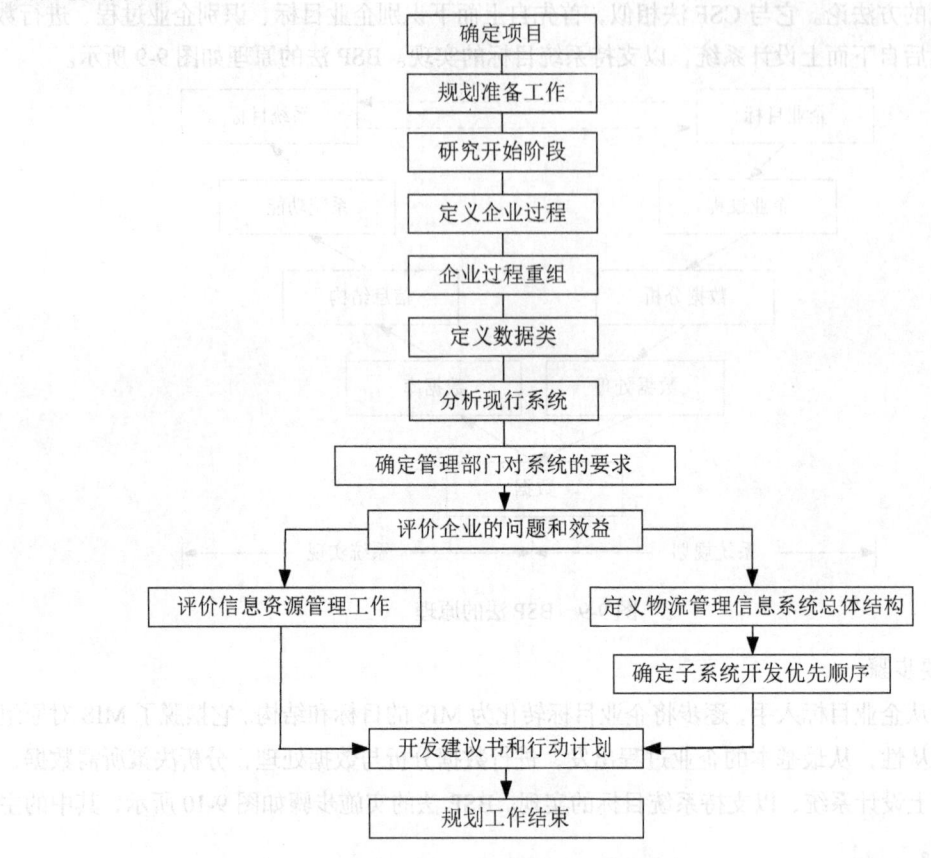

图 9-10　BSP 法的实施步骤

定义物流管理信息系统总体结构。企业过程和数据类都定义好之后，可以得到一张过程/数据矩阵，过程/数据矩阵又可称为过程/数据类矩阵或 U/C 矩阵。定义物流管理信息系统总体结构的主要工作就是利用 U/C 矩阵来划分子系统，刻画出新的物流管理信息系统的框架和相应的数据类。

确定子系统开发优先顺序。由于资源的限制，系统的总体结构一般不能同时开发和实施，应有先后次序。划分子系统之后，根据企业目标和技术约束确定子系统开发优先顺序。一般来讲，可以优先开发对企业贡献大的、需求迫切的、容易开发的子系统。

完成 BSP 研究报告，提出开发建议书和行动计划。

2）子系统的划分

BSP 法是根据信息的产生和使用来划分子系统的，它尽量把信息产生的企业过程和使用的企业过程划分在一个子系统中，从而减少了子系统之间的信息交换。子系统的划分步骤如下：

① 制作 U/C 矩阵。利用定义好的功能和数据类制作一张过程/数据类矩阵，即 U/C 矩阵，

如表 9-2 所示。U/C 矩阵中使用字母 U（use）和 C（create）表示功能对数据类的使用和产生，交叉点上标 C 的表示这个数据类由相应的功能产生，标 U 的表示这个功能使用这个数据类。例如，销售功能需要使用有关产品、客户和订货方面的数据，则在这些数据类与下面的销售一行对应交叉点上标 U；而销售区域数据类产生于销售功能，则在对应交叉点上标 C。

表 9-2 U/C 矩阵

功能	数据类															
	客户	订货	产品	加工路线	材料表	成本	零件规格	原材料库存	成品库存	职工	销售区域	财务	计划	设备负荷	材料供应	工作令
经营计划						U						U	C			
财务规划						U				U		U	C			
产品预测	U		U								U		U			
产品设计开发	U		C		U		C									
产品工艺			U	C			U	U	U							
库存控制							C	C	C						U	U
调度			U											U		C
生产能力计划				U										C	U	
材料需求			U		U										C	
作业流程				C										U	U	
销售区域管理	C	U	U													
销售	U	U	U								C					
订货服务	U	C	U													
发运		U	U						U							
通用会计	U		U							U						
成本会计		U				C										
人员计划										C						
人员招聘考核										U						

② 调整 U/C 矩阵。开始时数据类和功能是随机排列的，U、C 在矩阵中的排列也是分散的，必须加以调整。

首先，"功能"这一列按功能组排列，每一功能组中按资源生命周期的四个阶段排列。功能组是指同类型的功能，如"经营计划""财务规划"属计划类型，归入"经营计划"功能组。

其次，在"数据类"中，使得矩阵中的 C 最靠近主对角线。因为功能的分组并不绝对，在不破坏功能组的逻辑性基础上，可以适当调配功能组，使 U 也尽可能靠近主对角线。表 9-2 所示的 U/C 矩阵经上述调整后，得到表 9-3 所示的子系统矩阵。

③ 画出功能组对应的方框，并起个名字，这就是子系统。

表 9-3 子系统矩阵

功能	计划	财务	产品	零件规格	材料表	原材料库存	成品库存	工作令	设备负荷	材料供应	加工路线	客户	销售区域	订货	成本	职工
经营计划	C	U													U	
财务规划	C	U													U	U
产品预测	U		U									U	U			
产品设计开发			C	C	U							U				
产品工艺			U	U	C	U	U									
库存控制						C	C	U		U					C	
调度			U					C	U							
生产能力计划								C	U							
材料需求			U		U					C						
作业流程								U	U	U						
销售区域管理			U									C		U		
销售			U									U	C	U		
订货服务			U									U		C		
发运			U				U							U		
通用会计			U									U			U	U
成本会计														U	C	
人员计划																C
人员招聘考核																U

④ 使用箭头把落在方框外的 U 与子系统联系起来，表示子系统之间的数据流。例如，数据类中的计划由经营计划子系统产生，而产品预测子系统要用到这一数据类。

4．三种系统规划方法的比较

① CSF 法能抓住主要问题，使企业目标的识别突出重点。由于高层管理者比较熟悉这种方法，所以使用这种方法确定的企业目标，高层管理者乐于努力去实现。这种方法最有利于确定企业的管理目标。

② SST 法从另一个角度识别管理目标，它反映了各种人的要求，而且给出了按这种要求进行的分层，然后转化为物流管理信息系统目标的结构化方法。它能保证目标比较全面，疏漏较少，但是它在突出重点方面不如 CSF 法。

③ BSP 法虽然也首先强调目标，但它没有明显的目标导引过程。它通过识别企业过程引出了系统目标，企业目标到系统目标的转化是通过 U/C 矩阵的分析得到的。由于数据类也是在企业过程基础上归纳出的，所以我们说定义企业过程是 BSP 法的核心，而不能把 BSP 法的核心内容当成 U/C 矩阵。

以上三种规划方法各有优缺点，可以把它们综合成 CSB 方法来使用，即用 CSF 法确定企业目标，用 SST 法补充完善企业目标，然后将这些企业目标转化为物流管理信息系统目标，再用 BSP

法校核企业目标和物流管理信息系统目标，确定物流管理信息系统结构。CSB方法可以弥补单个方法的不足，较好地完成规划，但是过于复杂而削弱单个方法的灵活性。因此，没有一种规划方法是十全十美的，企业进行物流管理信息系统规划时应当具体问题具体分析，灵活运用各种方法。

9.2.4 物流管理信息系统的开发

1. 物流管理信息系统开发的特点

物流管理信息系统建设周期长、投资大、风险大，开发出来的物流管理信息系统较之一般技术工程有更大的难度和复杂性，其开发特点如下。

1）技术手段复杂

物流管理信息系统是信息技术与现代管理理论结合的产物，它试图用先进的技术手段解决社会经济问题。计算机硬件和软件、数据通信与网络技术、人工智能技术、各类决策方法都是当今发展最快的技术，也是物流管理信息系统借以实现各种功能的手段。掌握这些技术手段，合理地应用以达到预期效果，是物流管理信息系统建设的主要任务之一。

2）内容复杂，目标多样

面向管理是物流管理信息系统最重要的特征。管理系统涉及的信息量大、形式多样、来源复杂。一个综合性的物流管理信息系统要支持各级多部门的管理，规模庞大、结构复杂，非一般技术工程所能比拟。企业各部门和管理人员的信息需求不尽相同，目标多样，甚至相互冲突，因而协调困难，不易求得各方面都满意的方案。有些需求是模糊的，不易表达清楚。对一般技术工程，往往可以通过具体模型或样品试验解决设计中的问题并完善设计，而物流管理信息系统的样品就是产品，在实际运行前无法进行现场试验，系统开发中的问题只有投入运行后才能充分暴露。加之系统开发周期长，容易造成人力、物力和时间的浪费。

3）投资密度大，效益难以计算

物流管理信息系统建设，包括它的开发和维护，都需要投入大量的资金。物流管理信息系统采用大量的先进技术，但开发的自动化程度较低，仍需要投入大量的人力进行系统分析、设计和编写程序。物流管理信息系统建设是一种高智力的劳动密集型项目，简单劳动所占比例极小，这也是一般技术工程不能比拟的。另一方面，物流管理信息系统给企业带来的效益主要是无形的间接效益，不像一般技术工程取得的效益那样直接和容易计算。

4）环境复杂多变

物流管理信息系统要成为企业竞争的有力武器，必须适应企业的竞争环境。这就要求物流管理信息系统的建设者必须十分重视、深刻理解企业面临的内外环境及其发展趋势，也必须考虑到管理体制、管理思想、管理方法和手段，考虑到人的习惯、心理状态以及现行的制度、惯例和社会、政治等诸多因素。

2. 物流管理信息系统开发的结构体系

1）系统开发层次结构

侧重点不同的系统开发所属的层次结构不同。强调开发过程的组织、管理和控制，属于系统开发生命周期的范畴；强调开发方法的驱动对象，属于方法论的范畴；支持某种方法论的技术，属于技术范畴；系统开发需要在一定的开发环境下运用开发工具来完成，属于开发环境/工具的范畴。这些系统开发层次在一定层面上，从不同的角度提出，但彼此相互联系、相互支持、相互制约，它们之间的关系可以通过图9-11所示的系统开发层次结构图体现出来。开发环境/工具位于最底层，说明其他三个系统开发层次均离不开开发环境/工具的支持，技术则是组成方法论的基本成分。

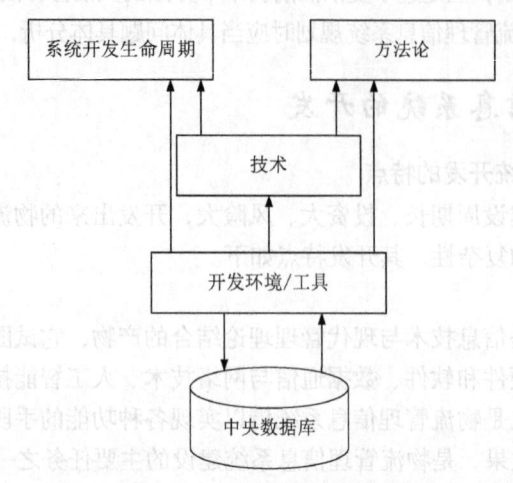

图 9-11　系统开发层次结构图

2）系统开发生命周期

任何事物都有产生、发展、成熟、消亡（更新）的过程，物流管理信息系统也不例外。物流管理信息系统在使用过程中随着生存环境的变化，要不断维护、修改，当它不再适应环境的时候就要被淘汰，就要由新系统代替，这种周期循环称为物流管理信息系统的生命周期。系统开发生命周期是指系统分析员、软件工程师、程序员以及最终用户建立计算机信息系统的过程，是管理和控制管理信息系统开发成功的一种必要措施和手段，或者是一种用于规划、执行和控制管理信息系统开发项目的项目组织和管理方法，是工程学原理（系统工程的方法）在管理信息系统开发中的具体应用。图 9-12 展示了管理信息系统的生命周期及工作步骤。

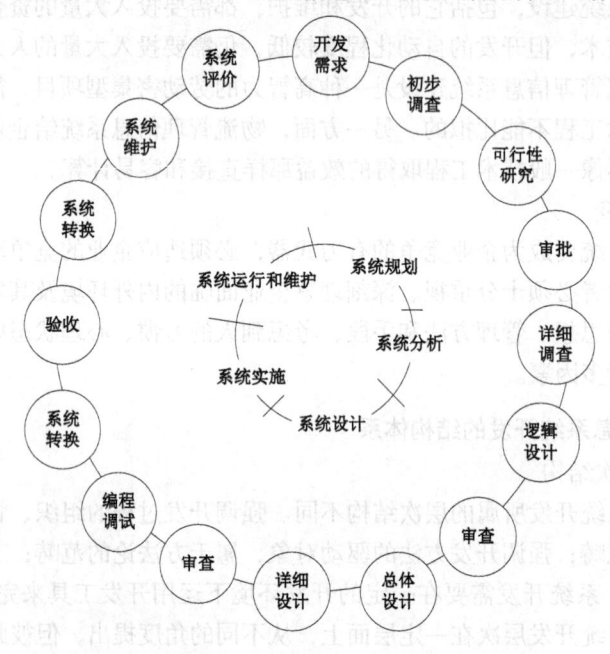

图 9-12　管理信息系统的生命周期及工作步骤

相应地，物流管理信息系统的生命周期也可以分为系统规划、系统分析、系统设计、系统实施、系统运行和维护五个阶段。

3. 物流管理信息系统的开发方法

1）结构化系统开发方法

结构化系统开发方法（Structured System Analysis And Design，SSA&D）又称结构化生命周期法，是系统分析员、软件工程师、程序员以及最终用户按照用户至上的原则，自顶向下分析与设计和自底向上逐步实施的建立计算机信息系统的一个过程，是组织、管理和控制物流管理信息系统开发过程的一种基本框架。

（1）面向用户的观点

用户的要求是系统开发的出发点和归宿。物流管理信息系统是为用户服务的，最终要交给管理人员使用。系统的成败取决于它是否符合用户的要求、用户对它是否满意。因此，必须动员、吸引管理人员积极参与系统的开发过程。在整个系统开发过程中，系统开发人员应该始终与用户保持联系，从调查研究入手，充分理解用户的信息需求和业务活动，不断地让用户了解开发工作的进展情况，校准开发工作方向。

（2）严格区分开发阶段，每个阶段有明确的任务和应得的成果

混淆开发阶段是导致开发延期甚至失败的重要教训之一。结构化系统开发方法强调按时间顺序、开发内容将系统开发划分为几个阶段，如系统分析阶段、系统设计阶段、系统实施阶段以及系统运行和维护阶段等。对于复杂的系统，更要强调和加强前期工作，强调分析、设计的深入细致，以避免后期返工而产生投资耗费和负社会效益。

（3）按照系统的观点，自顶向下完成系统的开发工作

在系统分析阶段，按照全局的观点对企业进行分析，自顶向下、从粗到精、由表及里，将系统逐层逐级进行分解，最后进行逆向综合，构成系统的信息模型。在系统设计阶段，先将系统功能作为一个大模块，然后逐层分解，完成系统模块结构设计。在系统实施阶段，先实现系统的框架，自顶向下完善系统的功能。程序的编写遵循结构化程序设计的原则，自顶向下，逐步求精。

（4）充分考虑变化的情况

物流管理信息系统的环境在不断变化之中，因此用户对系统的要求也在不断变化之中。结构化系统开发方法充分考虑到这种变化的情况。在系统开发中，把系统的可变更性放在首位，运用模块结构方式来组织系统，使系统的灵活性和可变更性得以充分体现。

（5）开发成果文献化、标准化

系统开发是一项复杂的系统工程，参加人员多、经历时间长。为保证开发工作的连续性，每个开发阶段的成果都要用文字、图表表达出来，资料格式要标准化、格式化。这些资料在开发过程中是开发人员与用户交流思想的工具，在开发结束之后是系统维护的依据。因此，资料必须简单明确、无二义性，既便于开发人员阅读，又便于用户理解。

"结构化"一词出自程序设计，也就是常说的结构化程序设计，其含义是指用一组标准化准则与工具从事某项工作。结构化系统开发方法由管理策略和开发策略两部分组成。管理策略部分强调系统开发的规划、进程安排、评估、监控和反馈。开发策略部分则研究系统开发的具体过程，包括工作分解结构（Work Breakdown Structure，WBS）、优先级结构、开发经验以及开

发标准。工作分解结构涉及系统规划、系统分析、系统设计、系统实施和系统评价等开发过程的任务设置。优先级结构考虑系统开发所遵循的基本模式，如瀑布模式、螺旋模式、迭代模式等。开发经验是系统开发过程中长期积累的、对系统开发具有指导意义的宝贵资源。开发标准是确保系统开发工作高质量完成的保证，通常包括活动、职责、文档、质量检验四个方面。

2）原型法

原型法的基本思想是在投入大量的人力、物力之前，在限定的时间内用最经济的方法开发出一个可实际运行的系统原型，以便尽早澄清不明确的系统需求。所谓的系统原型就是一个可以实际运行、可以反复修改、可以不断完善的信息系统。在系统原型的运行中用户发现问题，提出修改意见，技术人员完善系统原型，使它逐步满足用户的要求。这种思想借鉴了技术工程中的建模方法，比如，没有制造万吨级水压机的经验，可以先制造一台百吨级水压机以便取得经验。

原型法的开发原理是：在系统开发初期，凭借系统开发人员/开发商对用户需求的了解和系统主要功能的要求，在强有力的软件环境支持下，迅速构造出系统原型，然后与用户一起不断对系统原型进行修改、完善，直到满足用户需求。原型法的开发原理如图9-13所示。

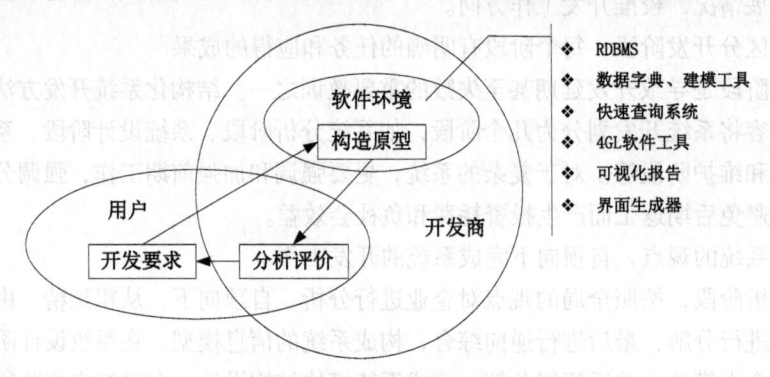

图9-13 原型法的开发原理

原型法作为结构化系统开发方法的一种补充，其核心是用交互的、快速建立起来的原型取代形式的、僵硬的（不易修改的）、大块的规格说明，用户通过在计算机上实际运行和试用原型进而向开发者提供真实的反馈意见。由此，系统开发模式也由瀑布模型转换为螺旋模型。螺旋模型如图9-14所示。

基于系统可行性研究，我们将基于原型法的螺旋模型的开发过程归纳为：用户提出系统要求，开发者识别、归纳上述要求，开发一个模型/原型，然后用户和开发人员对该模型展开评价，对模型不可行、不满意处进行处理，修改模型；确定新模型功能后，对新模型进行螺旋式的原型，最终进入实际系统开发、运行、维护等阶段。原型法开发过程如图9-15所示。

原型法开发的优势在于，对系统要求的认识取得突破，确保用户的要求得到较好满足。原型法改进了用户和系统开发人员的交流方式，使开发的系统更加贴近实际，提高了用户的满意程度，从而降低了系统开发风险，一定程度上减少了开发费用。

原型法对开发工具的要求高，它的实现基础之一是可视化的第四代语言（4GL）及其开发环境。需要注意的是，原型法不能用于解决复杂系统的问题和开发大型系统，此外，原型法对用户管理水平的要求也较高，也就是说借助原型法进行系统开发的企业至少需要有较为明确的业务流程。

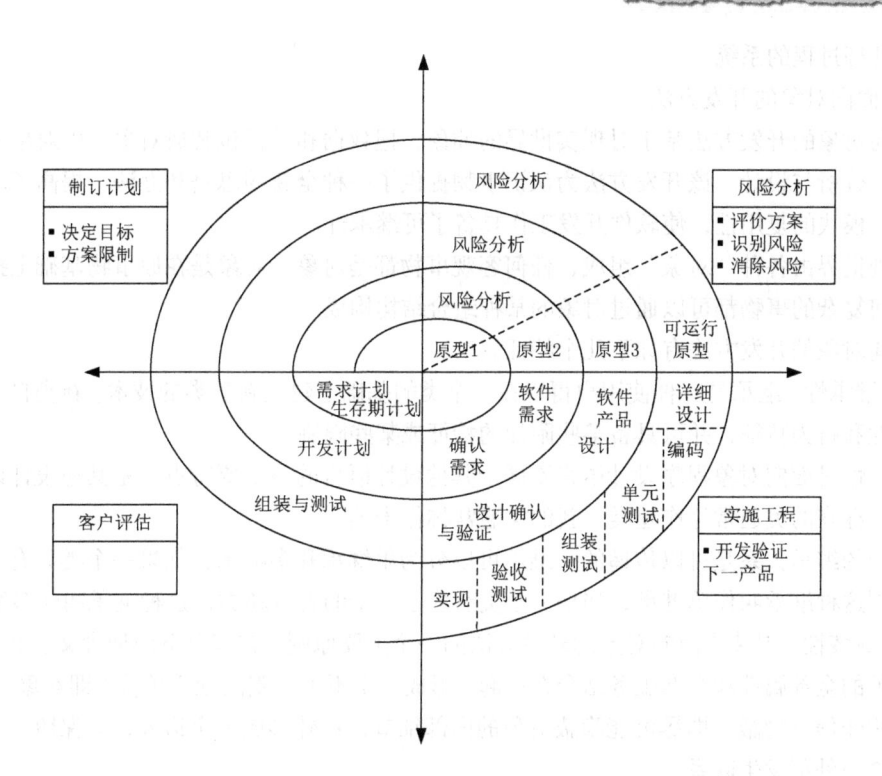

图 9-14 螺旋模型

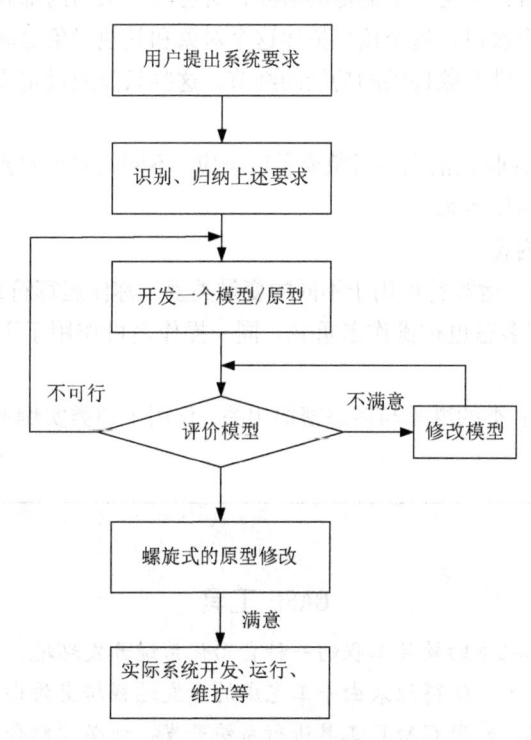

图 9-15 原型法开发过程

原型法的适用范围是比较有限的,适用于小型、简单、处理过程比较明确、没有大量运算和逻辑处理过程的系统。

3）面向对象的开发方法

面向对象的开发方法基于对现实世界的抽象，把数据和过程包装成对象，以对象为基础对系统进行分析与设计。该开发方法为认识事物提供了一种全新的思路和办法，提高了软件的可扩展性、模块的复用性，使软件开发工作具备了可继承性。

客观世界由各种"对象"组成，任何客观事物都是对象，对象是在原事物基础上抽象的结果。任何复杂的事物都可以通过对象的某种组合结构构成。

面向对象的开发方法有如下几个特征。

① 继承性。继承是一种使用户得以在一个类的基础上建立新的类的技术。新类自动继承旧类的属性和行为特征，并可具备某些附加的特征或某些限制。

继承性是面向对象程序设计语言不同于其他设计语言的最主要特点，是其他设计语言所没有的。已存在的类通常称作超类，新的类通常称作子类。

类间的继承关系是可以传递的。继承可以分为单继承和多继承，如果一个类只有一个直接超类，则这种继承叫作单继承，如果一个类有多于一个的直接超类，这种继承叫作多继承。

② 封装性。封装是面向对象的开发方法的一个重要原则，它有以下两种含义。第一个含义是把对象的全部属性和全部服务结合在一起，形成一个不可分割的独立单位（即对象）。第二个含义也称作信息隐蔽，即尽可能隐蔽对象的内部细节，对外形成一个边界，只保留有限的对外接口使之与外部发生联系。

封装还可以这样理解：它是一个清楚的边界，所有的对象的内部软件的范围被限定在这个边界内；同时它还是一个接口，这个接口描述这个对象和其他对象之间的相互作用；并且这个受保护的内部给出了由软件对象提供的功能的细节，这些只能通过定义这个对象的类所提供的方法进行访问。

③ 多态性和重载。在收到消息时对象要予以响应，不同的对象收到同一消息可以产生完全不同的结果，这一现象叫作多态。

多态主要包含如下内容。

a. 运算符重载：同一运算符可用于不同的变量类型，称作运算符重载。

b. 即席多态：即席多态也称操作名重载。同一操作名可作用于不同对象上并产生不同的结果。

c. 类属软件的重用：类的继承与多态密切相关，作用于超类实例的方法同样也可以作用于其子类的实例。

> ⚠ 课堂阅读
>
> ### CASE 工具
>
> CASE 工具是计算机辅助软件工程的一种自动化系统开发环境，它能够全面支持除系统调查以外的其他开发步骤，使得原来由手工完成的开发过程转变为由自动化工具和支撑环境支持的自动化开发过程。采用 CASE 工具进行系统开发，还必须结合某种具体的开发方法，如结构化系统开发方法等。借助 CASE 工具，开发者能够生成图形化模型，并能够自动检查模型的完整性以及该模型和系统其他模型的兼容性。

CASE 工具可以分为以下几种。①集成化 CASE 工具，支持整个 SDLC 过程；②前期 CASE 工具，支持 SDLC 的系统规划、系统分析、系统设计；③后期 CASE 工具，支持 SDLC 的系统设计、系统实施、系统运维。CASE 工具的分类如图 9-16 所示。

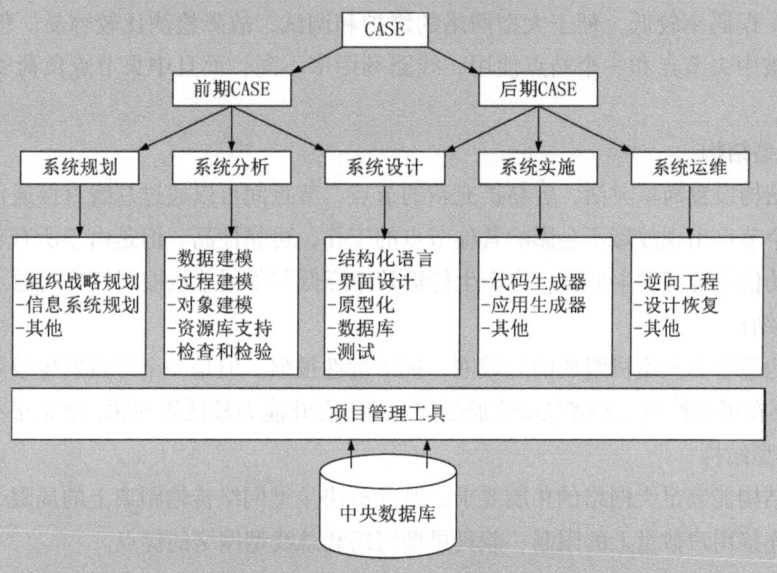

图 9-16 CASE 工具的分类

CASE 工具实际上是一个共享信息资料档案库的个人工具集合，其中包括图形生成器、制图工具、设计生成器、代码生成器、报表生成器、数据库生成器、检错工具、建立原型工具、安全版本控制和反向工程工具等。CASE 工具的构成如图 9-17 所示。

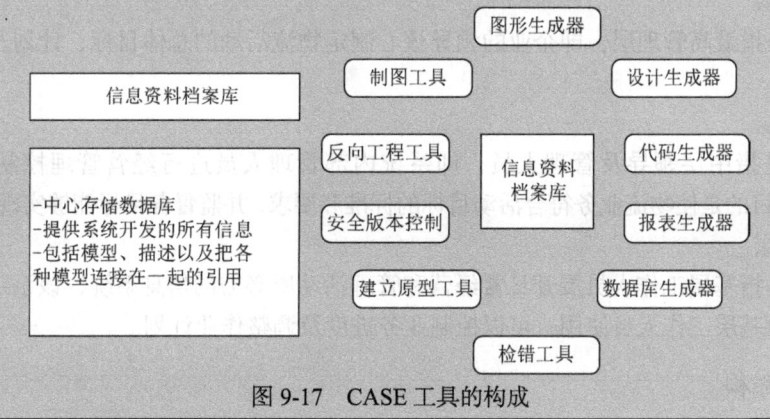

图 9-17 CASE 工具的构成

9.3 物流管理信息系统的结构

9.3.1 物流管理信息系统的结构的划分

物流管理信息系统的结构可以从以下几个角度进行划分。

1. 拓扑结构

根据物流管理信息系统的拓扑结构可以把它的各组成部分抽象成不同的节点，以此来反映物流管理信息系统的分布类型。

1）星型结构

星型结构的网络结构设置简单，便于管理，每个站点可以直接连接到中央节点，网络延迟时间较短，误码率较低，便于大型网络的维护和调试，故障检测比较容易。但是由于一条通信线路只被中央节点和一个站点使用，线路利用率不高，而且中央节点负荷太重，费用相当昂贵。

2）总线型结构

总线型结构设置简单灵活，容易扩充新的节点，节点间可以通过总线直接通信，速度快，延迟小，某个节点出现故障不会影响其他节点的工作，可靠性高。但是由于所有节点共用一条总线，传送的信息容易发生冲突，会产生传输效率降低和争用总线控制权等问题。

3）环形结构

环形结构适合由大型机组成的局域网，抗干扰性很强。但是一个节点发生故障会导致整个网络瘫痪，存在可靠性差、大信息量流通受限、网络吞吐能力较低等问题，常见于小型局域网。

4）混合型结构

混合型结构能满足大网络的拓展要求，既能解决星型网络传输距离上的局限，又能解决总线型网络在连接用户数量上的限制，兼具星型网络和总线型网络的优点。

2. 层次结构

按照物流管理信息系统的层次结构，即作用及加工程度的不同，可以把它分为决策层、控制层和业务层。

1）决策层

决策层是指最高管理层，即企业的领导核心制定物流活动的总体目标、计划及方针所需要的信息系统。

2）控制层

控制层是指中层领导及管理人员，即系统内部管理人员进行经营管理控制活动所需要的信息系统，目的是使物流业务符合活动目标的标准和要求，并监督各目标能够实现和发挥作用。

3）业务层

业务层是指基层工作人员展开日常经营和管理活动所必需的信息系统，该系统来自具体的业务部门，由基层工作人员使用，可以控制业务进度及调整作业计划。

3. 功能结构

按照物流管理信息系统的功能结构进行归类，以反映物流管理信息系统对业务管理的支持情况。

根据业务管理的功能可以将物流管理信息系统划分为运输功能、仓储功能、装卸搬运功能、流通加工功能、配送功能、包装功能和配送功能七大类。

4. 计算模式

按照物流管理信息系统的数据处理方式进行抽象，以反映物流管理信息系统的数据、程序分布以及处理流程。

物流管理信息系统的整体结构还可以从硬件和软件两个角度来解读。

9.3.2 物流管理信息系统的硬件结构

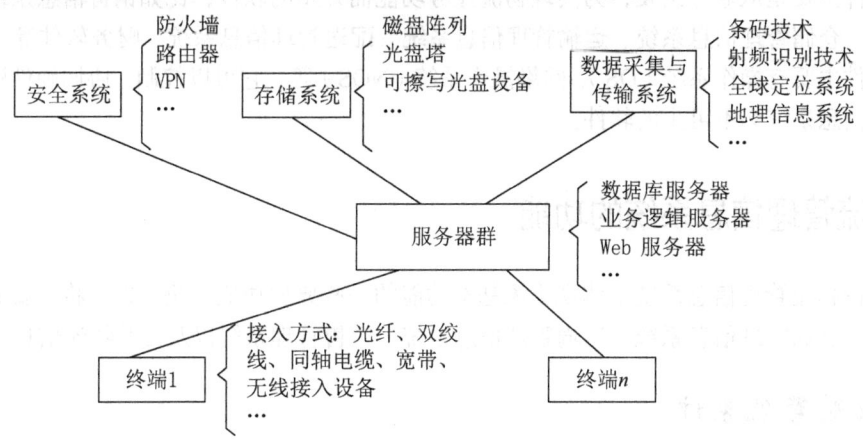

物流管理信息系统的硬件结构如图 9-18 所示。

物流管理信息系统的硬件包括计算机、通信设施等，具体包括计算机主机、外存、服务器、通信电缆及通信设施、打印机等，它们是物流管理信息系统的物理设备、硬件资源，也是构建物流管理信息系统的基础，可以为系统的顺利运行提供硬件支撑。

图 9-18 物流管理信息系统的硬件结构

9.3.3 物流管理信息系统的软件结构

物流管理信息系统的软件结构如图 9-19 所示。

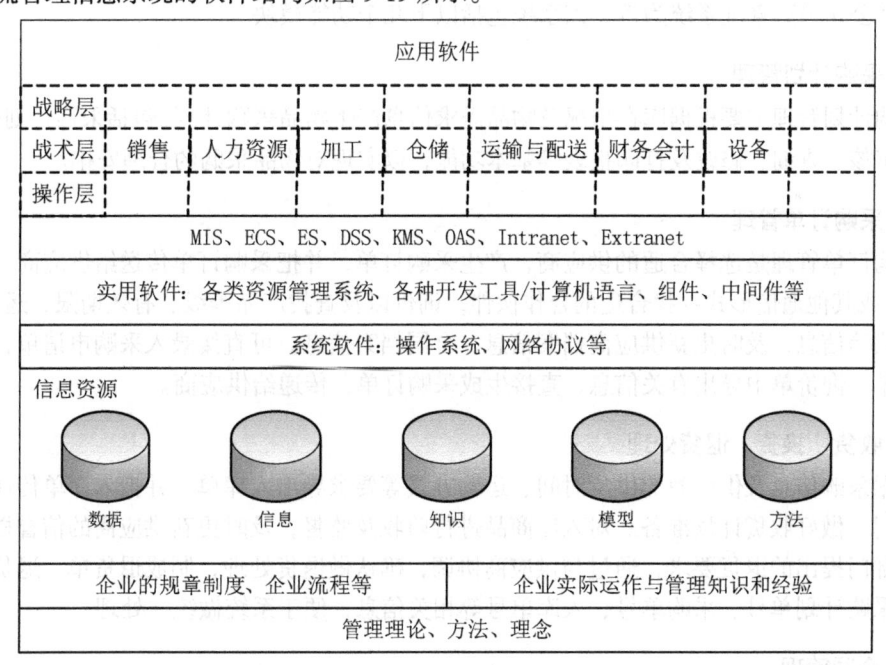

图 9-19 物流管理信息系统的软件结构

物流管理信息系统中，软件一般包括应用软件、实用软件及系统软件。

应用软件主要有以下类型：TPS，即事务处理系统，具体记录、处理、报告重复性的日常活动，可以记录和更新企业业务数据；MIS，汇总分析事务信息，提供报告和报表查询功能，支持管理层组织、计划和控制企业的运行；DSS，即决策支持系统，是集成数据模型、管理模型和用户交互软件的信息系统，它可以支持中高层管理人员进行半结构化和非结构化决策；EIS，即经济信息系统，是高层管理者了解组织运作情况和制定组织战略方针的系统软件。

实用软件主要是从业务出发，为实现物流业务功能而开发的软件，比如销售信息系统、人力资源系统、仓储管理信息系统、运输管理信息系统、配送管理信息系统、财务软件等。

系统软件主要有操作系统（OS）、网络操作系统（NOS）等，它可以控制、协调硬件资源，是物流管理信息系统必不可少的软件。

9.4 物流管理信息系统的功能

本节讨论物流管理信息系统中体现物流基本功能的一些典型功能模块。这里将主要介绍采购管理系统、仓储管理信息系统、运输管理信息系统、销售管理系统以及公共物流信息平台。

9.4.1 采购管理系统

采购是商品在企业内流动的起点，从计划、销售、仓储等部门获得购货需求信息，与供应商签订订单，采购货物，传递给需求部门。

采购管理系统是综合运作采购申请、采购订货、收料检验、发票处理、供应商管理、供货信息处理、订单管理等功能的管理系统。它是对采购物流和资金流全过程的跟踪和控制。

以某公司采购管理系统为例，该系统包括以下几个功能模块。

1. 采购计划管理

采购计划管理主要根据库存情况及物品需求信息产生物品采购计划，包括采购计划的设计、编制、审核、查询、修改及打印报表等基本功能，以实现对物品采购的合理安排。

2. 采购订单管理

采购订单管理是选择合适的供应商，产生采购订单，并把采购订单传送给供应商。可以通过 EDI 或其他通信形式寻找合适的合作伙伴，询价以及查找产品等级、有效期限、运输方式、付款方式等信息，及时更新供应商档案信息、合同档案信息。可直接录入采购申请单，或从采购计划单、询价单中导出有关信息，直接生成采购订单，传递给供应商。

3. 收货、换货、退货处理

根据采购信息及供应商的供货时间、运输方式等要求导出入库单，并把入库单传递给仓储管理部门，做好收货计划准备。对入库商品进行验收及监督，及时更新供应商的信誉档案。根据质检部门提出的退货要求，通过与供应商协调，确认做退货处理，制成退货单。退货单上必须注明采购计划单号、采购单号、入库单号等相关信息，便于系统做统一处理。

4. 合同管理

合同管理主要包括对合同的增加、删除、修改、查询、审核、处理和打印报表等功能，对应收应付款和未完成合同做各项统计。

5．供应商管理

供应商管理提供对供应商基本信息的编辑维护、供应商评估指标和评价模型的设定、供应商各种评价指标权值设定以及各种供应商相关信息查询与统计等功能。

9.4.2 仓储管理信息系统

仓储是围绕仓储实体的流通活动，它会产生一系列关于仓储物资各方面的单据、报表等数据。仓储是连接生产者和消费者的重要纽带，是物流、信息流和单证流的统一，在整个供应链中起着非常重要的作用。随着社会生产力水平的提高，物流业蓬勃发展，仓储产品数量增加、品种复杂、产品各异，还要对商品进行分类、拣选、整理和加工等操作，对仓储管理的服务提出了很高要求。面对繁杂的仓储信息，为了提高企业竞争力，提升仓储管理的智能化水平，提高仓储准确性和高效性，必须改造现有业务流程，对仓储环节进行科学的分析、规划、设计，根据不同仓储企业的特点设计出合理的仓储管理信息系统。

随着信息化技术的发展和普及，信息共享、信息传输、信息标准以及信息成本等方面都有了明显的进步，信息可以广泛地成为调控和决策的依据。仓储管理的信息化是未来现代化仓库管理的趋势，市场迫切需要高性能的仓储管理信息系统。

仓储管理信息系统的功能模块通常要依据仓储活动流程来设计。

1．仓储活动流程

仓储活动主要包括在仓库内进行入库、出库、库存盘点、货物搬运、储位分配等作业。总体上，仓储活动流程一般分为入库作业管理、在库作业管理、出库作业管理。

1）入库作业管理

商品入库一般需要经过入库作业计划编制、储位准备、核对单据、初步检查验收、入库交接、商品验收以及信息处理等一系列作业活动。

2）在库作业管理

在库作业管理是在对仓库进行商品分区分类、货位编号的基础上，针对入库上架的物品进行盘点和维护保养等方面的管理。商品分区分类后，要将仓库划分为若干货位，按其地点和位置排列，采取一定的标准和规则进行顺序编码，即货位编号，方便货物在出入库时按编号存取。由于仓储作业中不断有货物周转，为了有效控制货物数量和质量，防止库存货物的信息与实际数量不符，要对库存货物进行账务和实际数量的盘点。

3）出库作业管理

出库作业管理主要包括订单审核、出库信息处理、拣货、发货检查、装车和发货信息处理等操作。仓储部门接受订单或出库单时，首先要审核单据的商品名称、型号、数量等信息是否有误，审核无误后，再进行先进先出、存货量的核验。核验通过后，根据订单要求，快速、准确地将商品分拣出来，再次进行核对。如果核对信息与订单信息相符，将货物装车，签收出库单，仓管员及时更新商品的在库信息。

2．仓储管理信息系统的功能模块

仓储管理信息系统的目的是独立完成仓储管理各项作业：收货、储存货物、存货管理、订单处理、分拣及配送。它要遵循一般仓储业务流程，实现商品数据的自动采集、上传和数据录入、更新。

仓储管理信息系统通常包含以下几个功能模块：基本信息管理、订单管理、货物流管理、收货管理、盘点管理、拣选管理、移库管理、库存管理以及后台服务系统。其中的几个主要功能模块如下：

1）基本信息管理

① 仓储管理的基本信息。包括仓库储位信息、预入库商品的基本信息以及仓库管理人员基本信息等。

② 商品的具体信息。包括商品品名、规格、生产厂家、产品批号、生产日期、有效期和箱包装等。

2）订单管理

根据客户的入库单或出库单，可以在仓储管理信息系统中预录入入库订单和出库订单，根据订单上的商品信息，入库作业时系统可以自动分配最佳的储位，出库作业时系统可以根据"先入先出"的原则选择最优的出库商品。这些操作支持人工干预。

3）拣选管理

仓储管理信息系统中的拣选信息包含货架及储位信息和最优拣选路径，根据货架分布以及货位布局可以计算拣选先后顺序，射频终端与系统同步，可以借助该设备完成拣选任务，提高拣选效率。

4）库存管理

仓储管理信息系统支持自动补货，根据设定的安全库存量以及补货算法，可以精确计算出补货点和补货量，在不影响取货的同时还能提高仓储空间利用率，降低货位蜂窝化现象出现的概率。

9.4.3 运输管理信息系统

运输管理信息系统是对运输工具（车、船、飞机等）、运输环境（运输路线、站点和地图）、人员（驾驶员、装载员及管理人员等）、运单、运输成本、运输优化（路径优化、运输能力优化以及服务优化等）、客户进行管理及控制的系统。

运输管理信息系统的设计思想是对运输过程中的信息进行存储、汇总和分析，为运输企业提供服务。根据系统的业务需求设计运输管理信息系统，其功能模块结构图如图 9-20 所示。

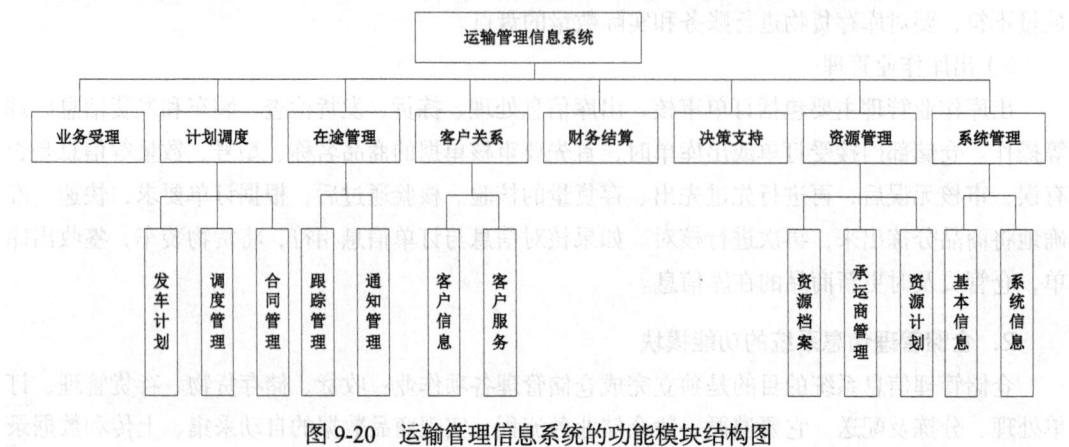

图 9-20 运输管理信息系统的功能模块结构图

运输管理信息系统通常包括以下几个功能模块。

1．车辆管理

对车辆的运输能力，包括装载体积、载重、运输速度、能源消耗计量等进行管理和控制。如果车辆有外包服务，还要包含车辆外包服务商的管理。

2．运输线路管理

根据运输企业及运输服务特性的不同，运输线路管理一般分为区域型运输管理、线路型运输管理和混合型运输线路管理。通过运输线路管理，建立相关的运输服务区域数据库，采用一定的算法设计合理的运输线路和运输站点序列。

3．人员管理

对作业人员进行合理的定岗和任务分配可以提高运输作业的完成质量。对运输企业来说，尽管系统给定了优化的运输线路，但是在具体运作中会遇到各种意外情况，驾驶员的经验会起到不同的效果，人力成本也有较大差异。

对人员属性进行科学的描述，可以为运输业务分配合理化及人员组合合理化提供数据基础。驾驶员的属性包括：人员的基本属性（姓名、性别、年龄、教育程度、联系方式、工作年限等）、人员的技能属性（驾龄、驾驶证级别、工作经历、作业区域历史、事故历史等）、人员的成本属性（工资、津贴、奖金等）。

4．运输订单及客户管理

运输管理的需求来源于物流公司的运输需求、厂家的送货需求、最终客户提货及送货需求。运输管理信息系统的客户管理是针对运输服务的需求来源进行分类管理的，并根据这些需求分别提供不同形式和内容的运输服务。

运输服务是通过运输需求驱动的，运输订单是运输需求的表现形式。应该根据用户的不同需求产生不同的运输订单，使用户及自身的运输成本降到最低。通过对运输订单进行运输的组合作业，可以大大提高运输效率。

5．运输计划排程

运输计划排程的目的是实现运输成本最低、运输速度最快、运输安全的保证最高。通常采用一些优化算法进行运输计划排程。

6．成本核算

成本核算的项目主要是运输成本。能源消耗的控制是运输成本中比较难控制的。影响能源消耗的因素有很多，如驾驶员的技术、气候、路径长度、路况畅通等因素。大多数的运输管理信息系统在进行运输可变成本控制时，主要依据路径长度。

7．作业跟踪

运输作业跟踪分为静态跟踪和动态跟踪两种形式。静态跟踪通过收集运输订单的回单来实现；动态跟踪则通过 GPS、GIS 等信息技术来实现。静态跟踪是事后行为，可以为下一次计划排程提供改进依据；动态跟踪则可以使现有的计划排程更合理，减少空车营运，提高对异常事件的处理应对能力。

运输管理信息系统以 Internet、GIS、GPS、条码、WAP 等先进技术为基础，全面跟踪车辆与货物的运输情况，客户可以通过系统随时了解车辆与货物的位置与状态，实现对车辆、货物的自动跟踪，进行状态监测和调度监控，也可以在任何时间用多种手段查询各地的路面信息、商业信息和管理资源信息。

思考与分析

运输管理信息系统的功能能给实际运输过程带来哪些便利？与传统的业务流程方式相比有哪些相应改变？

9.4.4 销售管理系统

销售管理系统是综合运用报价、销售订货、仓库发货、销售退货、销售发票处理、客户管理、价格及折扣管理、订单管理、信用管理等功能的管理系统，它对销售全过程进行有效控制和跟踪，实现完善的企业销售信息管理。销售管理系统通过对销售订单的管理，动态掌握销售订单的执行情况，随时掌握各类销售数据，便于企业了解销售相关信息。与应收管理一起使用，可以提供销售账款分析，实时统计销售应收款回笼情况；与库存管理一起使用，可以掌握销售出库状况；与存货核算一起使用，可以为财务部门提供销售成本信息；与客户服务管理一起使用，可以使客户实时掌握订单的执行状况。销售管理系统一般能处理现销、赊销、分期收款销售、委托代销等多种销售方式。

销售管理系统包含以下功能模块。

1．销售市场管理

销售市场管理主要包括市场资料卡的建立、分类和查询，以市场调查为基础，定量预测和定性预测相结合进行销售预测。其可进行各种市场信息的收集，如消费者市场信息、国内外产业市场信息、政府市场信息、用户情况、市场需求信息、竞争对手动态等。

2．销售计划管理

销售计划管理完成销售计划的制订、分解和管理，即完成销售合同计划的录入、月销售计划的制订和分销点月销售计划大纲的制订。其可对各销售合同、计划的审核、修改和执行状态等信息进行管理，形成合同计划报表、月销售计划报表，同时可为其他子系统，如采购、生产、库存、财务、人事等提供参考数据。

3．客户信息管理

客户信息管理主要指对客户信息的维护，包括对客户信息的查询、录入、修改、分类、客户信誉度和销售情况的评估、客户销售资格的取消或挂起等维护。该功能模块能管理不同客户类型的客户档案，同时加强客户的信贷信息管理。

4．产品信息管理

产品信息管理主要包括对产品基础数据、产品基本信息、产品附加信息的管理、产品市场及调拨价格管理、产品合同价格管理等。

5．销售订单管理

销售订单管理完成各种订单的录入、确认、查询和修改，管理订单信息、订货交运及佣金支付等。订单是根据客户信息、交运信息、销售项目以及其他项目建立的，订单输入系统后，企业可跟踪销售的整个过程，直至完成全部业务，也可查询和订单业务相关的信息，如产品信息、客户信息等。该功能模块能提供发货通知单、承运单、发运清单、退发运清单等的生成与打印功能，能结合有效期先进先出的设置使用，系统可自动分配出货，减少货物因为超过有效期而报废的情况。

6. 销售财务管理

销售财务管理主要解决企业和客户之间的账务处理问题。其可以很方便地进行客户回款管理、应收应付款管理、保证金订金管理、差旅、运费及其他特殊费用的管理、催款记录和发票管理等，提供信用额度透支报警和回款异常处理功能。

7. 销售统计和分析

销售统计信息包括交运信息、销售数量、销售额、销售成本、税务信息及销售产品信息等。统计时间上，可以按年度、按时段进行汇总比较。统计的口径上，可以根据不同目标按客户分类、销售代理分类、销售产品分类、销售地区分类、市场领域分类等进行统计。销售分析是对企业实际销售效果的评价。销售分析的依据是具体而准确的记录信息，系统为各种记录信息的收集和维护提供支持。

8. 分销/零售管理和直销管理

该模块包括两种功能：①只管理直销/分销/零售的出库、票据及核销，做普通业务管理；②专用的管理系统，在离线情况下，分销点可实现实时快速处理日常业务和集中数据传输功能，通过适当扩展，专用的管理系统可构成网上电子商务交易系统。

9.4.5 公共物流信息平台

公共物流信息平台主要是为区域物流系统服务的。通过公共物流信息平台的运用，可以对物流信息资源、社会物流资源进行整合，以最优的资源配置、最佳路径和最佳方案满足一体化物流的需要，促进电子商务发展，满足企业信息系统对各种公用信息的需求和使用，支撑政府部门间行业管理与市场规范化管理方面协同工作机制的建立。

公共物流信息平台的用户主要包括货主、货运代理、承运人及其代理、第三方公证、仓储企业、第三方咨询与技术提供商、政府部门及一般用户等。

目前已有的或规划中的一些公共物流信息平台的基本功能包括以下几个方面。

1. 数据交换

数据交换的主体为公共物流信息平台的各级各类用户，数据交换担负着各类公用信息的中转功能。数据交换主要提供电子单证的翻译、转换及通信等功能，支持网上报关、报检、许可证申请、结算、退缴税以及客户与商家的业务往来，支持与信息平台连接的用户信息系统间的信息交换。

2. 信息发布服务

可发布的物流信息主要包括水、陆、空运输价格、新闻和公告、政务指南、货源和运力、航班信息、交易统计、铁路车次、联盟会员、培训机构和政策法规等。

3. 会员服务

会员服务包括会员基本信息管理、会员单证管理、会员的询价、订舱、车、货物状态的查询与位置跟踪、交易跟踪与统计、会员资信评估、安全认证支持等，并提供个性化服务。

4. 在线交易

在线交易为供方和需方提供一个虚拟交易市场，双方可发布和查询供需信息，可与发布者进一步洽谈自己感兴趣的信息，交易系统可为双方进行交易合作提供平台。在线交易支持产品的供应、下单、运输、销售等跨国经贸活动的供应链整合。

5. 运输设备与货物跟踪

采用 GPS/GIS 等系统跟踪车及货物的状态和位置，并把相关状态和位置数据存放在数据库中，供各种系统集成和调用。用户可通过呼叫中心或 Web 站点获得跟踪信息。

6. 金融服务

在相关法律法规的建立和配套的信息安全技术支持下，为信息平台的各类用户提供金融服务，如保险、银行、外汇等。各类金融服务分别在相关单位部门内处理，由公共物流信息平台将各类处理结果及时传递给客户，为客户构建"一站式"服务平台。

思考与分析

除了上面讲述的一些物流管理信息系统的功能，还有其他哪些功能模块呢？请举例说明。

拓展阅读

美特斯·邦威的销售信息化管理

销售信息化管理是虚拟经营的重要手段。美特斯·邦威投入大量资金、人力，根据企业实际需求自建计算机信息网络管理系统。现在，所有专卖店均已纳入公司内部计算机网络，实现了包括新品信息发布系统、电子订货系统、销售时点系统的资讯网络的构建和正常运作。

通过计算机信息网络管理系统，信息流通速度大大加快，使总部能及时发布新货信息，全国各地的专卖店可从计算机上查看实物照片，可快速完成订货业务；总部能随时查阅每个专卖店的销售业绩，快速、全面、准确地掌握各种进、销、存数据，进行经营分析，及时做出促销、配货、调货的经营决策，对市场变化做出快速反应，使资源得到有效配置。

此外，通过计算机信息网络管理系统，总部能更好地对各专卖店的价格等进行控制，避免在进一步扩张后出现局面失控现象。通过信息流管理，公司实现了物流与资金流的快速健康周转。

综合案例解析

某大型商业集团的企业信息化建设

某大型商业集团的老总在企业信息化建设中曾经遇到过这样的困惑：2010年年初，在"要么电子商务，要么无商可务"的形势下，企业曾花费50多万元建立了一个网上交易平台，但该平台一直没有发挥实际的作用，于是，企业请求互联网战略专家进行诊断。

专家的意见是：由于缺乏企业信息化战略的总体规划，现有的电子商务平台和公司的业务严重脱节，应该从企业总体经营战略的角度考虑，将企业上网和电子商务纳入信息化战略规划，用信息化战略指导企业的电子商务进程才能发挥互联网的最大价值。

原国家经济贸易委员会发布的《中国企业互联网应用和电子商务发展水平综合调查报告》也表明，虽然企业普遍重视电子商务，但大多数企业缺乏清晰的战略规划，因此，多数企业有利用互联网的愿望和行动，但实际效果并不理想。

由此可见，在现实中，像这位老总一样对企业信息化和互联网应用感到困惑的企业高级管理人员应该不在少数。

相关业务咨询公司对美国企业所做的调查结果显示，做信息系统规划的公司，其信息系统比不做规划的公司要成功。

资料来源：http://www.doc88.com/p-0718364869145.html

案例解析：

为了制定一个合理的信息系统战略规划，首先要选定合适的系统规划方法，可以借鉴关键成功因素法、战略目标集转化法和企业系统规划法这三种方法的优势和劣势，确定最终目标。

第10章

物联网技术

知识目标

- 掌握物联网的含义与特征；
- 掌握物联网的关键技术；
- 掌握物联网的架构；
- 了解物联网在物流领域的应用。

能力目标

- 会简单使用物联网的相关硬件和软件；
- 能利用物联网的相关工具在物流领域进行操作。

素养目标

- 培养学生的职业认同感，激发学生对物联网技术专业知识和技能的学习兴趣；
- 通过对物联网技术及架构的学习，激发学生对物流信息化事业的兴趣；
- 培养学生协调沟通与交流合作的意识和能力。

引导案例

基于物联网技术的农产品物流应用

1. 农业物联网的概述

农产品物流是物流业的一个重要分支，其围绕消费者需求，以农产品物质实体及相关信息的传递为核心，以对农产品加工、包装、储存、运输和配送等物流环节活动为主体，以实现农产品在流通过程中流通费用节约、农产品保值、增值为目标。由于农产品的自然属性，尤其是鲜活农产品运输要求层次较高、食品安全问题敏感性强、农产品生产受自然条件限制较大等特点，使得农产品物流与一般物流区别开来。同时，鉴于农产品物流作为一种先进的组织管理技术，对于优化农村资源配置、提高农业经济运行质量、推进农业结构调整和经济增长方式转变、促进农民增收等方面发挥的重要作用，农产品物流系统发展问题受到广泛关注。

传统农产品流通模式已不能满足市场需求，建立新的农产品物流体系是解决我国农产品贸易中存在的问题的重要举措。自2008年我国提出推进鲜活农产品"超市+基地"的流通模式以来，将物联网技术与"农超对接"模式相结合，促使人们以动态的方式管理和生产农产品，能够极大地提高农产品物流效率，降低物流成本和产品安全监督成本，从而为消费者提供优质安全的农产品。

随着消费者对农产品物流服务需求的日益多样化和个性化，尤其是对农产品物流服务的完美性、可感知性的要求，使得传统农产品物流管理体系需要持续改进理念层、操作层，特别是运用先进的网络信息技术装备农产品物流业，并辅之以良好的环境保障。因此，农业的现实需求与物联网技术的初步成熟相互契合，二者相互促进，共同发展。一方面，物联网作为一项新的技术和发展浪潮，其应用必将与传统相关行业产生磨合；一方面，农产品物流作为物流行业中现代管理水平较低的领域，不得不采取跨越式发展，在从传统物流管理向现代物流管理转变的同时，对接物联网发展要求，提高服务水平，满足客户需要。因此，基于物联网的农产品物流的快速发展不仅有利于提高农产品物流服务能力，而且可以依靠物联网技术水平的日益提升满足公众需求，促进社会经济发展。

物联网的应用为我国农产品物流中存在的问题提供了必要的解决途径。通过普及物联网技术提高人们对农产品物流的重视程度，为农业生产提供最新的产销信息，加强对农产品物流的管理，改善农产品物流产业系统，改善农产品物流技术水平。

所谓农业物联网，是指通过物联网技术实现农作物生长、农民生活、农产品生产流通等信息的获取，通过智慧农业信息技术实现农业生产的基本要素与农作物栽培管理、畜禽饲养、施肥、植保及农民教育相结合，以提升农业生产、管理、交易和物流等各环节智慧化程度，为建设现代农业、发展农村经济、增加农民收入、完善基层农业技术推广和服务体系、提高农业综合生产能力、推进农村综合改革、提升农村行政服务效能，以及推进社会主义新农村建设提供新一代的技术支撑平台。农业物联网的技术架构如图10-1所示。

2. 物联网技术在农产品物流中的应用

农业物联网将物联网技术、传感网技术、互联网技术融合在一起，传感技术、电子标签技术、射频识别技术存在于农产品从生产到消费者手中的每一个环节。从种植生产、采购、包装、装卸、流通加工、仓储、运输、配送、销售到服务于供应链上的每一个环节做到信息精确掌握。

1）物联网技术在农产品生产中的应用

智慧农业是未来农业发展的趋势，将物联网的技术应用到农产品的生产环节，比如在农作物生长中利用传感技术收集温度、湿度、风力、大气、降雨量和有关土地的湿度、氨浓缩量以及土壤pH酸碱度等信息，可以及时掌握农作物生长环境的变化，自动开启或者关闭灌溉、温度控制等设备,及时了解农作物所需,从而可以生产高产量、高品质的农作物产品。例如,农业大棚作业中对室内温度和湿度的监控、田间自动化管理等都是物联网在农业生产中的典型应用。郴州烟草专卖局将物联网技术应用于郴州烟草现代农业示范基地的建设,实时采集数据,为烟叶作物生长对温、湿、光、土壤的需求规律提供精准的科研实验数据;通过智慧分析与联动控制功能,及时精确地满足烟叶作物生长对环境各项指标的要求;通过光照和温度的智慧分析和精确干预,使烟叶作物完全实现高效、实用的农业生产效果。

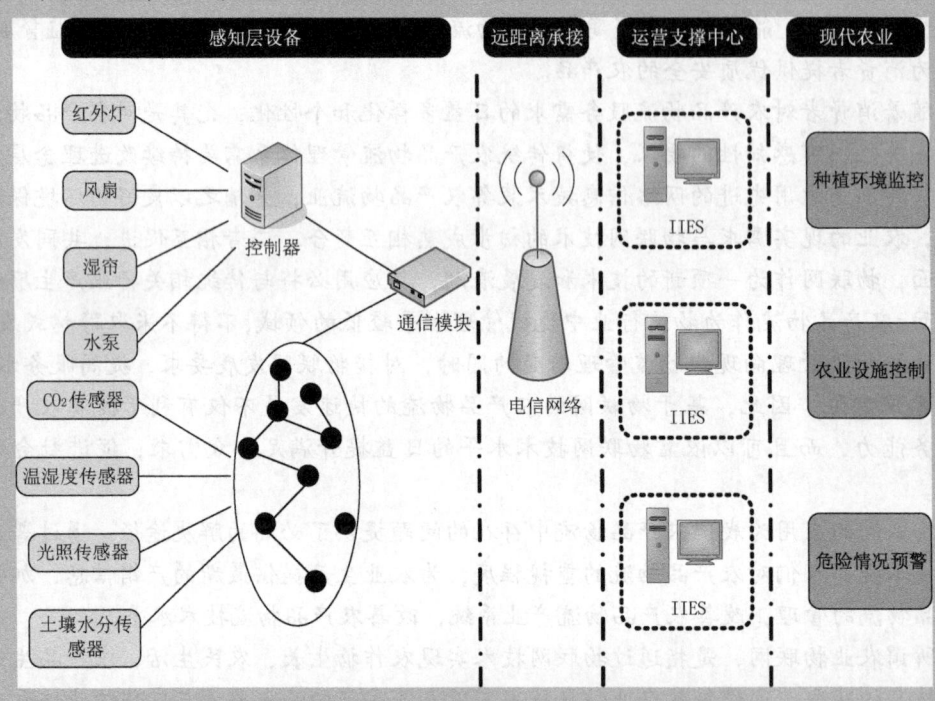

图 10-1 农业物联网的技术架构

2) 物联网技术在农产品物流仓储子系统中的应用

农产品物流仓储子系统包括入库验收、维护保养、库存控制、备货和出库等作业环节,在农产品物流仓储子系统中应用物联网技术将大大提高系统的工作效率。

(1) 入库验收环节

物联网的核心构成技术之一的射频识别技术具有读取数据速度快,同时可以获取多张电子标签的信息的特点,在采摘好的农产品上贴上电子标签,进入仓库的时候,仓库管理人员只要手持射频阅读器,几秒钟就能获取农产品的品名、产地、数量等相关信息,并且可以同步将这些信息传输到计算机,实现产品入库的及时登账,加快了入库验收的速度,且准确度较高。

(2) 维护保养环节

库存物品的维护保养的基本原则是"以预防为主,防治结合",农产品也不例外,为了防止农产品在储存保管期间变质,要做好预防措施。利用物联网的传感技术,可以随时监控仓库的温度、湿度变化,而不合适的温度、湿度正是农产品变质的原因之一。利用物联网技术,可以将仓库的温湿度调节到最适合农产品的程度,将货损率控制在较低

（3）库存控制环节

在库的农产品都贴有电子标签，标签里记载了农产品的品名、有效期等信息。农产品可以采用主动式的电子标签，每隔一段时间自动向射频阅读器发出信息，射频阅读器获取信息后，传入数据管理系统，后台可以随时掌握库存农产品的种类、数量、有效期等库存信息，对库存进行实时控制，工作效率大大提高。

（4）备货环节

采取物联网技术，可以实现自动化备货，将射频识别技术和电子标签拣货系统结合使用，备货速度快、错误率低；在备货完成的同时，计算机里的库存信息同时变动，保持库存数据的准确性。

（5）出库环节

农产品出库的时候容易发生串发、错发现象，必须进行复核。传统的复核方式为人工复核，理货员核对单货、门卫凭票放行、财务员核对账单（票）等，作业环节多，工作效率低下。利用物联网技术可以实现一次性复核，降低仓管人员的工作强度，准确率高。

3）物联网技术在农产品运输物流中的应用

（1）实现农产品的实时跟踪查询与防盗

在车辆和农产品上贴上电子标签，并且每辆货车配备 GPS 接收机和 GSM 信息终端，利用 GIS 的信息系统平台，通过运输调度中心的管理，可以随时掌握货物和运输车辆的实时信息。

（2）监控农产品的运输环境

农产品具有鲜活性等特点，对环境要求较高，应用物联网技术可以及时掌握农产品储运空间的温度和湿度，并对其进行精确控制，满足农产品运输的环境需求，提高农产品的运输质量。

4）物联网技术在农产品物流配送中的应用

农产品的配送是小批量、多品种的配送，作业复杂，在配送中心利用物联网技术可以大大提高农产品的订货、配货、退货作业效率；在配送车辆上应用物联网技术，可以实现对整个送货过程的动态掌握，选择最合理的配送路线，提高送货的效率与准确率。

5）物联网技术在农产品物流信息管理系统中的应用

在农产品的物流过程中，利用物联网可以实现物流信息采集的自动化、传输的同步化，确保了物流信息采集的准确性和传输的快速性。将物联网和物流信息管理系统无缝衔接，可以实现物流全过程的自动化、智慧化管理。

资料来源：王喜富，高泽. 智慧物流物联化关键技术[M]. 北京：电子工业出版社，2016.

请问：物联网技术在农产品物流中的应用具体涉及哪些方面？

10.1 物联网技术概述

10.1.1 物联网的含义

物联网是当前新一代的信息技术。物联网字面上的含义是物与物的相互联系，除此之外，物联网还有两层最为主要的含义,其一是通过物联网的发展与建设将各种层面的信息进行互联;其二是将用户端延伸到任何物体的通信,并且在物体与物体之间进行信息交换。这种信息交换能够保证当前的计算机传感技术得到良好的发挥。物联网技术还可以通过各种较为先进的智能传感技术和通信技术推动整个互联网世界的有序发展。

10.1.2 物联网的基本特征

物联网利用各种较为先进的传感技术推动相关应用的快速发展。在当前的发展过程中,物联网还可以设置多种传感技术,并通过传感技术对各种信息内容进行存储和分析,还可以根据传感器获取数据,制定相应的数据采集分析模块,定期对数据进行更新。

物联网是一种建立在相互信任基础之上的数据网络。物联网技术是当前互联网发展的基础,通过各种有线以及无线网络技术的发展,可以将最为重要的信息进行传递。在物联网传感器发展过程中,需要通过先进的网络技术传输信息,由于传输的数据总量较大,如果不能快速进行信息消纳将形成海量的信息源,因此还需要保障整个物联网数据在传输过程中的正确性和及时性。

物联网不仅能对各个传感器进行有效连接,还能对传感器进行智能化处理和控制。当前的物联网还能够将传感技术与智能化技术进行有效融合,利用云计算及各种智能化计算技术对传感器中海量的信息进行有效加工、分析、处理,确保物联网技术满足当前最新领域的发展。

10.1.3 物联网的工作原理

"物联网"概念的出现和应用,将传统思维中的物理世界与 IT 世界进行了全面整合,建筑物、实体设备设施将与芯片、宽带整合为统一的基础设施。因此,物联网中的基础设施是一个整体,经济管理、生产运行、社会管理乃至个人生活都与物联网密不可分。物联网的工作原理如图 10-2 所示。

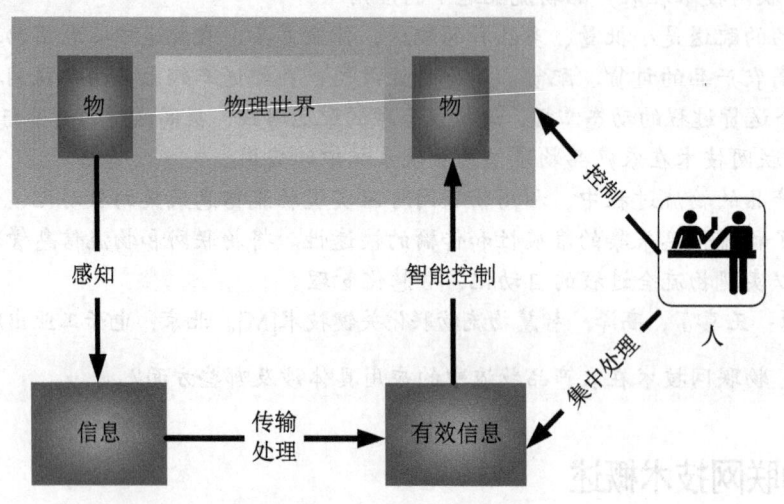

图 10-2 物联网的工作原理

物联网的工作原理主要体现为如下三个过程。

1. 信息的感知

信息的感知指信息来源与对物体属性的感知过程。首先，对物体属性进行标识。物体属性包括静态属性和动态属性，静态属性可以直接存储在标签中，动态属性需要先由传感器实时探测。其次，通过识别设备完成对物体属性的读取，并将信息转化为适合网络传输的数据格式。

2. 信息的传输处理

物体属性通过感知采集过程转化为信息，信息通过网络传输到信息处理中心（处理中心可以是分布式的，如家用计算机或者手机，也可以是集中式的，如中国移动的 IDC），由信息处理中心完成物体通信的相关计算，将有效信息进行集中处理。

3. 信息的应用

物体的有效信息分为两个应用方向：一个应用方向是经过集中处理反映给"人"，通过"人"的高级处理后根据需求进一步控制"物"；另一个应用方向是直接对"物"进行智能控制，而不需要经过"人"的授权。

思考与分析

物联网的含义、特征以及作用是什么？

10.2 物联网的关键技术与架构

10.2.1 物联网的关键技术

物联网是一次技术的革命，它揭示了计算机和通信的未来，它的发展也依赖于一些重要领域的动态技术创新。物联网借助集成化信息处理，工业产品和日常物体将被赋予智能化的特征和性能。物联网还能满足远程查询的电子识别需要，并能通过传感器探测周围物理状态的改变，甚至像灰尘这样的微粒都能被标记并纳入网络。这样的发展将在我们的环境中处处嵌入智能，使现今的静态物体变成未来的动态物体，刺激更多创新产品和服务的诞生。物联网将融合各种技术和功能，搭建一个完全可交互的、可反馈的网络环境。

物联网技术给消费者、制造者和各类企业带来了巨大的发展潜力。首先，为了连接日常用品和设备并将其导入大型数据库和通信网络，一套简单、易用并有效的物体识别系统是至关重要的，射频识别技术提供了这样的功能。其次，数据收集受益于探测物体物理状态变化的能力，使用传感技术就能满足这一点。再次，物体的嵌入式智能技术能够通过在网络边界转移信息处理能力的方式增强网络的威力。另外，小型化技术和纳米技术的优势意味着体积越来越小的物体能够进行交互和连接。所有这些技术融合到一起，将世界上的物体从感官和智能上连接到一起。

物联网技术主要从应用出发，利用互联网、无线通信网络资源进行业务信息的传送，是互联网、移动通信网络应用的延伸，是自动化控制、遥控遥测及信息应用技术的综合展现。物联网技术的发展整体上处于起步阶段，仍然面临技术完备性不足、产品成熟度低、成本偏高等诸多制约因素，但是目前良好的外部环境将有利于这些问题的解决，物联网应尽早解决业务切入点的选择以及近期利益和长远发展之间的平衡点等问题。

根据物联网的特征，物联网技术应该提供如下几类服务功能。

① 联网类服务：物品标识、通信和定位。
② 信息类服务：信息采集、存储和查询。
③ 操作类服务：远程配置、监测、远程操作和控制。
④ 安全类服务：用户管理、访问控制、事件报警、入侵检测和攻击防御。
⑤ 管理类服务：故障诊断、性能优化、系统升级和计费管理服务。
物联网的关键技术如下。

1. 射频识别技术

射频识别（RFID）技术是通过射频信号自动识别目标对象参数数据的一种非接触式识别技术。RFID 技术识别过程不受人为的干预，可以在各种恶劣的气候环境中工作。RFID 技术将逐渐从识别单个目标对象发展为能够同时识别多个目标对象并能够高速识别、传输信息。

RFID 系统由电子标签、RFID 读写器与 RFID 数据管理系统组成。RFID 系统的工作原理是：RFID 读写器通过天线发出射频信号，电子标签进入其信号范围内时就能够产生感应电流，从而获得能量，将存储的信息发送到 RFID 读写器，RFID 读写器将接收到的信息传送到 RFID 数据管理系统，再将信息传输至数据库服务中心。RFID 系统结构与工作原理如图 10-3 所示。

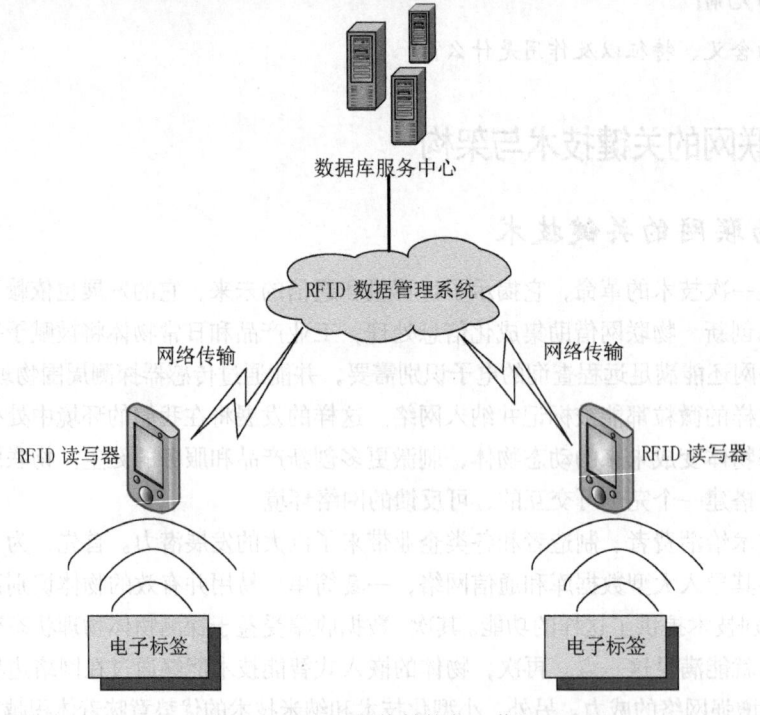

图 10-3 RFID 系统结构与工作原理

RFID 可以用来追踪和管理几乎所有的物理对象，因此，越来越多的零售商和制造商都在关心和支持这项可以有效降低成本的技术的发展与应用。

射频信号频率可分为低频、高频、超高频以及微波频率。根据识别设备信号源来区分，RFID 技术可分为有源、无源、半有源 RFID 技术。无源 RFID 技术无须长期供电，设备小巧并且灵活，可近距离识别监测信号或者物体；有源 RFID 技术需要长期稳定的电源供电，可远距离识别监测信息或者物体。

RFID 技术应用于仓储管理的各个环节，比如入库、上架、分配、拣货、盘点、移库、出库等，能快速、高效、准确地对货物数据进行采集。

RFID 技术作为物联网的核心技术，已经在不同的行业领域中得到了广泛的运用。在物流领域中的应用包括物流过程中货物的追踪、信息的自动采集、仓储的管理等。在交通领域中的应用包括高速公路的不停车收费系统、铁路车号自动识别系统以及在公交车枢纽管理中的运用等。在零售行业内，RFID 技术主要应用于对商品的销售数据统计、货物情况的查询及补货。除此之外，RFID 技术还应用于制造业、服装业、食品及军事等行业。

2．传感技术

传感器是仪器仪表中的一个分类，传感器是根据监测设备的性能特点开发的一种可测量监测设备特定参数的电子仪表，这种仪表可按照一定协议通过检测与转换技术将监测设备的被测参数转换为固定输出电子信号。传感器可以检测出目标设备的温度、压力、流量、位移、电流、电压、振动等各种参数，并通过网络将这些参数实时反馈至中央控制单元，中央控制单元根据接收的信息做出正确的判断和处理。传感器测量的基础数据为物联网可靠运行提供重要的支撑，传感器网络建设是构建物联网的坚实基础。

在物联网的前端技术中，要获取物的实时信息，如温度、湿度、运动状态以及其他的物理、化学变化等信息，就需要使用传感器。传感器能检测到被测量物体的信息，并能按一定规律将检测到的信息转换成电子信号或其他所需形式的信息，以满足信息的传输、处理、存储、显示、记录和控制等要求，实现物体的感知、识别、采集和信息捕获。传感器对物体动态和静态属性进行标识，静态属性可以直接存储在标签中并通过 RFID 技术进行识别，动态属性需要传感器进行实时探测。传感技术是现代信息技术的主要内容之一。传感器一般由敏感元件和转换元件两大部分组成，通常也将基本转换电路及辅助电路作为其组成部分。传感器的组成结构如图 10-4 所示。

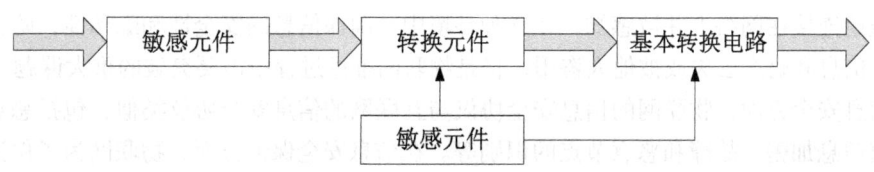

图 10-4　传感器的组成结构

3．物联网中的信息通信技术

在信息网络中，信息通信技术是网络参数之间的对话和交流以及实现各项数据之间顺畅交互的基础。在现今的物联网技术中，物联网是通过信息通信协议实现监测数据与后台系统的可靠传输和交流的。根据通信范围的不同，物联网中的信息通信技术可以分为近距离通信和广域通信两个方面。近距离通信一般为传感器和现场控制中心提供信息传输服务，遵从 IEEE 802.15.4 低端通信协议，比如 Zigbee 通信协议就是给传感器和现场控制中心之间提供通信服务的协议，Zigbee 通信协议具有距离短、功耗低、传输速率低等性能，特别适合底层网络和控制中心处理要求不高的简单系统。另外，在物联网中，近距离的通信协议可以利用目前开发的蓝牙、Wi-Fi 等无线局域网中的通信协议构建传感器数据通信网络。在广域通信方面，网络通信可通过 TCP/IP 协议，以及借助移动通信的 3G/4G 网络和 WiMax（全球微波接入互操作性）网络协议、

TD-LTE（分时长期演进）、卫星通信等技术实现信息的远程传输。

4．无线传感器网络

无线传感器网络是物联网中的基础网络，是通过分布式信息采集、数据无线传输、信息处理等多个模块组成的一体化基础网络通信处理系统。无线传感器网络的组网方式便捷灵活，网络架构逐渐趋于微型化，并且功耗低、成本低，非常适合应用在移动设备的测量及组网领域，适合在物联网和智能电网应用中推广。无线传感器网络的核心技术包括网络拓扑控制结构、节点组网、节点覆盖、节点信号隔离及问题节点预知报警、信号定位、路由及降耗增效技术等。

5．物联网中间件技术

在物联网的组网分层设备中，即在感知层、网络层及集成服务器的信息交互过程中，存在一个中间件，中间件内部集成了各类硬件设备和图形显示模块；物联网中间件技术支持不同通信协议，具备在各种复杂的运行环境中运行的能力。根据目标和实现机制的不同，物联网中间件可分为对象请求代理、远程调用、面向消息三类。物联网中间件首先要为上层的应用层服务，主要为应用层提供各种形式的通信服务，其次必须连接操作系统的后台，确保后台系统正常工作。

引入物联网中间件技术，并基于软件系统的服务构架，可屏蔽物联网平台的软、硬件的干扰，降低软件开发难度，促进各类设备、各功能系统间的互联互通，实现各环节、各系统及各种技术间的资源共享。

6．信息安全技术

信息安全是物联网各层次都要面对的一个难题，物联网需要解决恶劣环境和人为因素对数据采集环节和节点间信息传递环节带来的安全问题。在未来的物联网中，每个人及每件物品都将随时随地连接在网络上并被感知，在这种环境中，确保信息的安全性和隐私性，防止个人信息、业务信息和财产丢失或被他人盗用，将是物联网推进过程中需要突破的重大课题。

在信息安全方面，物联网的信息安全协议与互联网的信息安全协议类似，包括恶意入侵检测、通道信息加密、故障和恶意节点的识别等。在信息安全保证方面，物联网为了保证信息的安全，采取了通信扩频、传感器节点接入认证、信号鉴权、传输数据水印加密等技术，落实信息安全技术的主要目的还是增强数据采集和传输的安全性与稳定性。

7．云计算

云计算是一种新的互联网数据的整合和处理模式，也是一种新型的网络资源共享方式，云计算技术摒弃了传统数据采集和访问时通过服务器和本地计算机存储的老方式，而是将网络中的计算机进行重新整合，通过分布式资源的处理方式将数据采集和计算任务分布在网络中的计算机上，在计算资源配置和数据共享时设置便捷的、可进行自动资源查询的处理方式。这种处理方式是分布式查询与并行计算机资源处理的结合，并通过特殊的网络配置将网络中的计算机集结到计算机"云"系统上，有效地解决了服务器访问和服务器海量数据处理的旧方式，使计算机网络的资源配置更加合理、数据访问更加高效、网络路由更加纯净，彻底地提高了网络计算机的资源利用效率。

云计算与物联网相辅相成，云计算是物联网发展的基石，同时，物联网作为云计算的最大用户，又不断促进着云计算的迅速发展。在云计算技术的支持下，物联网能够进一步提升数据处理分析能力，不断完善技术。如果没有云计算作为基础支撑，物联网的工作效率便会大大降低，其相比传统技术的优势也会不复存在。

8. 数据融合技术

在目前主流的物联网数据采集技术中，首先通过现场的基础传感器网络和传感器节点对现场复杂的数据进行规范采集，完成数据采集后将数据发送至汇聚节点进行传输。在各式物联网中，需要传输的数据量十分巨大，在数据集中传输时易发生传感器节点资源的缺乏，并且在数据传输时，各类数据结构和数据类型不同，因此通过上述信息传输方式传输信息时，由于汇聚节点的限制，传输信息的效率会降低，同时会消耗大量通信带宽和传输供能。

为更好地优化传感器网络的通信效率，避免信息传输滞纳情况的出现，在传感器网络传输过程中采用了新的数据融合技术，这种技术的优点是对不同种类的数据进行整合和处理，经过信息组合后，使网络中的传输数据更加适合用户的需求。数据融合技术是通过一定算法抽取精确的、具有超高价值的、效果显著的数据的技术。同时，数据融合技术优化了网络数据传输的通信总量，在一定程度上降低了网络数据拥堵的概率，从而全面提高了数据在网络中传输的效率。

❓ 思考与分析

物联网的关键技术有哪些？

10.2.2 物联网的基本结构

物联网通过生活中的物质交换和各项领域的统筹管理进行统一网络收集和智能判断，从而彻底实现人类生活调配的自动化控制。物联网最基础的功能是对实体现象的感知，感知功能是物联网的"眼睛"，通过"眼睛"的系统收集，再经过智能模型的判断、分析、计算和处理，最终实现物联网的统一协调和智能管控，使物联网更好地适应复杂的运行环境，实现真正的资源约束。

物联网的基本结构从底层到顶层分为感知层、网络层和应用层。物联网的基本结构如图10-5所示。

1. 感知层

物联网的"物"是物理实体，正是物理实体的集合构成了物质世界，即物联网的作用对象。物联网的感知层通过对物质世界的物理实体的感知布局，实现对物理实体的属性的感知、采集与捕获，使之成为可供传输和识读的信息。

感知层由安排在各个部位和节点的感知设备组成，在功能上与自控系统的传感器类似，主要收集现场设备的各项数据及参数，"感知层网络"是由各个节点的感知设备通过自组织形式构建的网络，并通过感知网络采集现场设备运行的各项数据，进行智能计算、状态判断及自动化控制。

感知层的构成包括实体感触端、感触传输网和感知工具。实体感触端与物质世界紧密相连，是物联网对物理实体属性信息进行直接感触的载体，也是整个物联网网络的末梢节点。实体感触端可以以实物方式存在，也可以是虚拟的。感触传输网是对物理实体的属性信息进行传输的网络，距离可以很长。感知工具是将物理实体的属性信息转化为可在网络层的传输介质中传输的信息的工具。

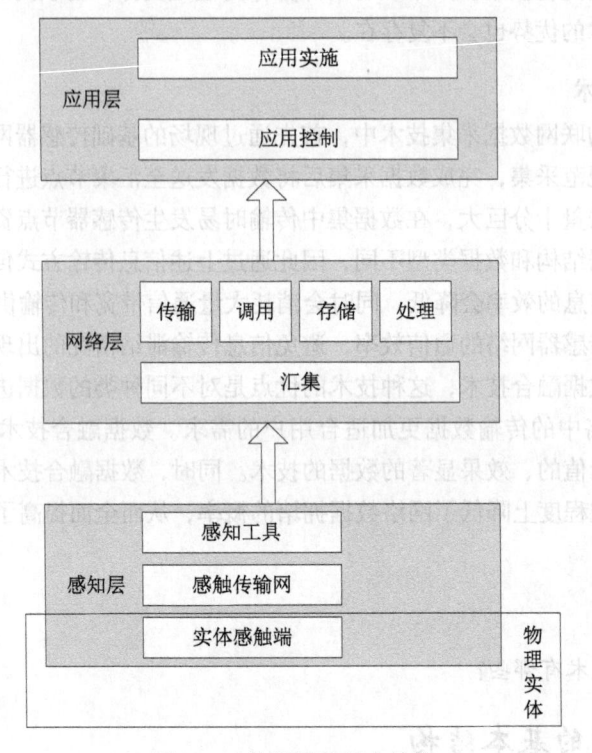

图 10-5　物联网的基本结构

感知层作为物联网基础信息的来源，其布局决定了物联网的作用范围。目前运用了物联网感知层的技术和相关设备主要包括二维条码、电子标签和 RFID 读写器等。在物联网的发展和完善过程中，感知层的发展方向是具备更敏感、更全面的感知能力以及降低功耗、小型化和降低成本。

2．网络层

物联网的网络层通过相关的工具和媒介对感知层转化而来的信息进行汇集、处理、存储、调用和传输。

在感知层的基础上，网络层中有相应的工具完成各项职能。汇集工具与感知层相衔接，将感知层采集终端的信息进行集中，并接入物联网的传输体系；处理工具用于对传输信息进行选择、纠正以及不同信息形式间的转化等处理工作；存储工具需要对信息进行存储；调用工具以某种方式实现对感知信息的准确调用；传输工具是网络层的主体，通过使用传递感知信息的传输介质构建传输网络，使感知信息可传递到物联网的任何工作节点上。

网络层是物联网提供普遍服务的基础设施，其各功能要素的实现水平决定了整个物联网体系的工作效率和服务质量。在传输工具的选择上，通信网络与互联网形成的融合网络是现阶段相对成熟的解决方案。网络层有待在传输容量、海量信息处理、传输速率和传输安全等方面进一步发展。

3．应用层

应用层将物联网提供的物的信息引入相关领域，与物联网现有技术相结合，提供并实现广泛智能化应用的解决方案。

应用层可由应用控制和应用实施构成。物联网通过感知层和网络层传递的信息是原始信息，这些信息只有通过转换、筛选、分析、处理后才有实际价值，应用控制就承担了该项工作。应用实施是通过应用控制分析、处理的结果对事物进行相关应用反馈的实施,实现物对物的控制。应用实施可由人参与，也可不由人参与而实现完全的智能化应用。

应用层是物联网实现其社会价值的部分,也是物联网拓宽产业需求、带来经济效益的关键,还是推动物联网产业发展的原动力。物联网的应用层通过应用服务器、手机、PC、PDA等终端,可在物流、医疗、销售、家庭等产业实现应用。未来的应用层需要拓宽产业领域,增加应用模式,创新商业运营模式,推进信息的社会化共享。

4．物联网基本结构特点

物联网的三层基本结构是通过技术特点和在物联网体系中所起的作用以及功能来划分的,这样的基本结构有如下特点。

① 物联网分解为三层,各层在功能上是相对独立的,各层内部的改变不会影响其他层,这使得物联网的设计变得相对简单、灵活,同时对物联网的发展壮大也有利。

② 层与层之间是逐层上下链接的关系,下层作为上层的基础,为上层实现其功能提供功能。

③ 层与层之间有不同的技术体系、功能模式以及协议、标准、社会保障及法律法规等支撑体系。

物联网的三层基本结构划分是目前业界对物联网基本结构划分较为统一的认识,但是随着业界对物联网研究的不断深入,以及物联网本身的不断发展,物联网的基本结构也可能有所变化。

10.2.3 物联网技术的实施条件与基础

在行业发展趋势的引导下，物流企业需要在现有的企业基础上对业务体系和业务流程等方面进行物联网技术体系的应用整合与改造,主要包括内部条件和外部条件两方面的支撑。

① 内部条件。包括软件基础（企业运营模式、组织机构设置和人员配备等内容）、硬件基础（业务信息系统、业务设施设备和信息调度控制中心等）,以及物联网在物流企业应用的技术支撑。

② 外部条件。包括政府及企业的政策支持、客户资源、行业和各业务内容的标准规范,以及物联网技术体系改造所需的相关资源等。

物联网技术的实施条件与基础简图如图 10-6 所示。

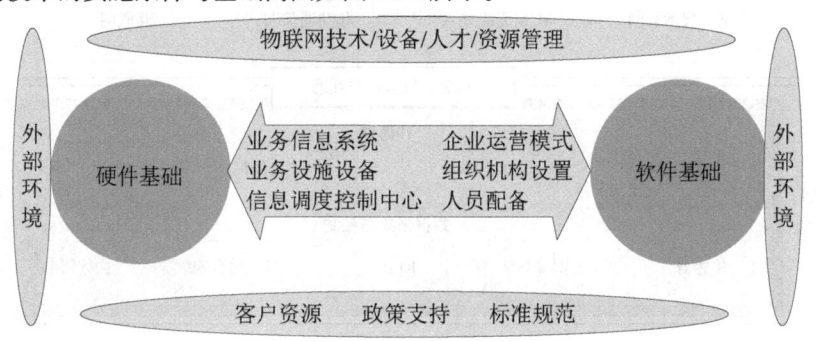

图 10-6 物联网技术的实施条件与基础简图

1. 物联网技术实施的内部条件与基础

物流企业自身运营所具备的内部条件与基础主要体现在企业运营模式、组织机构设置与人员配备、业务运营硬件基础及信息系统配置现状等方面。

物流企业开展物流业务的最终目的并非单纯扩大企业规模,而是提高物流效率并控制物流成本,以达到企业利润最大化。很多传统的物流企业现有的物流信息化体系和业务模式已较为完整,但是从企业发展和业务范围扩展方向考虑,物联网的应用实施作为势在必行的大趋势,要求企业从软件和硬件两方面入手,积极应用物联网技术。

1)企业运营模式

物流企业具有长远的企业规划,物联网可作为其实现企业规划的有效手段。引入物联网后,企业运营模式会适时适当地进行机制变革,在生产销售层面发展完备的业务体系和超前的战略眼光,在技术层面引进优秀人才和先进的技术。

2)物联网信息化建设基础

物联网技术的引入通常需要建立在物流企业原有的信息化建设基础之上,物流企业的信息化水平如果能帮助传统业务流程较为高效地运转,则在对物流企业的信息系统进行物联网化改造时,即可有效利用现有信息系统,通过整合物联网感知层感知到的信息,在原有系统中增设即时性反馈控制等模块,实现物联网对物流业务的改造。

3)物联网技术体系

物联网涉及感知、控制、通信、微电子、计算机、软件、嵌入式系统、微机电系统等技术领域。这些技术要体系化地反映到物联网技术体系框架中,如图10-7所示。

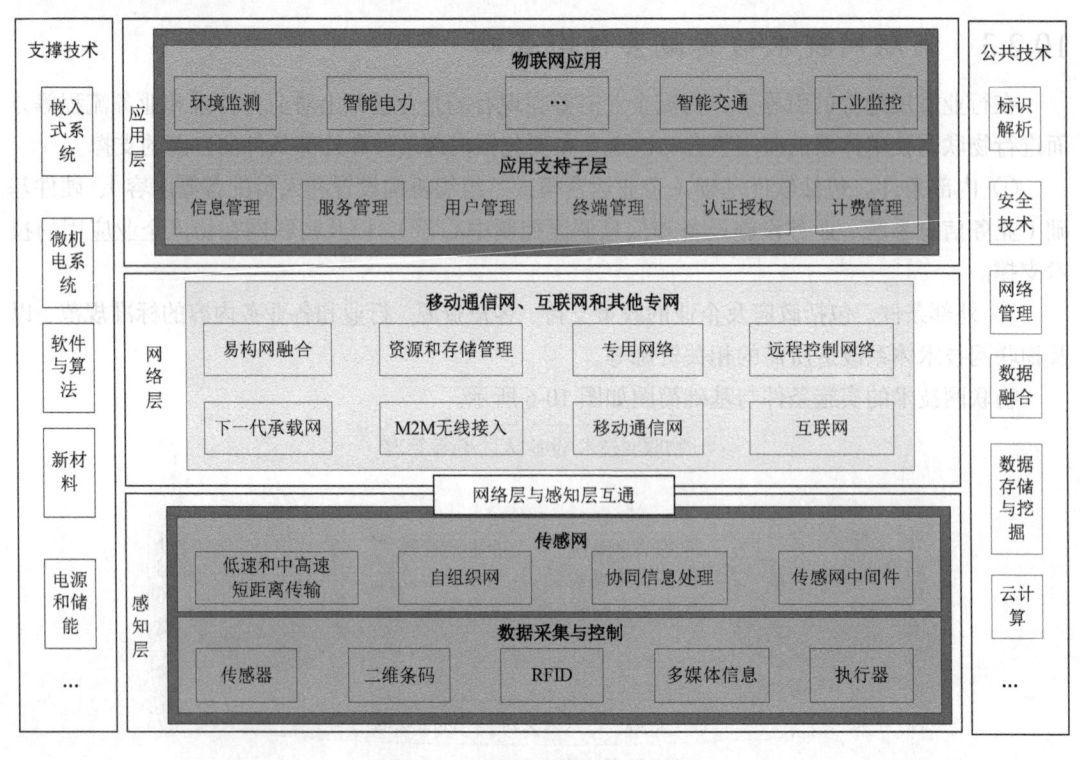

图10-7 物联网技术体系框架

图 10-7 从技术角度给出了支撑技术与公共技术框架，表明了这两部分纵贯各层功能结构，具体说明如下。

（1）支撑技术

物联网支撑技术包括嵌入式系统、微机电系统（Mirco-mlectro mechanical Systems，MEMS）、软件与算法、新材料、电源和储能。

① 嵌入式系统。其可满足物联网对设备功能、可靠性、成本、体积、功耗等的综合要求，可按不同应用定制嵌入式计算机技术，是实现物体智能的重要基础。

② 微机电系统。其可实现对传感器、执行器、处理器、通信模块、电源系统等的高度集成，是支撑传感器节点微型化、智能化的重要技术。

③ 软件与算法。它是实现物联网功能，决定物联网行为的主要技术，重点包括各种物联网计算系统的感知信息处理、交互与优化软件和算法、计算系统体系结构与软件平台研发等。

④ 电源和储能。它是物联网关键支撑技术之一，包括电池技术、能量储存、能量捕获、恶劣情况下的发电、能量循环、新能源等技术。

⑤ 新材料。新材料主要指应用于传感器的敏感材料实现的技术。传感器敏感材料包括湿敏材料、气敏材料、热敏材料、压敏材料、光敏材料等。新材料的应用可以使传感器的灵敏度、尺寸、精度、稳定性等特性获得改善。

（2）公共技术

公共技术包括架构技术、标识解析、安全技术、网络管理、数据融合、数据存储与挖掘、云计算等技术。

① 物联网的架构技术仍处于概念发展阶段。物联网需要具有统一的架构、清晰的分层，支持不同系统的互操作性，适应不同类型的物理网络及物联网的业务特性。

② 标识解析技术是对物理实体、通信实体和应用实体赋予的或其本身固有的一个或一组属性并能实现正确解析的技术。物联网标识解析技术涉及不同的标识体系、不同体系的互操作、全球解析或区域解析、标识管理等。

③ 安全技术包括安全体系架构、网络安全技术、智能物件的广泛部署对社会生活带来的潜在安全威胁、隐私保护技术、安全管理机制和保证措施等。

④ 网络管理技术重点包括管理需求、管理模型、管理功能、管理协议等。为实现对物联网广泛部署的智能物件的管理，需要进行网络功能和适用性分析，开发适合的管理协议。

⑤ 数据融合指物联网要对传感数据进行动态汇聚、分解、合并等处理，在虚拟空间内创建物理世界所对应的动态视图，即需要对海量数据提供存储、查询、分析、挖掘、理解以及基于感知数据决策和行为的基础服务等。

⑥ 数据存储与挖掘需要解决从巨量感知设备中采集与存储数据，以及从大量的数据中通过算法分析并找出隐藏于其中的信息与知识的问题。具体技术涉及统计、在线分析、海量检索、机器学习、专家系统和模式识别等。

⑦ 云计算是分布式计算、并行计算、效用计算（Utility Computing）、网络存储、虚拟化、负载均衡、高可用性等传统计算机和网络技术发展融合的产物。云计算将大量计算资源、存储资源和软件资源融合在一起，形成巨大规模的共享虚拟IT资源池，为远程终端用户提供随时可用、规模随意变化、能力无限的多种计算服务。物联网所产生、分析和管理的数据是海量的，

云计算能提供弹性化、无限可扩展、价格低廉的计算与存储服务,满足物联网需求。可以说,物联网是业务需求的构建方,云计算则是业务需求计算能力的提供方。

2. 物联网技术实施的外部条件与基础

物流企业在物联网技术实施过程中的外部条件与基础主要包括以下几个方面。

1)行业管理和政策支持

行业管理和政策支持主要体现在以下三个方面。一是许多实行连锁经营的零售企业建立了配送中心,为企业内部的连锁网点提供物流配送服务,一些连锁企业配送商品的比例已经超过企业经营品种的 50%;二是部分制造业企业也在探索和尝试物流管理方面的改革;三是出现了一批定位于全方位物流服务的物流企业。

在宏观层面,国家有关部门也从不同角度关注着我国物流产业的发展,并积极地研究促进物流产业发展的有关政策。

目前一些经济发展较快的地区,如深圳、北京、上海等对促进物流产业发展给予了高度重视,并已经在研究和制定地区物流发展规划和有关促进物流产业发展的政策。

2)现代物流管理体制与市场环境

我国物流管理涉及内贸、外贸、铁道、交通、民航、邮政、海关和质检等多个部门,横跨运输、仓储和装卸等不同的行业和地区。目前,我国物流业在一定程度上还处于条块分割的管理体制之中,各部门、各地区之间质检的权责相互重叠,信息难以共享,难以形成有效合作和协调发展的现代物流体系。在货物运输管理、安全监督方面,我国已经建立了部门联合协调机制,但是相关法律、法规仍有待完善。

3)物流管理规范和标准

物联网技术的实施需要有统一的技术标准与规范的支撑,各部门需要有明确的界定标准规范,如物流单元的标准、信息标准和服务标准等。

4)客户资源

物流企业的客户资源是企业对业务进行物联网技术改造的服务目标,改造后的物流企业可为客户提供更好的服务。同时,客户资源也是物流企业进行物联网技术改造、实现投资回报的资本源头,利用物联网技术升级物流业务,要与客户资源的服务需求一致。

⚠ **课堂阅读**

物联网的应用技术领域

① 飞利浦推出的智能灯泡应用了物联网技术。智能手机可以用来打开和关闭它们,它们可以根据给出的命令改变颜色。灯泡可以设置为点亮,并按照规定的时间表关闭,无须人工干预。

② 智能锁是一个非常有趣的创造,其中智能手机与家门上的传感器连接,这样门在你到家时会自动解锁。钥匙也可以分配给客人,这样他们就可以在一定的时间内获得访问权限。当钥匙不可用时,也可以使用智能手机解锁门。

③ 一些智能设备可以用来构建完全自动化家庭。"Smart Stand"使用物联网的方法自动照亮家庭,通过智能恒温器设定温度,保护家庭的安全等。

④ Kolibree(智能电动牙刷品牌)发明了一种牙刷,能很好地检查使用者的刷牙习惯。

刷牙变成了健康的、有趣的活动。牙刷的传感器通过智能手机将数据传输到牙科医生，可以随时掌控自己的牙齿和口腔健康状况。

⑤ 动物也从物联网中受益。有一个智慧的应用程序会计算自己的宠物应该吃的食物的数量，包括它的喂食时间和在家里提供的动物食物的剩余量。它被称为"Petnet Smart Feeder"（智能宠物喂食器）。

⑥ "HealthPo"补丁是一种物联网医疗设备，它使医生能够远程测量患者的心率、温度、心电图等。

⑦ 一个适配器放置在车里，使"自动应用程序"能够跟踪汽车。它能记录汽车的行驶里程、燃料消耗等。

⑧ DHL 使用物联网技术来帮助客户实时追踪包裹，这些传感器也提升了物流部门的生产率。

⑨ 传感器可以放在病人周围，一个名为"个人紧急响应系统"的应用程序可以跟踪病人的活动，并随时提醒陪护人员病人有什么样的需求等。

⑩ 休斯敦已经在该城市的水量检测系统中安装了传感器，目的是追踪城市里被浪费的水量，这个智慧的解决方案帮助解决了该城市的供水问题。

10.3 物联网在物流领域的应用

10.3.1 物流企业应用物联网技术的必要性和意义

物流业作为国民经济的组成部分，为各产业的物品转移提供基础性服务。国家已把物流业列入十大产业振兴规划之列，并对其提出了一系列产业升级新要求。物联网技术作为全新的信息技术，给物流业带来了产业变革与发展的契机。运用物联网技术及时改造现有技术体系，尽快建立起物联网环境下的业务运转机制和管理制度，成为摆在我国物流企业特别是行业龙头企业面前的迫切任务。具有一定实力的物流企业需要抓住这一历史契机，实现物流企业管理运营水平的升级。

1. 应用物联网技术的必要性

1）应用物联网技术是物流企业集约化发展的需要

现阶段，我国的物流企业多采用粗放型的增长模式，过于依靠单纯扩大规模的方式发展，服务的集约化程度不高。精细化业务管理、拓宽服务衍生领域、优化企业资源配置、提高设备与资源的使用效率，进而实现企业附加值的增加，是物流企业集约化发展的需要。物联网技术提供的感知与控制功能能够有效地对物流信息进行采集与再利用，从而提炼出信息附加价值，并对其进行有效利用。一方面，通过利用信息附加价值，引导企业内部流程和做出调度决策，实现企业业务与资源的优化；另一方面，通过信息附加价值面向企业外部的服务与交易，实现企业物流服务体系的延伸和进一步的附加价值。物联网给物流企业提供了一个升级与改造的平台，提升企业信息价值。企业可在现有市场份额不变的条件下，实现集约化发展。

2）应用物联网技术是物流企业提升行业竞争力的需要

我国的物流市场是完全开放的市场，物流行业的准入门槛较低，使得我国的物流企业数目庞大且鱼龙混杂。国际上的大型物流公司在经营理念、装备水平、管理水平等方面与我国的物流企业相比具有极大的优势。在激烈的竞争环境中，我国的物流企业在提升行业竞争力，尤其是在培育核心竞争力和可替代性弱的竞争力方面显得尤为紧迫。物联网的应用是从企业开始的，在物联网在该行业实现普及前，率先完成物联网化改造的企业将具备明显的行业竞争优势。我国的物流企业应立足长远，投资于企业的物联网建设，提升企业的行业竞争力，积极把握物联网这一新科技浪潮带来的机会。

3）应用物联网技术是物流企业提升信息化水平的需要

信息技术是现代物流业的重要标志，提升物流企业信息化水平也是十大产业振兴规划对物流业提出的发展要求。现代物流服务业的服务主要是围绕信息流、物流和商流形成的一系列业务与活动。信息流在其中起着主导作用，决定着物流和商流活动的顺利进行。企业只有利用信息技术不断提升其信息化水平，才能更好地采集和管理信息，实现高效的物流活动，在提升自身行业竞争力的同时为社会提供更为完善的服务。物联网技术的发展被称为第三次信息技术浪潮，相比现有的计算机和互联网信息技术，具有更全面的信息采集能力和更强大的信息传输及处理能力。物流企业可以利用物联网技术对物流服务过程中的信息流进行高质量的管理，从而更好地引导物流和商流活动的进行。

2. 应用物联网技术的意义

1）增加物流企业的利润源泉

长期以来，我国的物流企业面临着利润源单一、利润点低的状况，物流企业抗击市场风险能力不足且盈利水平有限，影响了企业的稳定性。将物联网技术应用于物流企业，除了能够优化现有业务、提高现有业务的利润点，还能创造新的利润源泉。利用物联网技术，可基于物流信息衍生一系列的信息服务，如物流过程跟踪、物流咨询、物流方案规划、物流市场调查及预测等，从而为企业寻找新的利润增长点，而不是将物流利润局限在一个狭小的范围内。物流企业利用物联网技术可真正实现利润源泉的挖掘。一方面，物流企业需要时刻关注市场动态，及时了解市场及客户的新需求，并将其作为提供物联网服务的切入点；另一方面，物流企业需要建立企业的创新和学习机制，通过提高企业创新能力，开展优质便捷的增值性服务。

2）降低物流企业的运营成本

物联网技术的应用可降低物流企业的运营成本。从物流企业的微观角度来讲，通过感知和控制实现的自动化处理流程和操作流程，可节省物流活动中的人工费用、管理费用、信息采集费用、信息传输费用和信息处理费用等成本。从物流企业的整体运作角度来讲，物联网的实时、快速、自动、全方位的物流信息采集技术，可协助物流活动进行有效的业务调度，以加强物流各环节间的信息沟通，优化企业内外部的整体资源配置，实现企业物流整体成本的降低。尤其是对于为特定产业提供供应链管理的物流企业，物联网带来的整体控制功能，为其实现敏捷制造、JIT、零库存提供了有力的技术支持。从整个物流行业的角度来讲，当物联网完成了从企业应用到行业应用的跨越时，通过完善的行业标准规范及相关制度的约束和管理，企业与企业之间可形成共同工作和动态联盟机制，实现物联网环境下的行业资源优化和行业合作优化，每个物流企业都将在这种行业优化中降低自身运营成本。

3）提升物流企业的服务水平

物流市场既是服务市场又是卖方市场。满足客户的服务需求是物流行业的首要任务，也是物流企业提升行业竞争力、塑造品牌效应的关键。物联网技术的应用可以有效地解决物流企业的技术瓶颈，构建完善的、满足市场需求的物流服务体系。例如：利用物联网制定高效的工作流程，灵活地进行个性化调整，实现个性化的物流服务；对订单进行全程追踪，使客户掌握每一个订单在供应链流程中的状态；利用信息的控制整合供应链资源，为供应链管理提供精细化和快速化服务；通过大量行业信息的集成或分析，提供信息交易服务和行业咨询服务。

10.3.2 物联网技术在物流企业的业务应用

物流企业应用物联网技术完善业务，需要以提高效率、减少人为错误为目标。物流企业利用物联网技术对各类业务中的业务流程影响、物流企业感知信息采集、数据的自动化处理进行分析研究，从分析这些信息中获得收益，以做出更好的决策，对业务流程进行进一步优化。这里对物流企业四大主要业务（运输、仓储、配送、信息服务）进行分析，提出相关物联网应用方案，形成物联网环境下智能运输、自动仓储、动态配送和信息控制等新物流业务。图10-8所示为物联网技术在物流企业的业务应用。

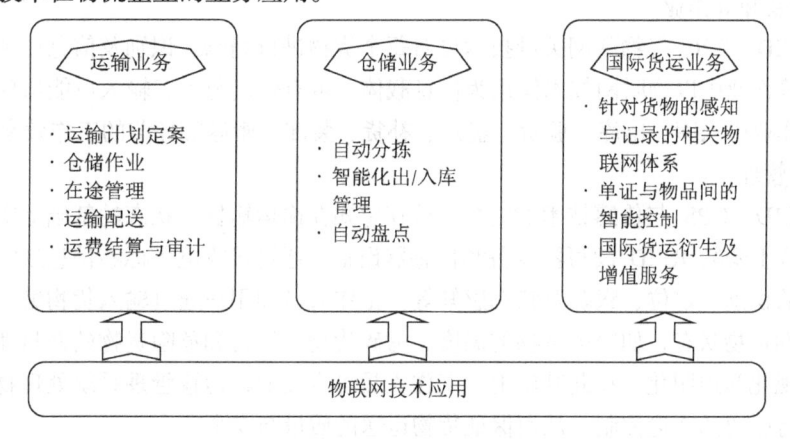

图 10-8 物联网技术在物流企业的业务应用

1. 运输业务的物联网技术应用分析

利用物联网技术实施运输业务升级的物流企业，需要以深度覆盖所服务区域的运输网络平台为基础，提供快捷、准时、安全、优质的标准化服务。通过整合内外部物流资源，提供"一站式"综合物流服务，以满足客户对运输业务的个性化需求。物联网技术将用于优化运输业务的各个作业环节，实现运输管理过程的信息化、智能化，并与上下游业务进行物资资源整合和无缝连接。图10-9所示为物流企业智能运输流程。

在货物运输过程中，运用 RFID、GIS、GSM 以及 GIS 等物联网技术，实现货物的智能运输，提高货物运输效率和运输安全性。

物联网技术在运输业务中应用的环节如下。

1）运输计划定案

基于物联网的智能物流信息平台可有效提高物流企业内部及整个供应链的信息资源整合能力，实现物流信息的高效传递与共享。物联网的应用可减少订单计划、报价、分析、运输计划、安排运输、寻找合并订单机会等环节的人工投入。将收集到的数据信息进行计算、统计、挖掘与分析，决策系统可以在此基础上直接提供运输方案。

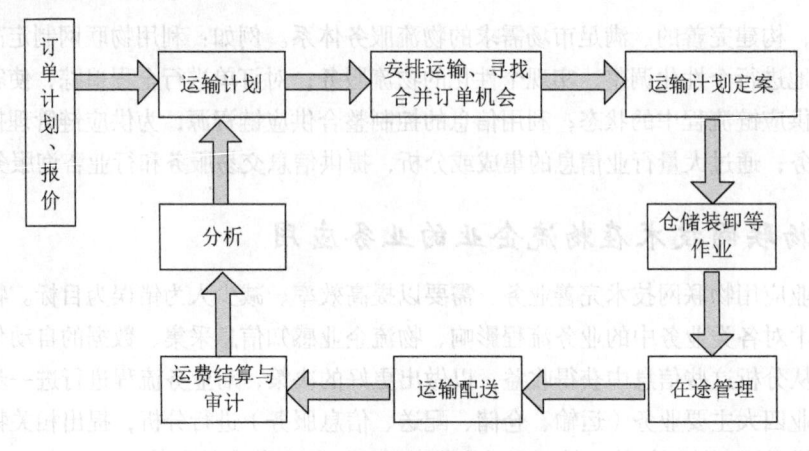

图 10-9 物流企业智能运输流程

2）仓储装卸等作业

运用 RFID、EPC 等物联网关键技术可对每个货物进行编码、识别及信息再录入等操作。在仓储装卸等作业中以物联网技术体系为信息载体，可有效避免人工输入可能出现的失误，大大提高物流作业中入库、出库、验货、盘点、补货、装卸、搬运等环节的工作效率。

3）在途管理

通过 RFID、GPS 与传感技术的结合，可在感知在途运输货物状态的基础上实施管理与控制。在运输线上安装 RFID 读写器设备和传感器设备，通过接收电子标签信息来实现运输车辆及运输货物的识别、定位、跟踪及状态感知等。工作人员和用户通过输入货物编码和访问密码即可随时查询货物状态，如冷鲜货物的温度、易碎货物的压力和危险货物的密封性等，实现在途管理的可视化与透明化。在此基础上，工作人员可直接通过运输管理系统处理物流信息并对货物状态进行必要的在途控制，从而保证货物运送的质量与安全。

4）运输配送

物联网环境下的运输配送作业新增了配送信息自动更新、到达时间自动提醒、送货信息自动反馈等功能，可及时获取交通条件、价格因素、用户数量及分布和用户需求等因素的变化信息，并根据上述配送信息的更新制定动态配送方案，在提高配送效率的同时降低成本。最终配送方案确定后，系统计算出货物到达的具体时间，提前告知收货人获取配送许可，如收货人因故不能按时收货，可与业务员进行沟通，另行安排合理的送货时间，从而为用户提供人性化服务。配送完成后，系统自动向发货人发送货物送达的具体信息，并收取发货人与收货人的反馈信息，为再次合作提供资料备案。

5）运费结算与审计

物联网环境下的货物标签存储着丰富的货物信息。计价系统对这些信息进行识别和处理，可实现智能结算，包括物流企业内部各业务环节的交接结算和供应链参与方之间的结算。智能结算后，审计确认后的运费可在与计价系统绑定的银行账户上自动扣除。运费的智能结算简化了资金交易的过程，提高了资金交易的准确性。

2. 仓储业务的物联网技术应用分析

物流企业仓储业务以供应商库存管理为基础，将服务作为其标准化产品。将物联网技术应用于仓储业务中，可实现仓储物流管理中的货物自动分拣、智能化出/入库管理、货物自动盘点及"虚拟仓库"管理，从而形成自动仓储业务。通过智能及自动化的仓储物流管理，可有效地降低物流成本，实现仓储物流作业的可视化、透明化管理，提高仓储物流服务水平，最终实现智能化、网络化、一体化的管理模式。

物联网技术在仓储业务中应用的环节如下。

1）自动分拣

基于物联网感知技术的库存管理解决方案可通过快速自动识别来加快操作的节拍及提高工作效率，通过提供库存的实时与准确信息，实现快速供货并最大限度地降低库存成本。在仓储管理应用中，将供应链计划系统制订的采购计划、销售计划、物流装运计划等存取货物的业务与物联网感知技术结合，可在实现自动化存货与取货等操作的基础上，高效地完成各种相关业务操作，如指定堆放区域、上架取货与补货等业务。同时，企业能够实时掌握商品的库存信息，从中了解每种商品的需求模式并及时进行补货，结合自动补货系统及供应商管理库存（VMI）解决方案，提高库存管理能力，降低库存水平。

2）智能化出/入库管理

在配送库存管理中心的接货口处设置 RFID 读写器，当粘贴有电子标签的货物或托盘通过接货口时，由 RFID 读写器自动采集相关货物信息并与相关订单进行自动匹配；完成货物信息的扫描匹配确认后，将该信息自动存入主机系统的数据库。也可以在配送中心出口处设置 RFID 读写设备，当粘贴有电子标签的货物或托盘通过出口时，由 RFID 读写器自动采集相关货物信息并与销售订单进行自动匹配，完成货物信息的扫描匹配确认后，将出库信息存入主机系统的数据库。

3）自动盘点

对于存货种类与数量较多的仓库，为减少人工盘点的记录时间，提高盘点效率，可应用智能传感器扫描每一货架上的电子标签数据，并与系统数据自动比对，从而增加物品盘点的自动化过程，增强作业的准确性和快捷性，这样不仅节省作业时间，也降低由于人工输入错误造成库存管理中数据信息不一致的可能性。通过对货物、库位及操作人员的编码，实现数字化的库存管理体系。

4）"虚拟仓库"管理

传统的物流配送企业需要配置大面积的仓库，而电子商务系统可将散置在各地、分属不同所有者的仓库通过网络系统连接起来，使之成为"虚拟仓库"，并进行统一管理和调配使用，从而拓展服务范围，加大货物集散空间。仓储管理人员及客户能够通过仓储管理系统对货物库存状态进行查询，并根据货物库存信息对仓库进行虚拟化管理，及时掌握货物的库存信息并最终将库存信息传递至仓储管理系统。相关人员可根据这些库存信息进行库存处理及优化。

3. 配送业务的物联网技术应用分析

在传统的配送过程中，交通条件、价格因素、客户数量及分布和客户需求等因素的变化会对配送方案、配送过程产生影响，如何及时、有效、精确地传递信息已成为衡量配送服务水平的最重要标准。物联网的引入很好地解决了这一问题，通过利用物联网感知布点对上述影响因素涉及的物体进行信息采集并有效反馈，可形成动态的配送方案，从而提高配送效率，提升服务质量。此外，物联网还可为客户提供实时的配送状态信息服务。

物联网技术在配送业务中应用的环节如下。

1）配送方案动态制定

物联网环境下，配送方案的制定是实现配送动态化的最重要的一环。首先，通过对配送过程涉及的各种因素进行物联网感知网络布局，能够及时、有效地通过信息的源头捕捉信息；其次，通过畅通的信息传输网络，实现物联网网络层的各项功能；最后，基于各项信息，在业务处理系统中通过一套系统、完善、科学的处理流程，更新配送方案，并通过传输层反馈给配送方案各实施部门。

2）自动配装配载

在物联网环境下，物流企业处理的货物的各项属性都被录入企业物流管理信息系统中。在配送的过程中，货物可能在途经的物流中心经过一次或多次重新配装配载。引进物联网技术后，配送过程可利用从企业物流管理信息系统中获得的货物属性数据和配送环节物联网感知体系获得的货物的各项状态数据实现自动的分货、配装和配载，从而极大地提高配送过程中货物在物流中心的周转效率，有效地控制配送总时间。

3）客户动态服务

配送是物流过程的末端环节，是将输送的货物运到客户手中的最终环节。在各项物流活动中，配送与客户的联系最为密切。在进入买方市场后，企业与客户接触的业务往往是企业最为重要的业务，配送环节与客户配合、接触过程中的表现甚至直接影响企业业绩。在此背景下，物联网体系为物流企业提供的与客户进行的即时化、准确化的信息沟通就显得极为重要。通过物联网对货物配送全程的监控，向客户动态地反馈监控信息，并动态接收客户的需求和信息变更，及时做出服务调整，可满足客户灵活性的要求，提升对客户的物流服务整体质量，塑造良好的企业形象。

4. 信息服务业务的物联网技术应用分析

信息流在物流企业开展物流业务中的作用尤为重要，物流企业之间的竞争可以归结为对信息流控制能力的竞争。物联网技术作为信息技术领域的第三次革命，可提高物流企业的信息传输速度、信息获取能力和信息处理能力，使企业准确把控信息传输方向，实现物流企业信息流活动的升级，从而提高整个物流系统的反应速度和准确度。

物联网技术在信息服务业务中应用的环节如下。

1）各业务流程的信息交互

物流企业的总体业务活动是一项系统工程，运输、仓储、配送等各项实体业务之间互相分离又互相统一，这些业务需要信息的有效交互才能共同完成工作。在传统物流过程中，这些工作需要人工采集、传输和录入等环节的支持，而在物联网技术环境下，信息交互的主体，即各项业务涉及的物体成为物联网技术感知布局的对象，通过信息采集可得到各项业务的即时状态信息，采集的信息可为各项业务流程信息管理控制系统所共享，用于对各自的业务流程进行控制和指导。

2）信息反馈控制

将物联网技术运用到物流企业的各项业务中，实际上就是实现各种信息反馈并通过反馈分析进行及时控制的机理在企业的各项物流业务中应用的过程。对于单项物流业务而言，信息反馈包括三种类型：物流业务本身的信息反馈，物流业务与企业其他物流业务间的信息反馈，以及物流业务与企业外部间的信息反馈。通过这三种类型的信息反馈控制，可极大地提高物流的运转效率，提升物流企业的信息化水平和基于信息反馈的服务水平。

3）企业与外部信息传递

物联网技术在信息服务业务方面对物流企业的应用还体现在通过与其他行业、企业的信息交互,实现整个物流过程与其他行业、企业及客户的密切配合。这个过程中除了要用到企业自身的企业级物联网,还要用到行业级、区域级及国际级的物联网,即通过对更大范围内感知信息的整合,实现物流企业业务整体水平的升级。

> **课堂案例**
>
> 物联网时代已经到来
>
> 云计算的日益普及以及人工智能技术的日益成熟推动信息科技向物联网时代转变,特别是 IoT+AI 的融合,使得万物具有了感知能力,物理设备不再冷冰冰,而是具有了生命力,使得物理世界和数字世界深度融合,在这种背景下,行业边界越来越模糊,人类进入全新的智能社会。
>
> **1. 智慧城市**
>
> 物联网技术开创了一个智慧城市的新时代。通过智能摄像头和部署的各种传感器对城市各种数据进行收集,数据经云端 AI 技术处理后用于城市管理,有助于提高城市公共管理能力。全球越来越多的城市都在积极应用物联网,以此提升城市精细化管理能力。英特尔给出了一个美国城市应用案例:圣地亚哥在全市部署智能网络,以优化交通和停车系统,并改进能源管理体系,新技术将使城市和开发商有机会把社区建设得更安全、更智能。
>
> **2. 智能家居**
>
> 消费电子产品近年来发展迅猛,并经历了大规模升级,智能化成为主要的消费方向。在智能化大趋势下,智能家电、智能音箱、智能摄像头以及智能门锁已成为智能家居的一部分,通过物联网技术,人们能够享受更加智慧的家庭生活。
>
> 物联网资深人士杨剑勇表示:"亚马逊和谷歌智能音箱进入了千家万户,以语音作为交互手段,以智能音箱作为中枢控制家庭场景下其他智能家居设备,且还是一位家庭好管家,可以打电话、读取邮件和新闻、播放天气和交通状况,甚至可以完成购物,早前亚马逊智能音箱的初衷就是利用智能音箱实现一键下单,这一智能化的生活正逐渐在美国普及。"
>
> 在我国,有阿里巴巴和百度等互联网公司,有小米等手机厂商,也有华为等 ICT(信息与通信)基础设施和智能终端提供商,还有海尔等物联网企业以及美的等传统家电巨头向智能化转型与布局,这股智能化浪潮的第一推动力是消费升级——人们的购买力越来越强,对生活品质的追求也越来越高。智慧家庭则是人们向往的生活之一。
>
> 百度 AI 开发者大会受到各界关注,无人驾驶和智能生活则是 AI 落地的核心方向,面向智能生活的 DuerOS 的生态初具规模,提供了超过 20 个跨场景、跨设备的解决方案,DuerOSIoT 设备广泛覆盖了家庭场景,百度为客户提供了海量的受控设备。
>
> 海尔发布了"4+7+N"全场景定制化智慧成套方案,基于智慧厨房、智慧客厅等四大物理空间和全屋空气、用水、安防等七大全屋解决方案,用户家庭内的衣食住娱等各种智慧生活需求均可一站满足,且智慧场景可无限定制。同时海尔智慧家庭积极探索生态品牌建设,通过整合数百万生态资源构建生态圈,提供丰富的生态场景体验,如在食联网中,馨厨冰箱作为场景核心,连接了几百家有机食材供应商、500W+的娱乐和视频等生态资源,可以让用

户通过智慧大屏一键下单所需食材，还能在做饭时欣赏精彩的球赛及各种影音视频。这种全场景智慧生态体验的优势，让海尔智慧家庭成套方案的落地入户走在行业前列，赢得了众多消费者的青睐。

根据小米公布的数据，小米2017年IoT消费营收超过200亿元，连接了1亿用户，其培育的生态链体系中，有超过90家公司专注于发展和生产智能硬件产品，生产了覆盖百姓日常生活的各种智能设备，包含家电、安防、照明等多个品类，只要愿意，客户完全可以基于小米平台营造一个智能家庭生活。

基础电器一直是智能家居系统的核心，国内物联网创新企业欧瑞博以创新的技术与设计美学，实现了对照明、安全、舒适等居住空间基础电器的智能化。欧瑞博推出的智能门锁T1、超级智能面板MixPad都以很强的产品力在行业内受到关注。除了极致品质的产品以及智能化的系统，欧瑞博还提供更多更完善的智能化应用解决方案来满足各种应用场景的需求，并率先实现了大规模批量化落地使用。欧瑞博已经在全国开设了几百家线下店，拥有超过百万家庭用户，同时拥有在数百个地产、酒店、办公、公寓、养老院等实战项目的智能化落地经验。

3. 智慧零售

互联网的诞生改变了人们的生活方式，人们可以在家购物，催生了亚马逊、阿里巴巴和京东这样的电商巨头，传统零售业受到电商的巨大冲击。然而，随着新零售时代的到来，物联网和人工智能等技术将再次重塑全球零售格局，传统零售业积极改革，并向新零售发力。

早在2017年10月，京东就携手英特尔在软硬件与生态系统上全方位合作，打造了全球首个低造价、可模块化组装的智能门店解决方案D-MART。2018年开年，英特尔与京东再度联手推动智能零售时代的全速前进。英特尔提供的边缘计算与人工智能相结合的技术，被京东应用于各种零售场景中，形成了一套完整的解决方案，可以全面覆盖多种智能设备，涉及人脸识别、物品识别、自助收银机、柜员机、数字标牌等应用。同时，复杂零散的业务场景也得到了再次统一，无论是无人售货机、小型无人店还是大型生鲜超市，英特尔和京东携手打造的智能零售整体解决方案都可以进行匹配。

在2018年7月初深圳会展中心举行的国际品牌服装服饰展会上，呈现了更多科技因素，市场和科技的融合让我们看到了科技能改变时尚圈的可能，同时也让我们看出了科技与时尚的跨界融合将成为时尚行业发展风向标。卡汶时尚集团就在展会上打造了"KAVON HOME新零售时尚体验馆"，呈现了时尚与人工智能技术的完美融合，其中场馆内的智慧魔镜吸引了众多时尚女性，高颜值与炫酷科技结合，引领着消费新风尚，时尚女性们纷纷体验这个具有AI能力的智能导购，切身体验了一番科技魅力生活。

科技正在改变着时尚圈，当时尚和科技联姻，能够呈现无限的可能性。当然，科技只是手段，但科技可以让时尚界走得更远，特别是AI技术和时尚产生碰撞后，时尚界能更敏锐地发觉消费者的喜好，利用各种数据让时尚设计更精准。

4. 智能制造

在制造业，工业4.0、工业互联网和智能制造在全球掀起了制造业转型升级，特别是工业机器人的部署，则成为众多大型制造业的必然选择。工业机器人已经广泛应用在全球各大生产基地。

据了解，英特尔在提升工业自动化水平、降低人工依赖等领域的技术，已经在全球各大工厂内实际运行。Beckhoff Automation 公司的 TwinCAT Vision 质控系统（QA），通过启用高性能英特尔 Xeon 处理器，在内部实现了实时自主检测生产线上的机械异常，最大限度地减少了停机时间，降低了缺陷率，进一步提升了工厂产量。同时，海康威视的采用了英特尔 Movidius Myriad 2 VPU 的计算机视导机器人，也已经应用于京东的无人分拣中心和美泰公司的智能工厂，大大提升了工厂流程的效率和安全性。

西门子旗下的安贝格工厂则是全球最先进的数字化工厂之一，是工业数字化企业典范，同时，西门子也在不断扩展各种解决方案组合，帮助工业企业抓住数字化带来的机遇，推进"数字化企业"发展，数字化技术相关业务营收在 2017 财年高达 52 亿欧元，同比增长 20%。

另外一家工业巨擘，通用电气（GE）公司也在加速数字化转型，Predix 工业云平台把人、机器和数据互联起来，并从数据中获取价值，将制造业推向"数字制造"，带来更高的生产力，推动传统工业企业向数字工业转型，尽管 GE 公司还处在艰难转型过程中，但截至 2017 年，已有超过 400 家企业基于 Predix 工业云平台推出各类工业应用超过 250 个，吸引了超过 2 万名开发者在 Predix 工业云平台上从事工业互联网应用开发。

在我国，阿里巴巴旗下的阿里云作为国内云服务领头羊，通过云+AI 能力先后为鑫光伏、天合光能、协鑫集成、徐工集团等大型制造企业提供服务，协鑫集成与阿里云 ET 工业大脑合作后，通过人工智能验证的订单命中率可提高 3.99%。据介绍，阿里云 Link 工业物联网平台将机器设备在生产过程中产生的数据收集起来，实现了实时监控、数据可视化、能源管理、良品率提升，帮助企业实现降本增效。

在能源互联网的趋势下，研华科技携手英特尔积极布局能源产业，提供高性能电力专用边缘计算平台、通信及数据采集分析等智能系统，加快进入智能电网、新能源、能耗管理等领域。凭借英特尔在全球能源物联网的布局经验，结合研华科技、英特尔双方的创新应用、产品技术及中国能源的新机会，双方不断挖掘能源互联网的巨大商机，促进商业价值转换。

5. 金融科技

在物联网浪潮下，金融业也将变革，物联网与金融行业深度融合，把数据连接起来，通过数据来分析客户，感知客户需求，提升金融服务效率。例如，在科技的推动下，银行业人员结构发生了变化，银行柜台人员在减少，科技类技术人员比例则在上升；银行通过应用人工智能等前沿技术，在产品、渠道和场景三个层面采用自动化的流程，更加高效地服务用户。

招商银行在引入 AI 技术的智能风控领域，依托大数据等技术，可以实现贷款服务 10 分钟审批，最快 60 秒到账，额度最高 30 万的效率。通过运用人工智能技术，客户可以在"几秒钟"内得到服务和贷款。

在金融科技的赋能下，招商银行更愿意称自己是金融科技公司，在深圳这块创新的沃土上，招商银行抓住了每一次的金融科技变革，成为行业引领者之一。物联网时代的到来，为智慧金融时代孕育了新机遇，招商银行有望蜕变为一家金融科技公司。

6. 智能机器人

人工智能正在迎来新的产业爆发。学术研究、行业发展和资本表现活跃。全球 AI 产业增长迅猛，正在涌现的机器智能平台以"机器学习即服务"的方式加速这个过程，快速将其应用转化为产品。中国人工智能发展势头更为迅猛，AI 技术陆续在教育、医疗、安防、交通、车载、家居等众多领域快速落地，并且展现出蓬勃的生命力。

人工智能赋能万物，而智能机器人赋能的则是教育与陪伴，尤其是在儿童场景状态下，如何让 AI 技术与儿童产品深度结合，成为各大厂商都在深度研究与开发的重点领域。以语义对话为核心技术的图灵机器人来说，专注儿童智能场景就是它的一大重要指标，要做出史上最强的儿童 AI 大脑，让机器人成为儿童可信赖的伙伴。据介绍，图灵对儿童专属对话系统、儿童内容体系、儿童场景细分、儿童 IP 合作以及内容安全过滤五个维度进行了布局和深耕。在 NLPCC2018 比赛中，图灵语义对话用户图谱及推荐系统均获第一名。图灵盾的语音环境已接近 100%，图灵儿童语料环境纯净度已高达 99.99%。

作为国内领先的语义对话技术公司，图灵秉承着只合作不竞争的信念，通过 TuringOS kid 与 HTC、联想、小米、奥飞、富士康、物灵、优必选、火火兔等近百家企业有着开放合作的关系，累计出货量超过 1000 万。

物联网取代互联网作为未来几十年的科技发展方向，各界充满憧憬，不论是科技企业还是传统企业，纷纷向物联网延伸，物联网成为众多企业的转型发展方向。包括亚马逊、谷歌、阿里巴巴和百度等互联网公司，纷纷创办了 AI 公司，传统银行也在向金融科技公司转变，工厂积极向智能制造转型，全社会都在积极拥抱物联网。

案例来源：https://iot.ofweek.com/2018-07/ART-132206-8140-30250530.html

思考问题：
1. 物联网可以在哪些领域发展应用？
2. 试想未来物联网会对人类生活带来多少改变？

参考文献

[1] 刘文博. 物流管理信息系统[M]. 北京：中国人民大学出版社，2010.
[2] 谢金龙. 物流信息技术与应用[M]. 3版. 北京：北京大学出版社，2019.
[3] 李波，王谦，丁丽芳. 物流信息系统[M]. 2版. 北京：清华大学出版社，2019.
[4] 王洪伟. 物流管理信息系统[M]. 北京：北京大学出版社，2020.
[5] 朱海鹏. 物流信息技术：新技术应用与实践立体化教程[M]. 北京：人民邮电出版社，2016.
[6] 尹涛. 物流信息管理[M]. 5版. 沈阳：东北财经大学出版社，2018.
[7] 熊静，张旭，喻钢. 物流信息管理[M]. 北京：国防工业出版社，2017.
[8] 冯耕中. 物流信息系统[M]. 北京：机械工业出版社，2020.

欢迎广大院校师生 **免费** 注册应用

华信SPOC官方公众号

www.hxspoc.cn

华信SPOC在线学习平台
专注教学

- 数百门精品课 数万种教学资源
- 教学课件 师生实时同步
- 电脑端和手机端（微信）使用
- 多种在线工具 轻松翻转课堂
- 一键引用，快捷开课 自主上传，个性建课
- 测试、讨论、投票、弹幕…… 互动手段多样
- 教学数据全记录 专业分析，便捷导出

登录 www.hxspoc.cn 检索 华信SPOC 使用教程 获取更多

华信SPOC宣传片

教学服务QQ群： 1042940196
教学服务电话： 010-88254578/010-88254481
教学服务邮箱： hxspoc@phei.com.cn

电子工业出版社 华信教育研究所